YANASHITA CINEMA MASSACRE

KIICHIRO YANASHITA

地獄へ行くぞ！

KANZEN

あなたの知らない映画の世界

皆殺し《みなごろし》映画通信《えいがつうしん》

地獄へ行くぞ!

柳下毅一郎《やなしたきいちろう》

KANZEN

#こんにちわ令和

平成が終わったのは二〇一九年四月三〇日のことである。だが映画に反映するのはそれから一年遅れた二〇二〇年に入ってからだった。平成三十年を感謝とともにふりかえり、令和新時代を切り開こう！　それが時代の要請であり、みながそれをめざしたのである。その象徴が東京オリンピックとなるだろう。映画界においてもそれは同じだ。映画は全力で時代の変革を訴えようとしてきた。

そして二〇二〇年、時代はたしかに変わった。だが思ってもみなかったかたちに。

それはもちろん新型コロナ、COVID-19のパンデミックというかたちでやってきた。オリンピックは吹っ飛んだ。繁華街から人は消えた。とんでもない不況がやってきた。それは当然映画界にも波及する。映画館は閉まり、公開予定映画は延期され、思いもよらぬ映画が利益を得たりした。だがそれは一時的な混乱だ、と誰もが思っているように見える。たしかにダメ

#ありがとう平成

ージは大きかったが、あくまでも一時的な休符であり、映画界に押された長い長いポーズボタンでしかないのだ、と。ポーズが解除されたなら、また元通りに映画の続きが見られるのだ、と。

だが、あるいはそうではないのかもしれない。

パンデミックは予想外に大きなインパクトをもたらし、映画の形そのものすら変えるのかもしれない。すでにパンデミックによって息の根を止められたかもしれない一ジャンルが存在する。だが、ひとつのジャンルがどうこうするだけの話ではない。この〝休止〟をゼロからのスタートと考えるなら、映画がこれまでの慣習を踏襲しなければならない理由は何もないのである。これまで当たり前だと思われてきたことがすべて疑いなおされ、排除される、そんな新時代が来るのかもしれない。新時代の映画のかたちはまだわからないが、そのときわれわれは心から、#ありがとう平成 #さようなら平成の映画 と過去の映画に別れを告げることになるのだろう。

あなたの知らない映画の世界 **皆殺し映画通信** 地獄へ行くぞ! 目次

カエルカフェ映画の通常予算規模をはるかに越えた超大作。
しかしやっぱりカエルカフェ映画

『河童Ⅱ Kappa 2 - But, we have to rest.』

製作・監督＝秋原北胤　原作＝芥川龍之介　脚本・技術統括＝落合雪江　音楽＝梅津和時
出演＝美保純、ベンガル、和泉元彌、綾田俊樹、咲良、梅津和時、スティーブ・エトウ

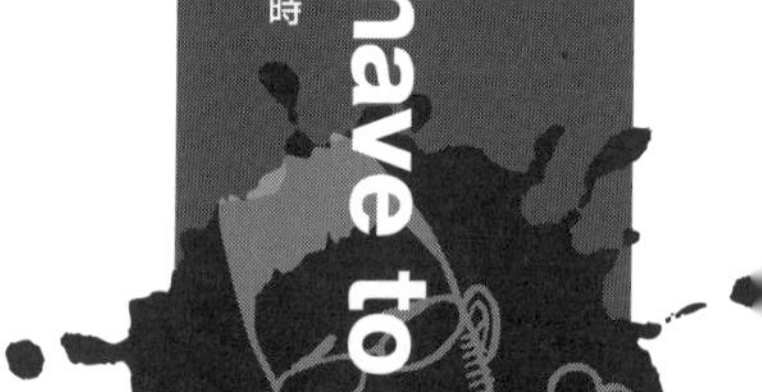

おひさしぶりのカエルカフェ映画である。一年の計はカエルカフェ映画にあり。今年もカエルカフェからはじまる正月となった。本作は芥川龍之介晩年の小説『河童』の映画化。カエルカフェおなじみの版権の切れた名作路線なのだが、実は秋原監督、同じ原作[※1]を二〇〇六年にも映画化している（だから『～Ⅱ』なのだという）。脚本そのままでセルフリメイクという、カエルカフェにしても珍しいかたちだ。男性だった主人公は特段理由もなく女性に変わって**美保純**が演じる。

さらに珍しいのはエキストラの大量動員で、河童の国では全員が特殊メイクのくちばしを鼻につけて河童を演じる。ライブ場面では全員が揃いのシャツを着て、合戦場面では馬に乗ったカワウソ族（付け鼻と付け尻尾をしている）が河童に向かって矢を射かける。これまでカエルカフェ映画を見たことない人にはこの衝撃は伝わらないかもしれないが、ともかく**カエルカフェ映画の通常予算規模をはるかに越えた超大作。驚きである。**しかしだからといってそれ以外の美術や衣装に使う金があるかというとそんなことはなく、「河童国」の美術は市中に「河童語」で書いた紙を貼るだけ、衣装は基本的に演者の自前。だもんで映画内での統一がまったくとれておらず、**和泉元彌**[※2]だけはものすごく豪華な衣装を着ているのに、そこらの河童はシャツにジーンズみたいな普段着だったりす

る。美保純なんか映画の最後までジーンズにモノトーンのシャツという衣装一着着たきり！　いやせめてメイクをちゃんとやるくらいのことはしてあげて！　美保純さん還暦近いにもかかわらずたいへんおきれいでいらっしゃるんですが、とはいえそこは考慮してさしあげて！　まあそういう配慮など一切忘れてスッピン勝負！　これがカエルカフェである。

二見（美保純）は楽器会社に長年勤めているＯＬだが、最近のＩＴ化にはついていけないものを感じつつある。合併で傘下に入ったドイツの親会社から社長が視察にやってくる。社長の息子は宿題で日本の歴史を調べなければならないが竹下通りに行きたくてうずうずしている。なので誰か日本人社員に「日本の歴史」を調べてくれないか？と公私混同の命令がくだる。

「二見さん、どうですか？」

と役立たずの二見に白羽の矢が立つ。「は、はあ……まあサボれるからいいか……」と神社仏閣をまわって「日本の歴史」をメモる二見。つか彼女が調べてる「日本の歴史」っていったいなんなの？　彼女の日本語メモをドイツの中坊は理解できるの？　そんな疑問でこっちの頭がいっぱいになったところで、なぜか河童の姿をチラ見して動揺した二見、足を滑らせて穴に落ちてしまう。

気がつくとそこは河童の国でした。

河童は基本的に人間と同じだが、くちばしをつけている。二見は医師のチャックに救われ、漁師のバッグ（**ベンガル**）に世話をされ、「特別保護住民」として河童国で暮らすことになる。徐々に河童国のことを知ってゆく二見。詩人のトックは家族制度を憎んでおり、二見に「きみは社会主義者か？」と訊ねる。

「じゃあ、千人の凡人のために一人の超人が犠牲になるべきだと考えるのか？」と言うトックは「わたしは善悪を超えた超人だ」と宣言し、二見を超人たちの集い〈超人倶楽部〉に誘う。そこには音楽家クラバック・アッヘンバッハ（和泉元彌）がおり、二見はクラバックの大音楽会に招待される。

〈超人倶楽部〉で、かつてのカワウソ国との戦争について教えられる二見。合戦シーンでは鎧兜に身を包んだ人まで出てきてびっくりだ。もちろん衣装が統一されているわけではないので、現代とも時代劇ともつかない奇妙な世界なのだが、まあ寓話なのだからそういうのもありだろう。大合戦のすえに勝利をおさめた河童族だが戦いの傷跡はなおも残る。

ついにやってきた〈クラバックの大演奏会〜えちごや〉。池袋ヒューマックスシネマの舞台で、和泉元彌が**梅津和時**[※3]バンドをバックにしたがえて歌う。梅津和時バンドの演奏がなかなかよくて、ここはちょっとした見せ場である。揃いの「えちごや」Tシャツで熱狂する観客。「えちごや」ってなんなんだろうと思ってたんだが、このバンドの役名だったらしい。あ、偶然だけど二見の勤務先としてロケに使っている楽器店、えちごやＭＵＳＩＣというそうですねえ。演奏もたけなわ、盛り上がっている最中に警察が乱入、

「演奏中止！」

「こういうことはよくあるんですか」

「絵画や文字は誰の目にも何を表現しているのか間違いなくわかるものだから、この国では発売禁止などということはおこなわれません。ですが音楽は何を意味しているのか曖昧ですから……」

「けいさつにまけるなー！」

ここらへんは原作どおりなんだが、現代に置き換えて何かを象徴しているのかというととくにそういうこともなさそうなのがカエルカフェ。すっかり河童国が居心地良くなっていた二見も違和感を感じはじめる。そして資本家ゲールとの食事の席、河童国では技術革新のために毎月四、五万人の職工が解雇されることを知る。

「しかし、そういうことは全然新聞には出ないんですね。わたしの国でなら大きな記事になりますよ」

「ああ、自分が不要な存在だと知った河童はたいてい死んでしまいますからね」

「！」

「死体は食ってしまうのですよ。ほら、食べませんか？」

「いりません！」

「河童の神経系は人間より複雑なので、罪の名を言ってきかすだけでたいていは死んでしまいます。これは殺人に使われることもあるんですよ。『おまえはカエルだ』と言うと、言われたほうは屈辱で死んでしまいます」

そのとき、どこかで銃声がする。

「トックくんが自殺してしまった」

詩人トックは世をはかなんで自殺してしまったのだった。河童国の闇を知り、幻滅した二見は帰る方法を探す。すると仙人に頼めばなんとかしてくれるのだという。仙人は「わたしが笛を吹いてるあいだあらわれる階段を登っていけば地上に帰れる」というのでそのとおりにした二見、CGの多面体の前で歩くようなふりをして、気がつくとまた楽器屋で働いていたのでした……というお話。わざわざセルフリメイクするくらいなんだから気に入っているんだろうが、**とくにメッセージもないまま淡々と原作のストーリーを追うだけ、着たきりスズメの主人公も何も達成せず、何も変化しないまま終わる。**それがやっぱりカエルカフェ映画なのだった。

※1　同じ原作を2006年にも映画化
『河童 Kappa』（二〇〇六）。主演は東京スカパラダイスオーケストラの谷中敦で、原作通り男が穴に落ちて河童の国へ行く話となっている。梅津和時はこちらにも出演。
※2　和泉元彌
一九七四年生まれ。「能楽狂言方和泉流二十世宗家」を自称する狂言師、俳優。父は和泉流十九世宗家和泉元秀。父の死後、和泉流宗家継承騒動が持ち上がり、東京地裁の裁判を経て能楽協会から除名となった。除名されても本人の狂言活動には制約はないとのことで、二〇〇五年にはプロレスデビューもするなど多方面で活躍中。カエルカフェ映画には『忍性 NINSHO』（二〇一七）で主演、ほかに『レフトフライ』（二〇一八）、『おけちみゃく』（二〇一八）と、出演多数。

※3　梅津和時

一九四九年生まれ。フリージャズをメインに活躍するミュージシャン。大学在学中にプロ活動を始める。一九七七年には生活向上委員会大管弦楽団を結成した。ほかのメンバーに篠田昌已、片山広明、早川岳晴などがいる。一九八一年にD.U.B.(ドクトル梅津バンド)を結成し海外演奏を活発に行う。またRCサクセションのメンバーとしても活躍した。ジャンルを問わず国内外の数々のアーティストと共演し、活躍中。カエルカフェ映画では、すでに二〇〇六年に『河童 Kappa』、『銀河鉄道の夜 I carry a ticket of eternity』で音楽を担当している。ほかに音楽を担当した映画に、若松孝二監督『われに撃つ用意あり』(一九九〇)、望月六郎監督『新・悲しきヒットマン』(一九九五)などがある。

……最初から最後までボリュームマックスで藤原竜也が叫びまくる。もうすごいよ。絶叫度は一万点差し上げる

『カイジ　ファイナルゲーム』

監督＝佐藤東弥　原作＝福本伸行　脚本＝福本伸行、徳永友一　撮影＝小原崇資　音楽＝菅野祐悟
出演＝藤原竜也、福士蒼汰、関水渚、新田真剣佑、吉田鋼太郎、松尾スズキ、生瀬勝久、天海祐希、篠田麻里子、伊武雅刀

藤原竜也の絶叫芝居でおなじみ『カイジ』[※1]シリーズ第三作。福本伸行[※2]の原作コミックからして心理戦読みあいで心の声を全部発声する余白のない作りだったわけだが、それが絶叫しかできない藤原竜也を主演に得たおかげで最初から最後までボリュームマックスで藤原竜也が叫びまくるシリーズの（一応）完結編。もうすごいよ。最後クライマックスなんか一語ずつ区切って息継ぎしながら叫んでますからね。**藤原竜也こそ日本最強のスクリーミング・クイーンといっても過言ではあるまい。絶叫度は一万点差し上げる。**

二〇二〇年、東京オリンピック終了後未曾有の不景気に見舞われた日本。ハイパーインフレで缶ビール一本千円とかになり、カイジたちは派遣労働で苦しんでいる。影の首相とも言われる首相秘書官高倉（**福士蒼汰**）は財政赤字に苦しむ政府のために預金封鎖して国民の金融資産をすべて接収することで政府の赤字を相殺するというウルトラC、というか経済学者から総ツッコミされそうなトンデモ計画を思いつく。いいですか、政府債務＝民間貯蓄だから、これまったく無意味な計画なんですよ。詳しくは経済学に詳しい人に聞いてください！　これを察知した不動産王東郷（**伊武雅刀**）は自分の財産をすべて投じて政治家を買収し、その計画を食い止めようと考える。いや買収っ

てどうなんだよ、と思うわけだが、そこは突っこまないでおいてあげて（突っこみどころは他にいくらでもあるから）。しかるに全財産五百億円では買収予算に足りない。最低でもこの倍、一千億円は必要だ。となるとこの金をギャンブルで倍に増やすしかない（↑）。そんな勝負ができるのはカイジたちがせっせと掘った地下に建設された一大レジャーランド〝帝愛ランド〟だけだ（漫画読んでないのでそんな理由でカイジが地下労働してたとは知らなんだ）。というわけで人材派遣業で財産を築いた派遣王仲中黒崎（**吉田鋼太郎**）と全財産を賭けた〈最後の審判〉対決をすることになる。

〈最後の審判〉

福本伸行のアイデアだというこの対決、どんなものかというと全財産を金塊に替え、天秤に乗せて重たいほうが勝ちというこのうえなくシンプルな、というかそれギャンブルっていうの？ゲーム。一応友人とか家族から金を貸してもらうみたいな不確定要素はあるんだけど、基本的に金を積んだほうが勝ち。こんな馬鹿みたいなゲームがあるか！　そんなものをプレイする金持ちがいるか！そのゲームの助っ人に「運と根性のある人間」を探していたという東郷、公開棒倒しみたいなゲーム〈バベルの塔〉を主催して、それに優勝したのに金ではなく「秘密」を選んだカイジ（藤原竜也）と桐野加奈子（**関水渚**）をスカウトする。まあカイジは主人公だからいいよ。問題はこの加奈子という女で、彼女は「運をもってるラッキーガール」だというんだが、たまたま押し合いに負けて弾き飛ばされたところに当たりカードが降ってきて勝った、それだけなのである。せめてティーラ・ブラウン[※3]遺伝子くらいじゃないと「ラッキーガール」とか言えなくないか。そして期待通りに彼女このあと何ひとつ役に立たない。ラッキーさもとくに発揮することなく、ひたすらきゃあきゃあ言ってるだけで、製作サイドとの癒着さえ疑わせるレベル。

そういうわけでとやかく（東郷の隠し子の話とか、その子供を探しに行った先で襲われ誘拐されたカイジが誘拐犯たちを「クズクズクズ」と乏しい語彙で罵倒して友達になるとかいうどうでもいい逸話が）あって〈最後の審判〉に挑むことになる。

　でまあ当然のように卑劣きわまりない黒崎がいたるところに手をまわし、親友や銀行から借りられるはずだったお金をすべて奪いとり、東郷の秘書広瀬（**新田真剣佑**）が実は行方不明だった東郷の隠し子だったという誰もがわかっている秘密が明かされ、だが彼は父への恨みから黒崎に通じていたことがあきらかになり、だが実は実は愛人だったその母をこそ東郷は本当は愛していたというはいはいわかったわかったという展開の末、有利だったはずが最終局面で逆に黒崎に百億円のリードを許し、絶体絶命！というところで、「こういうこともあろうかと」取っておいた十億円を使って、やっとカイジが博打勝負をすることになる。さいわいリゾート施設〝帝愛ランド〟はカジノやり放題。やっとカイジにも怒鳴る以外の見せ場がきたか……と思いきや、そんなことは先刻ご承知の黒崎の手でカジノは全部早仕舞いしている。できる勝負は〈ドリームジャンプ〉だけ。というわけでそこに行こうとする瞬間、なぜかあらわれた遠藤（**天海祐希**）が、

「あんなゲーム、答えがわかってないかぎりやる意味ないわよ」とアドバイスをくれる。

〈ドリームジャンプ〉

〈ドリームジャンプ〉は十人が一斉におこなうバンジージャンプ。ただしロープがちゃんとつながれているのは十人中一人だけで、残り九人はでっかいピザになってしまうという残酷なゲームだ（生き残った一人は大金を受けとれる）。今回は他の相手はいないので、カイジが一人で飛び降りて生き残ったら十倍返しというギャンブルになる。と、いうところでカイジは広瀬と加奈子の協力を得て安全なロープを選びだし、無事百億円の金を手に入れる。これそもそもギャンブルじゃないだろ！さらには〈ドリームジャンプ〉の運営が、黒崎がカイジを殺したがっている（だからわざわざこのゲームだけはオープンしていた）と知っていたにもかかわらず、

「カイジが死ねばそれでよし。生き残ったら黒崎が破滅するんだからそれでもいいや」となぜか我関せずの態度だったおかげで助かってるんだけど、この時点でカイジの生死って完全に敵方の手に握られてるよね。ま、そういうわけで見事に勝利して百億円手に入れ、まさかの大逆転を果たしたカイジ。そんな情けない状態だったことなどきれいさっぱり忘れて、

「おまえが馬鹿にしたこの欠けた金貨で、オレたちは勝ったんだ！　あ・わ・れ・だ・な・くろさきー－－－－！（声が割れるほどの大絶叫）　まさにじ・ご・う・じ・と・く！」

というわけでゲームに勝ったはいいが、敵もさるもの高倉は「天命の儀」なるなぜか神主の前でやる儀式を一日前倒しにし、預金封鎖と新円切り替えをやってしまったのだった。内閣のメンバーだけは封鎖の影響を受けることなくひそかに全財産を新円に替える特権を得る。これを阻止しなければならない、というところで実は（この適当なストーリー、何度「実は」が出てくることか）それを読んでいた東郷、千億円で政治家を買収するというのは表向き、実は造幣局を買収していたのである。その取引をそのまま引き継いだカイジ、政治家たちが新円交換のために倉庫に入ったところで、造幣局の面々から受けとったパスワードを変更して中に閉じこめる。政治家たちを人質にして預金封鎖を撤回しろ、とラスボスである首相秘書官高倉に迫るのである。高倉が得意としている接待じゃんけん〈ゴールドジャンケン〉で勝負だ！　おまえはこのゲームやりこんでるんだから、一勝したらオレの勝ちな！


〈ゴールドジャンケン〉

〈ゴールドジャンケン〉は基本三回勝負の普通のじゃんけんである。ただし、黄金の玉を各自三つずつ持っており、三回のうちの一回はその玉を握りこんでグーを出さなければならない、というルールがある。となればそのグーを三回勝負のうちのどこで出すかこそが最大のポイントという心理勝負になる、というんだけどさ。

最初の勝負は、一回目にグーをだして残り二回はフリーハンドを握りたいという心理の裏をつき、高倉チョキ、カイジパーで高倉勝利。第二戦は双方グーを出して負けなければいい高倉の勝ち。そして運命の第三戦、相手を読み切った高倉はチョキを出すが……。

これ根本的にどうかと思うのは「グーを出すときには黄金玉を握りこんでいなければならない」みたいな決まりはないんだよ。別に握りこまずにグーを出してもいいわけ。このゲームをやりこんでいる高倉は、肩や上腕への力の入れ方で相手が黄金玉を握りこんでいるかどうかわかるので百戦百勝。だがそのことを見抜いたカイジが黄金玉を握りこまずにグーを出したんで勝利する。これまで黄金玉を握らずにグーを出した人間はいなかったのだ！　って普通最初に考えるのがそれじゃないのか。どいつもこいつもレベル低すぎんじゃねーのー！

んでもってその後とやかくあって最後の最後、**高倉とカイジ、最後の対決をするのが……茨城県はカシマスタジアム！**[※4]　**なんで？　そんなの誰にもわからないんだけど、**

「俺は日本を救うためにやったんだ。おまえら生産性のない底辺を切り捨てないかぎり、日本に未来はない！」

「違う！　オレたちこそが日本なんだ！」

みたいな言い合いを、**観客一人もいないカシマスタジアムのピッチのど真ん中**でやってるんだけど、言い合いするだけならどこぞの会議室でいいんじゃないの？　なんでわざわざ雨の中遠路はるばる鹿嶋まで来てるの？　これだけは本当に何もわからなかったんで、誰かわかる人がいたら本気で教えてほしいです。

※1 『カイジ』シリーズ

藤原竜也主演、佐藤東弥監督のコンビで二〇〇九年に『カイジ 人生逆転ゲーム』、二〇一一年に『カイジ2 人生奪回ゲーム』が公開されている。本作は前作から九年ぶりの新作となった。なお、二〇一八年には中国にて『カイジ 動物世界』（リー・イーフォン&マイケル・ダグラス共演、ハン・イエン監督）が公開されている。

※2 福本伸行の原作コミック

一九九六年の『賭博黙示録カイジ』にはじまり、『賭博破戒録カイジ』をはじめ延々と現在まで続く長寿漫画シリーズ。意志が弱くすぐ誘惑に負ける博打狂のカイジが多額の借金を背負わされ、その金を返すために一発逆転の博打に挑む創作博打漫画。福本考案による奇想天外な博打勝負と、延々と続く心理戦が読みどころ。

※3 ティーラ・ブラウン遺伝子

ラリイ・ニーヴンの『リングワールド』に登場するティーラ・ブラウンは出産権抽籤に六代続けて当選した家系であり、「幸運の遺伝子」を持っているとされる。

※4 カシマスタジアム

茨城県鹿嶋市にあるサッカー専用スタジアム。全天候対応、収容人数約四万人。一九九三年、Jリーグ発足と同時に誕生。当時から国際試合も可能な諸設備を備えていた。アクセスの悪さでも有名なので、映画のラストで二人がなぜここにいるのかは本当にわかりません……。

主演YouTuber共演YouTuber監督YouTuber。
「映画もここまで来てしまったか……」と思わずにはいられない

『明日、キミのいない世界』

監督＝HiROKi　脚本＝吉崎崇二　撮影＝横山香哉　音楽＝HiRO-ON
出演＝そらちぃ（アバンティーズ）、てつや（東海オンエア）、三戸なつめ、小林万里子、つみきみほ、笠松将、岩谷健司、はじめしゃちょー

主演**そらちぃ**（アバンティーズ）、共演**てつや**（東海オンエア）、監督HiROKi。主演YouTuber共演YouTuber監督YouTuber。製作は彼らの所属会社UUUM（ウーム）、配給はイオン・エンターテイメント。何ひとつ縁がなくて固有名詞がひとつもわからないがこれが現代の映画である。で、**見て思ったのはこいつら意外と古臭いセンスだなあ、ということである。日の下に新しきものなし。**

物語の舞台はどこかの田舎町。撮影は千葉あたりでおこなわれているようだが、とくに指定されないので「日本のどこか」。これはすべて周到に計算されており、具体的な地名も時代も出さないまま、幻想のノスタルジーに浸れるようにしつらえられているのだ。縁側で寝転がって漫画を読んでいると、幼馴染のかわいこちゃんがスイカをぶらさげてやってきて、ホースで水をぶっかけあったりしてきゃっきゃ遊ぶ夏休み。永遠の午後。今更なあ、と思うわけですが、こんな捏造のノスタルジーが嬉しいお年頃なんだねー。

なお人気YouTuberの人たち、もちろん演技とかはほぼ存在しないわけですが、さすがに撮られ慣れてる感じでそこそこ達者にこなしていました。でもほぼ素人の青年二人の顔のドアップが

丸の内ピカデリーの大スクリーンに映しだされると、さすがに「映画もここまで来てしまったか……」と思わずにはいられなかったですねえ。

高校三年生の真斗（そらちぃ）は田舎町でよろず屋を営む母（**つみきみほ**）と妹の三人暮らし。親友の心平（てつや）は高校生YouTuber〝まじかる☆しんぺい〟として活躍中。同じく幼馴染のはるか（**小林万里子**）と三人でダラダラとつるむ毎日だ。真斗はこの終わりなき日常に満足しているものの、真斗のことが好きなはるかは関係を一歩進めたいと思っている（が真斗が鈍感なので一歩も進まないというこれまた幻想の夏休み案件）。そんなある日、いつものように自転車で走り回っていたところ、バス停に座りこんで涙をこぼす白いワンピースの美女を見かける。父が死んだときにも泣けなかった真斗にとって涙は特別なものなのだ（的なナレーション）。その後〝まじかる☆しんぺい〟の動画制作につきあって近所のお寺にでかけた真斗、賽銭箱の向こうからぬっと顔を出す黒髪の女にびびらされるが、それがさっきバス停で泣いていた女だとわかって二度びっくり。何やってんの？　と聞かれて頭をひねる女（**三戸なつめ**）。なんと記憶喪失だというのである。ちなみに前髪はちゃんとある。

警察に連れていったものの身元を確認できるものが何もない。唯一ポケットから出てきたのがかすれたレシートで「ミヅキセイカ」という文字が読めるだけ。「……じゃあ……ミヅキさん？」知り合いもいないしなぜこの町にあらわれたのかもわからない。身元引受人もいないんでどうしよう、というところで心平が、

「真斗の家だったら一人くらいおけるんじゃないの？」

「ええー」

余計なことを！と内心おだやかでないのははるかである。だが実は心平ははるかのことが好きで、

「人気YouTuberになるなんて無理だ」とあざ笑うはるかに、

「チャンネル登録者千人こえたらなんでも言うこと聞いてくれるか？」

と迫ったりするくらいなので、能天気に見えて意外と腹黒い計算があったりするのかもしれない。はるかの思惑も知らず、すっかり真斗の家に馴染んでしまったミヅキ。近所を歩いて「わたしのこと知りませんか？」と調査してみたりもするが一向にはかがいかない。そんな中、真斗が最初ミヅキを目撃したバス停に座って涼しい顔で『新月の不思議』という本を読んでいる謎の男がいる。ミヅキが彼に興味を示すのに、理由もなく不愉快になる真斗は彼女を男から引きはなす。一向にはかどらない調査に飽きたミヅキ、「わたしの過去がわからないなら、あなたの過去を教えてよ」というわけで真斗が通った小学校に行き、こっそり入りこんでプールに服着たまま飛びこんで水掛け合いっことかこっぱずかしい感じの捏造された青春ごっこを……で、いい感じになったところで教師が飛んできて「コラー」と逃げだすみたいな一幕。

ちなみにこの教師役、エンドクレジット後の特別映像で明かされるのだが演じているのは特別出演の「**はじめしゃちょー**」で、「あーいうことやりたかったなー」と捏造の青春に思い入れをダダ漏らす。なお、特別映像はもう一種類あるそうで、劇場に足繁く通うと「シルクロード」出演バージョンも見られるという。VTuber映画とかでもこういうのあった気がするが、流行ってるのかなあ。**プリント時代にはなかなかできなかったおまけ商法、現代のエクスプロイテーション最前線というべきか。**

真斗の店の配達を引き受けて走りまわるミヅキ、謎めいたバス停の男が気になってしょうがない。

「わたしのこと知ってるの？」

「思いださないほうがいいことだってあるかもしれないよ」

「でも、どうしても……」

「だってきみは……」

耳にささやく音がセミの鳴き声にかき消される。その日からミヅキの態度ががらりとかわり、はしゃぐかわりに物思いにふけるようになる。一人出かけることが多くなったと思ったら、バス停の男と抱き合っている姿を真斗は目撃してしまう。バス停の男に詰問しても「あれは慰めてただけなんだよ」てなことを言われてけむに巻かれておしまい。憤懣やるかたない真斗だが、そのときテレビを見ていた心平から電話がある。数週間前に起きた玉突き自動車衝突事故の犠牲者として「斎藤美月」の名前でミヅキの写真が報じられていたのである。「ミヅキセイカ」とは彼女の母が娘の名をつけて経営していた生花店の店名だったのだ。ということは……「これは単なるエラーだから、いずれわたしは消えて、わたしのことは忘れてしまうよ」「ぼくは絶対忘れたくない！」とか約束の花火の日に言い合うわけで、まあいかにもオタクが好きそうなゆるい恋愛イメージ映画（恋愛ではなく恋愛についてのイメージをもてあそぶ映画）だなあって感じなんだけど、それはもはやオタクにかぎらず一般的なものなのだねえ。それにしてもあのバス停のイケメン、いったい何者だったんだろうなあ。

松たか子のサイコパスさえ疑わせる強烈さ。
庵野秀明の演技を味わっている間もないほどのホラー

『ラストレター』

監督・原作・脚本・編集＝岩井俊二　企画・プロデュース＝川村元気　撮影監督＝神戸千木　音楽＝小林武史　主題歌＝森七菜
出演＝松たか子、福山雅治、広瀬すず、庵野秀明、森七菜、豊川悦司、中山美穂、小室等、水越けいこ、木内みどり、鈴木慶一、降谷凪

岩井俊二の映画というのは、深い色の美しい映像で、少女が廃墟や水辺で遊び、それに美しいピアノ音楽が流れる……ようなものだと思っていたが、もうひとつ重要なポイントを忘れていた。それは「**松たか子**がキチガイ」ということである。いや**この映画の松たか子のキチガイぶりったるやサイコパスさえ疑わせる強烈さ。**出演が判明したときに人々を戦慄させた**庵野秀明**の演技を味わっている間もないほどのホラーであった。

岸野辺裕里（松たか子）は姉の葬儀のために二人の子を連れて実家に帰ってくる。高校のころから成績もよく、人気者だった姉未咲に劣等感を感じていた裕里は、姉そっくりに育った姪鮎美（**広瀬すず**）に眩しい目を向けるのだった……いや鮎美、いろんな人に「お母さんそっくりだね」と言われるのだが、高校時代の未咲も広瀬すずが二役で演じているのでそりゃそっくりだろ！！！としか思えない。一応快活な優等生と母の死で暗い少女とわかりやすく演じ分けてはおります。暗い鮎美を心配し、裕里の娘颯香（**森七菜**）は夏休みが終わるまで実家に残るという。息子を連れて家に帰った裕里、姉への同窓会案内が来ていたのを思いだし、姉の死を伝えるために同窓会に出席することにする。

同窓会に行くと姉と間違えられ、「いえわたし未咲じゃなくて……」と言いかけても「またまた〜」と取り合ってもらえない。すると裕里、そのまま姉のふりをして、あまつさえスピーチまでしてしまうのだ。帰ろうとすると近寄ってくる男が。

「あのー乙坂ですけどわかります？」

彼こそは高校時代裕里が憧れていた乙坂鏡史郎**（福山雅治）**なのだった。

「……小説読んでくれた？」

「え……小説って……？」

裕里が自分の小説を知らないことにあからさまに失望する乙坂。「なんのこと？」と訊ねようとすると「それは長くなるから……」と一杯やりながらと誘われる。断るとじゃあアドレス交換を、と「ママ」という名前で登録されたＬＩＮＥアドレスを交換する。

「ママやってますよ〜二児の母です」

帰ると夫（庵野秀明！）に「どうだった？」と聞かれて、

「なんか姉と間違われちゃって……言いだせなくてそのままになっちゃった……」

「え？　死んだこと言ってないの？　なんのために行ってきたの？」

「そうなんだよね……なんのためだろう……？」

とか言ってるけどどうみたって自分が気持ちよくなるためだろう！　憧れていた姉のふりをしたらみなにチヤホヤされたんで、嬉しかったしか理由がないじゃないか！　で、調子に乗ってたら乙坂からもらった「二十五年間ずっときみに恋してたような気がします」とかなんとかいう浮かれメッセージを見られ「どういうことなんだよ！」と怒った**（怒ると声が裏返る）**夫庵野が携帯を風呂に投げこんで壊してしまう。

うきうきメッセージのやりとりができなくなった裕里、じゃあどうするかっていうともらった名刺を見て東京の乙坂に手紙を書くのである。返事が来ると困るので住所は空白のまま。姉になったつもりで乙坂と（一方的な）浮かれ文通をはじめる。乙坂は住所がわからないので実家あてに手紙を返す。すると受けとった鮎美と颯香が「お母さんあての手紙だ！　お母さんのふりをして手紙を出そう！」と手紙をする。と、いうわけで以下もうこの世にいない「遠野未咲様」にあてた手紙が飛び交い、高校時代の物語が語られていくことになるのだが。

だから**この映画の登場人物、なんでみな他人の名前を騙って手紙を出すことにためらいがないんだよ！**　確信犯の松たか子はともかく、娘のほうは「ご存じないようですが、実は母は亡くなりました。母の高校時代のことを教えてください」でいいじゃないか。しかもこれ映画の最後にわかるんだけど、鮎美は乙坂の「小説」を読んでるんだよ！！！　母と関係があったことを知っている相手を騙すことになんの罪悪感もないわけ？　**いまどき手紙のやりとりをさせたいがために作った人工的な設定の結末がこれである。**

だが鮎美はまだいい。問題なのは松たか子演じる裕里のほうである。姉のふりをして浮かれて手紙のやりとりをするだけなく、家に居候している義母（**水越けいこ**）が散歩に出かけるとあとを尾行し、恩師（**小室等**）のところに出入りしていると老いらくのロマンスを疑い、それがうやむやのまま義母が腰をいためて入院することになると、恩師の家を仮の住所としてなおも文通を続けようとする！　これはその住所に乙坂が訊ねてきたために挫折するのだが、この家に乙坂が来たときも「大変！」って言って何をするかと思ったら「化粧道具がない！」。嘘がバレることよりも化粧の心配してるんだよ。刺激だけを追い求め、良心の呵責など感じずに平然と嘘をつく態度、完全にサイコパスである。騙された乙坂がまったく怒らないからいい話みたいになってるけど、この女、実は高校時代にも乙坂を騙しているのだ（姉に渡すといって預かった手紙をそのまま死蔵していた）。完全に常習犯じゃないか！　逢いに来た乙坂は、

「きみ、裕里ちゃんだろ……最初に同窓会で会ったときからわかってたよ」

と言うんだが、これタイミング的に見ても絶対鮎美からと裕里から、未咲を名乗る別々の手紙が

二通きてはじめて気づいたとしか思えない。このピンボケたやりとりの中ですっかり忘れられているのが死んだ未咲の存在だというのがどうにも悲しい。

というわけで嘘がバレた裕里はそこで退場し、乙坂が高校時代の未咲と裕里との関係を回想しながらその後の未咲の行く末をたどる旅に出る。大学時代、未咲は乙坂と付き合っていたのだが、そこにあらわれた阿藤陽市という謎の男に寝取られてしまう。そのヒモ男のせいで未咲はメンタルをボロボロにされ、ついに自殺してしまったのだ。で、たまたま昔阿藤と未咲が住んでいた家を訪ねると、なんとそこにまだ（出ていったはずの）阿藤が住んでいるという僥倖にめぐまれて乙坂は阿藤と再会することになるのだが、ここで登場する阿藤を演じているのが**豊川悦司！　もう一言も発する前からただよわせる圧倒的な暴力性と確かな肉体で映画をのっとってしまうまちがいなさ。やはりトヨエツだけは信用できる！**

「おまえはオレのせいで未咲が死んだと思ってるんだろ？　そうだよそのとおりだよ！　オレが未咲を殺したんだ。おまえは自分と結婚すれば未咲も幸せだったなんて夢見てるんだろうが、おまえなんか未咲の人生には何も関係なかったんだよ！　未咲に振られたおかげでおまえはその本書けたんだろ？　その本がオレと未咲からのプレゼントだよ！」

いや本当にそのとおりだと思いましたよ。ちなみに乙坂は未咲との思い出を綴った小説『未咲』（まんま！）によって作家デビューを果たすのだがその後は鳴かず飛ばず。にもかかわらず出会う人出会う人みんなその本を持っており、乙坂にサインを求めるのには笑った。

よくもこれで感動の泣き映画になると思ったもんだと逆に感心するクソオブクソ案件

『記憶屋　あなたを忘れない』

監督＝平川雄一朗　原作＝織守きょうや　脚本＝鹿目けい子、平川雄一朗　撮影＝小松高志　音楽＝高見優
出演＝山田涼介、芳根京子、佐々木蔵之介、蓮佛美沙子、泉里香、田中泯、杉本哲太、櫻井淳子、戸田菜穂、ブラザートム、須藤理彩、佐生雪、濱田龍臣

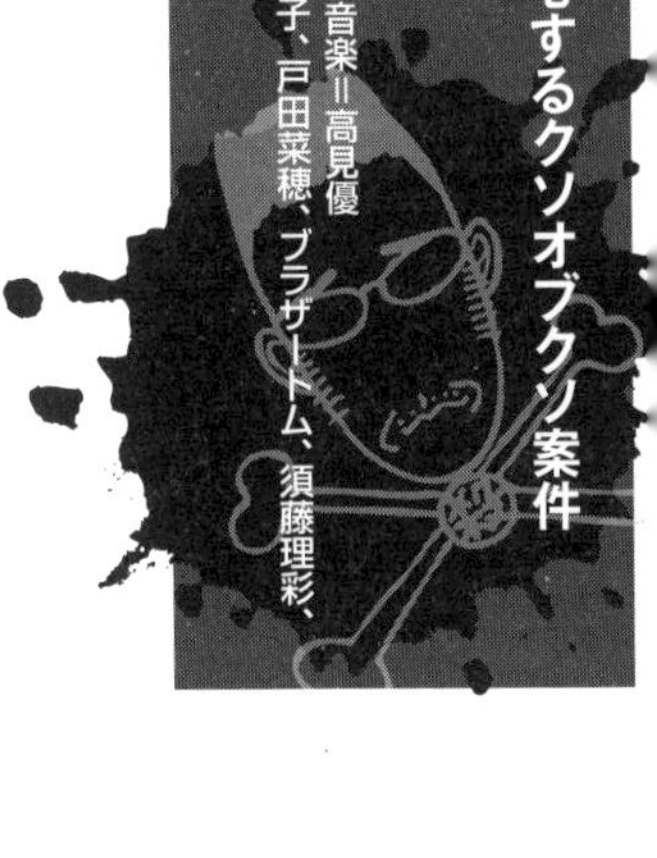

タイトルからして『記憶屋　全部忘れたい』、『記憶屋　作ったことを忘れたい』と出演者こぞって黒歴史にする気満々でしょと言いたくなる雑さだが、もちろん中身もタイトルに恥じることなきクソオブクソ案件。普段こういう映画は監督や脚本家に文句を言うことはあっても俳優の罪は問わないのだが、さすがにここまでひどい映画になるとなんでこんなもんに出ようと思ったのか、その責任を問いたいくらいだ。この話、『エターナル・サンシャイン』[※1]でも見て思いついたんだかなんだか、人の記憶を消せる「記憶屋」の存在がなかば都市伝説的に語られているというところからはじまって、主人公が記憶屋をネットで探し、そして記憶屋に出会う。いや本当にこれだけの話なんだよ！　よくもまあこれで映画に（それも感動の泣き映画に）なると思ったもんだと逆に感心する。

吉森遼一（**山田涼介**）はある日いきなり恋人杏子（**蓮佛美沙子**）に振られてしまう。プロポーズした翌日、駅で会ったので「杏子！」と声をかけたら「すいません、どちらさまですか？」と不審者対応、駅員まで呼ばれる始末。普通だったら「振られたのか……」と思うだろう。だが遼一は「これは都市伝説に伝わっている記憶屋の仕業に違いない」と確信し、ネット掲示板で情報を探しはじめる。遼一がそう思いこむのも理由がないわけではない。広島で共に育った真希（**芳根京子**）は今

でも毎朝起こしに来る、漫画にしか出てこないような元気で快活な「幼馴染」なのだが、実はかつて連続幼女誘拐殺人事件に巻きこまれたことがあった。だが、彼女はその記憶を完全に失っているのである。トラウマもなくすくすく育った真希、これは記憶屋に事件の記憶を消されたせいではないのか？　それにしても身近に二人も記憶屋の犠牲者がいるっておかしくないか？　それって推理ドラマだと当然主要登場人物の誰かが……いやそういう先読みはしない。やったら駄目。負けだから。だからあくまでも都市伝説と思われている記憶屋の存在をネットで探る、という方向で行きます。

すると遼一に思いがけない出会いがある。大学にゲストで講義にきたタレント弁護士高原（**佐々木蔵之介**）がなぜか記憶屋の存在を信じてくれ、記憶屋探しを手伝ってくれるのである。高原は連続強姦殺人事件に巻きこまれた女子高生が記憶をなくす事件があったことから、記憶屋が存在するのではないかという考えに傾きつつあったのだ。てかこの世界、連続強姦事件が多すぎないですか。なんでみんな強姦事件に巻きこまれては記憶をなくしてるんですか。

遼一はなおも未練タラタラで杏子がアルバイトしている喫茶店に出入りして、一緒に写っている写真を見せたり、「あなたの携帯にぼくの電話番号登録されてないですか？」と迫ってみたりで不審者として警察を呼ばれそうなレベル。目をうるうるさせて「ぼくの記憶を取り戻してみせます」と断言するんだけど、普通にキモい男である。さいわいバイト先の店長（**ブラザートム**）は遼一のことを覚えており、「なんで忘れちゃったんだろうね」とか言っている。ここにこの設定のおかしなところが出てるんだけど、たとえ記憶を消したって痕跡はいくらでも残るんだから、本人だって悩むし気づくはずでしょう。そんなわけで高原の事務所に出入りするようになった遼一、真希が記憶を失った事件について調べようと考えて、高原と一緒に強姦殺人犯を逮捕した真希の祖父に会いに行く。

まーここまででね、「つらい記憶だって持ってるのが大事なんだ」という遼一に対して、真希が「当事者じゃなきゃ、本当の辛さはわからんよ」と唐突に真顔で言う場面があったりするんで、どこまでも鈍くてこのテンプレ的な「幼馴染」が自分に恋心をいだいてることも知らんぷりの遼一以外はみな誰が怪しいのかわかっている。出張から帰ってきた高原は、秘書七海（**泉里香**）が、杏子の件をすっかり忘れていることから「身近に記憶屋がいる！」と悟る。真希は七海から高原が記憶屋を探している理由を聞きだしていた。脳腫瘍で余命幾ばくもない高原は、三歳になる自分の娘から自分の記憶を消してほしいと思っていたのである。なぜなら自分の死で娘が悲しむとよくないから。いや自分の記憶を消してくれって頼むならまだしも、他人の記憶を勝手に書き換えるのどうなのよ？　でもこの物語、そこらへんの倫理的な問題には踏みこむことなく、「記憶屋は世の中の不条理が生みだした怪物なんだ。忘れたほうがいいこともある」とか言って泣きに流してしまうんだよね。観客が泣けない場合は登場人物が率先して泣く！

そういうわけで高原はそこまで知ったところでばったり倒れて入院。彼が残した資料を読んで、杏子が連続強姦事件に巻きこまれていたことを知った遼一は雨の中で絶叫して泣き崩れる。すべてを知った遼一は真希と最後の対決。杏子がプロポーズを受けたあと強姦魔に襲われ、どうしたらいいかわからないのでネットに「記憶屋さんに会いたいです」と書きこみ、それを見た真希が訪れて事件の記憶を消したのだと知る。だから**この世界の人連続強姦事件に巻きこまれすぎ**なんだっつーの。そして即日記憶を消したにもかかわらずなぜ事件の記録だけは残っているのかわからない。しかるに真希は事件の記憶を消すついでに、恋のライバルである杏子の心から遼一の記憶も消してしまったのである。出来心でやってしまいましたサーセンと白状しておいおい泣いてるんだが、だから人の記憶を操作するなんてろくなことにならんのだよ。きわめて後味が悪いまま、真希は遼一のこの件にまつわる記憶をすべて消してしまうので最初から何もなかったことになってハッピーエンド。

いいのかそれで！　タイトル『記憶屋　全部忘れました』に変えろ！　ついでながら真希の記憶

を消したのは例の祖父であり、真希一族は代々記憶屋をやっているので広島近辺にはやたら物覚えが悪い人が多いらしいですよ。

※1 『エターナル・サンシャイン』
ミシェル・ゴンドリー監督／二〇〇四年／アメリカ。たわいない日々を送るジョエル（ジム・キャリー）とクレメンタイン（ケイト・ウィンスレット）のカップル。ある日突然クレメンタインが彼の記憶を消してしまったと知ったジョエルは、自分も彼女の記憶を消そうとするが……記憶と恋愛を斬新な手法で描いて絶賛された。脚本はチャーリー・カウフマンで、本作にてアカデミー脚本賞を受賞。

……懐かしの〝セントラル・コンピュータ〟が反乱を起こす系映画。
これが馬鹿にでもわかる映画作りだ！

『AI崩壊』

監督・脚本＝入江悠　撮影＝阿藤正一　音楽＝横山克　主題歌＝AI　AI監修＝松尾豊、松原仁、大澤博隆
出演＝大沢たかお、賀来賢人、広瀬アリス、岩田剛典、高嶋政宏、芦名星、玉城ティナ、余貴美子、松嶋菜々子、三浦友和

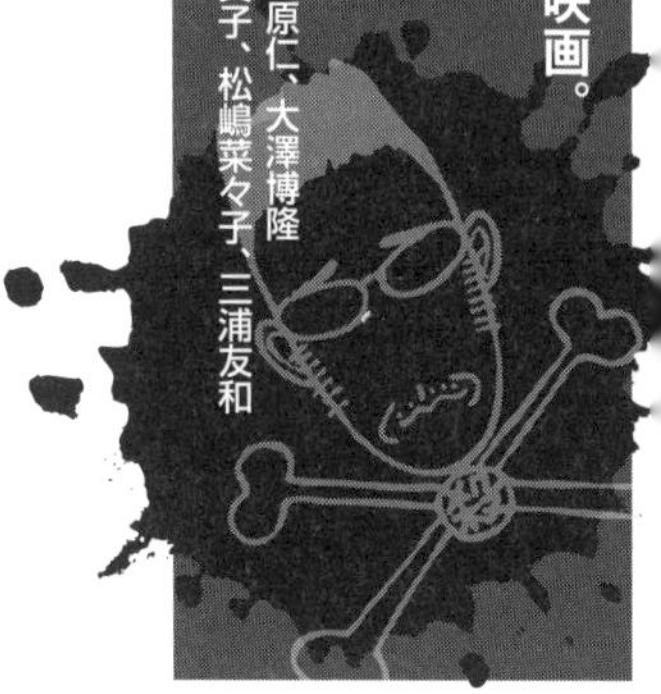

去年から続くＡＩ映画ブームの大本命、**大沢たかお**主演のＡＩサスペンス・アクション超大作の登場だ！　とはいっても実は登場するＡＩのレベルは『センターライン』※1あたりとあまり変わってなくて、巨大なサーバにカメラとマイク、スピーカーとプロジェクターがそなわっており、「ワタシガジンルイヲセンベツスル」みたいなことを言いだすという……懐かしの〝セントラル・コンピュータ〟が反乱を起こす系映画である。さらに古臭く思えるのが、主人公が「ちょっと待て！」というと悪役の側は主人公が真相をすべて説明しおわるまで待ってくれ、それから陰謀のすべてをわざわざ告白して逆転されるというまだるっこしい展開。「わかりやすさ」はどこまでも徹底しており、ひとつ展開があるたびに、その〝伏線〟である場面をいちいちインサートする編集。「まだデータが足りないって言ってただろう！」と突っこむセリフがあれば「まだデータが足りないな」と言う場面を差しこむ。**これが馬鹿にでもわかる映画作りだ！**

　物語は二〇二三年にはじまる。東北先端情報大のＡＩ研究者桐生（大沢たかお）は妻の望（**松嶋菜々子**）、義弟の西村悟（**賀来賢人**）とともに「創薬ＡＩ」の開発を進めていたが、厚生省の認可がおりず、癌になった妻を救うことができなかった。この「創薬ＡＩ」がどんなものかさっぱりわ

からないんであれなんだけど、後に実用化されるもののプロトタイプだとしたら、そんな万能の効果はないんじゃないかなあ……ともかく深い挫折を味わった桐生、医療ＡＩ「のぞみ」を完成させると、その運営を義弟西村にゆずって自分は娘心**（田牧そら）**とともに「人間らしいくらしをしてくるよ」とシンガポールに旅立つ。日本では、すべての医療機器とウェアラブルデバイスの情報を一元管理する「のぞみ」の力で医療ユートピアが出現。二〇三〇年、桐生は功績をたたえられて総理大臣表彰を受けることになり、「のぞみ」運営会社ＨＯＰＥ社の新データセンター完成にあわせて数年ぶりに来日することになる。

麗々しくお披露目される「のぞみ」。これが噂のセントラル・コンピュータというやつである。**なんのためにサーバにカメラやスピーカーやプロジェクターがついているのか、それは誰にもわからない。**国民の年収から健康状態まですべてを管理して最適な医療を提供するというんだけど、普通に嫌だよそれ。娘をデータセンターにおいて、総理官邸に向かう桐生。と、そのとき突然「のぞみ」に故障が発生。全国でペースメーカーや生命維持装置の異常が発生して死者多数。首相**（余貴美子）**も死んでしまう。同時に信号の異常その他で交通渋滞が発生（なんで医療ＡＩと関係あるのかと聞いてはならない）、桐生は江戸川区あたりで渋滞に捕まってしまう。

そのころデータセンターに置いていた娘は手に持って離さない母の写真をなくして（そんな大事なものを手に持ってるから！）、一人で探しまわってるうちにサーバルームに閉じこめられてしまう。防弾ガラスに守られたサーバルームは侵入不可能、しかも当然ながら強烈に冷却されるのでほっておいたら凍死してしまう。ＨＯＰＥ社のエンジニアたちは「のぞみ」の電源を落とそうとするが、「のぞみ」が非常用電源をのっとってしまったのでただ手をこまねいているだけ。「のぞみ」は何が起きているのか親切にモニターで見せてくれるので、エンジニアは気づく。

「これは……学習プログラム！」

そう、「のぞみ」は人類の歴史を学び、人類の価値を選別しようとしているのだった！　何者かが「のぞみ」をハッキングしている！　というところでなんでもできちゃう警察のサイバー捜査班がちょちょっと捜査するとハッキング元がすぐに判明する。ハッキングは止められないのに現在進行系でプログラムをアップロードしてる先は逆探知できるのだ。その場所は……江戸川区の路上！　そのとき桐生は自分のショルダーバッグに入っている見覚えのないタブレットに愕然としていた。まさにそのタブレットからハッキングはおこなわれていたのである。たちまち派遣された対テロ特殊部隊に制圧される桐生。「こんなことしてる場合じゃない。千葉では娘の命が危ないんだ！」と叫んでも誰も聞いてくれない。もはやこれまで……というところで空から車が飛んできた！　たまたま運転手が心臓発作を起こして暴走した車が高速を飛びだしてぴったり桐生が引っぱりだされた車の上に飛んできたのである。いやあすごい偶然。どさくさまぎれに桐生は逃亡。

だがここで慌てず騒がず指揮を執るのが警察庁警備局理事官の桜庭（**岩田剛典**）。桐生を崇拝する人工知能の研究者だったがアメリカ留学から帰ってくると警察に就職して捜査用ＡＩ開発に専念したという。**高嶋政宏**と**芦名星**の二人をしたがえて、自慢の捜査ＡＩ「百眼」を起動させる。この「ＡＩ」がすごい。町中に配置された監視カメラはおろか携帯やパソコンのカメラまでなんでも侵入可能、ＧＰＳだろうと携帯の通話だろうとなんでも傍受できて、その情報を利用して顔認証と歩行パターン判定で個人を特定する。なので日本中どこに逃げても一瞬で場所を見つけられるという恐るべきシステム。いやこれＡＩじゃなくて問答無用のプライバシー侵害っぷりがすごいんだろうが！　たまたまこの存在を知ったベテラン刑事合田（**三浦友和**）が「個人情報完全に無視かよ」とか嫌味を言うんだが、それどころじゃなくてこの世界では（正式運用前だかなんだか知らないが）こんなプライバシー侵害が可能でしかも許されているのか？　これＡＩの危険性とかそういう話じゃ全然なくないですか？

以下このプライバシー全無視状態で位置を見つける「百眼」と、必死で逃げる桐生の丁々発止の知恵比べとなる。これにからんでくるのがベテラン刑事合田。「こんなもん（ＡＩ）に頼ってちゃダメだ！　刑事の基本は現場だ！」と叫ぶ合田は「経験と勘」で桐生の行方を追う。このヤマ勘がずばり当たって見事にＡＩに先回りして桐生の行方を的中させまくるのである。**これだけプライバシー侵害しまくっても三浦友和のヤマ勘に負けてしまうＡＩってひょっとしてたいしたことない？**

そんなわけで東京からこっそり貨物船に乗って仙台に向かった桐生、ヤマ勘で当てた合田も同じ船に乗りこんでおり、あわや逮捕というところで遅ればせながらヘリでかけつけた対テロ部隊が空中から桐生を狙撃。かろうじて逃れた桐生は海に飛びこむ。

「なんで撃った！」と激怒する現場の合田。

「相手はテロリストです。撃ってでも止めるべきでした」と冷静に答える警視庁の桜庭。

「ふざけんじゃねーぞ」と合田……ってなんでここで会話が成立してるんだよ！　百歩譲って万能の「百眼」が現場の音声までひろって桜庭に伝えていたとしても、桜庭のつぶやきが合田に聞こえるわけないだろ！というわけでまたもおなじみインチキ切り返しによる会話風絶叫である。それにしてもこの対テロ班、**丸腰の相手をバンバン撃ちまくり、射殺も厭わずってＡＩによる命の選別より警察による命の軽視のほうがヤバくないですか？　そして真冬の太平洋に普段着で飛びこんでもピンピンしてる大沢たかお不死身すぎやしませんか？**

まあそんなわけで桐生は逃げながら手持ちのノートパソコンで「のぞみ」に読みこませる新しいプログラムを書いてゆく。いやそれどれだけ天才だったらそんなことができるんだか。「のぞみ」のプロトタイプは数年前に閉鎖され廃墟と化した東北先端情報大学大学院にあるからというんだが、その閉鎖された研究室がいまだに電源が生きていてワークステーションもそのまま放置されているとかさあ……もうこの辺突っこんでたらきりないんだけど、ともかく行きあたりばったりのプロットがひとつ進むたびに突っこみどころがひとつ出てくる脚本、どうなってんのかもう……。

そういうわけでついにプログラムを完成させてデータセンターに戻ってきた桐生。だがその前に立ちふさがる桜庭と対テロ特殊部隊たち。桜庭の命令一下桐生に飛びかかろうとするが、そこで慌てず騒がず桐生が説明をはじめるとみんな立ち止まって黙って話を聞く。桐生いわく、「のぞみ」はハッキングされたのではなくもともとバックドア※2が仕掛けられていた。監視カメラの映像を調べるとそれをやったのは西村その人である。だが「(西村)悟は騙された」のだ。セキュリティ・チェックのために走らせたプログラムそのものが侵入用のバックドアを作っていた（そんなもんにやすやすと騙されるAI研究者ってさあ……）。彼にセキュリティ・チェックを依頼した人物、その姿は監視カメラの画面の外にいるので写っていなかったが、ガラスの反射を解析して修正を加えると……それは桜庭だった！

「そんな映像、誰でも作れるでしょう」

と冷静な桜庭（そのとおりです）、冷静に逮捕を命じる。だが、

「おまえが『百眼』のために『のぞみ』のビッグデータを欲しがっていたのはわかっていた。でも、なんで人間の選別なんてさせたんだ？」

と桐生に挑発されると、得々として、

「すでにこの国は破綻している……少子高齢化……社会の再設計は合理的なAIにまかせればいい！」

とおなじみ選民思想を大演説。また悪の黒幕が調子に乗って悪の計画をペラペラ喋りまくる映画だよ！　当然その演説は桐生の手でひそかに日本中に中継されており、桜庭は失墜、合田に逮捕される。いや、よく考えると合田がとくに証拠もなく桜庭を逮捕するにあたって中継は関係ないんじゃね？　桜庭が余計なことを言わなければよかっただけですよね、これ。

さて、そんなわけでサーバルームに駆けこむ桐生。みんな忘れていると思いますが桐生の娘はもはや凍死寸前。そして「のぞみ」による命の選別がはじまるまであと数分。しかし相変わらずサーバルームに入ることはできないし、「のぞみ」に外部から接続することもできない。そこで桐生はプロジェクターを用意。**機械語で書いたプログラムを「のぞみ」のカメラに投射して、実行させる**

というウルトラC……というのだが、そんな話があるか!!!　カメラに文字を読ませたらプログラムを読みこんだことになるというのもすごいが、それをそのまま実行するとかどんだけバカでかいセキュリティホールなのか！　だがわざわざ「自分の生まれた理由を思いだせ」とコメントに書かれたプログラム、投射するもサーバルームの外からはうまくカメラに当てることができない。どうしよう？　そうだ娘だ。

「こころ、鏡だー！」

彼女がサーバルームに閉じこめられることになった原因の写真、手鏡の裏側に入れてたんですね。その声が届いて、こころは鏡で光を反射させ、カメラに当てる。

「読め、のぞみ、読むんだー！」

絶叫する大沢たかお。だがちょっと待ってほしい。ここまででたらめなセキュリティホールでプログラムを届けることに成功したとしても、**その文字って鏡文字だよね?**　それはいかなるスーパーAI「のぞみ」さんといえどもプログラムとして読んではくれないのではなかろうか。そこんとこに監督、並み居るプロデューサー、AI監修の誰一人気づかなかったので、人類は滅亡しましたとさ。

＊通常のプロジェクターには映像反転機能があるので、大沢たかおがそのことを思いだしてさえいれば無事映像は「のぞみ」の元に届くと思われます。

※1　『センターライン』
『皆殺し映画通信　御意見無用』九〇ページ参照。

※2　バックドア
管理者や利用者が知らないところで設置されるパソコンへの侵入経路のこと。ユーザーが知らないまま、第三者がパソコンを遠隔操作することができ、機密情報や個人データを抜きだすことも可能。

有機農法がテーマの食育プロパガンダドキュメンタリー。
素晴らしき有機農法ユートピアの扉が今、開かれる……

『いただきます　ここは、発酵の楽園』

製作・監督・撮影＝オオタヴィン
出演＝小雪、吉田俊道、木村秋則、菊池良一、日原瑞枝、小倉ヒラク

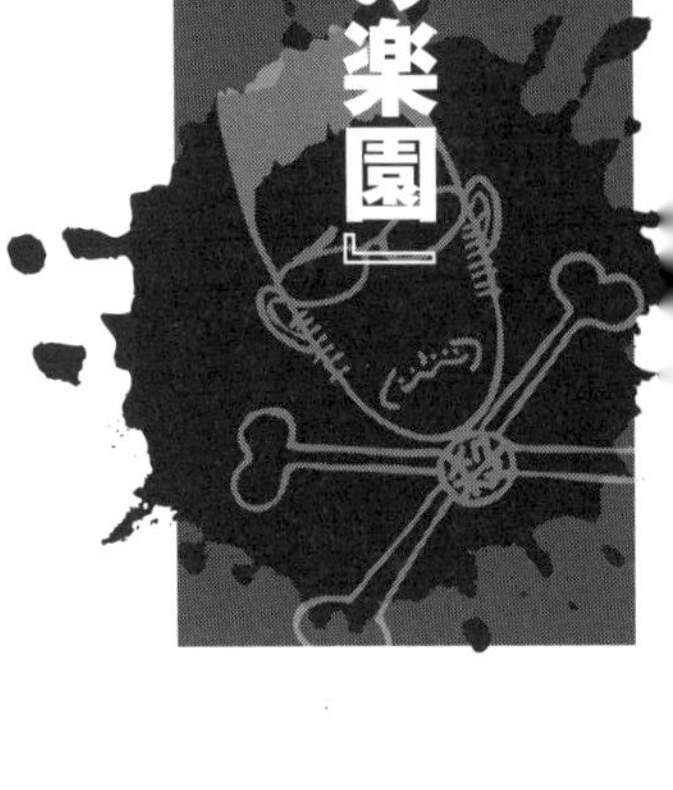

出演者クレジットに「にんじん、りんご、ほとけのざ」がある映画、これはなかなかに新しい。監督オオタヴィンによる発酵シリーズは[※1]『いただきます　みそをつくるこどもたち』に続く第二作、「食べたものが、わたしになる」「You are what you eat」という食育プロパガンダドキュメンタリーである。ナレーションに**小雪**、エンディングテーマを歌うのは坂本美雨（作詞作曲宮沢賢治！）という、こちらの汚れた心がすべて菌類に食われてしまうような意識の高い布陣。てっきりこれも納豆菌映画なのかと思いきや、本作のテーマは有機農法。細菌の作用で堆肥をこしらえ、豊かにした土壌で育てた野菜を食べればみな健康！　そんな素晴らしき有機農法ユートピアの扉が今、開かれる……。

　食育を取り入れ、自前で有機栽培の畑を持ち、園児がそこで育て収穫した野菜を食べる保育園が紹介される。農業にいそしむ子供たちの姿を（ときにスローモーションで）いきいきと描きだすのが、たぶんこの映画のもっとも見せたい映像なのだろう。「野草給食」（もちろんご飯は玄米）を本当に子供は食べたかったのかいささか不安にはなるものの、子供の笑顔が（スローモーションで）映ってる分には誰も困るまい。話が不穏になってくるのは有機農法のカリスマ、オーガニック爺た

ちが出てきてからである。

まずは長崎、「菌ちゃんふぁーむ」[※2]の**吉田俊道**老人。野菜を材料に微生物によって発酵させた堆肥を使う吉田老人。「野菜にいいものは人間にもいい」と堆肥をぱくぱく食ってみせるのにはさすがにたまげた。吉田氏は「有機栽培の畑にはカラスもイノシシも来ない」と言い、野菜が直射日光や害虫を避けるために作る「ファイトケミカル」が「第七の栄養素」として注目されているのだと主張する。このへん、いろいろ怪しいようですが。

吉田老人の菌ちゃん農法を取り入れた佐世保市のマミー保育園では和食の給食を提供する。「オーガニック野菜×和食＝腸活」こそ食育の方程式である。園児たちが育てた野菜を漬物にし、両親にプレゼントする「たくあん卒園式」にはさすがに……。

だが、映画のトーンががらっと変わるのは青森、奇跡のリンゴ**木村秋則**の登場場面だ。不可能と言われた林檎の無農薬栽培に成功した木村氏の人生については伝記映画『奇跡のリンゴ』[※3]、ドキュメンタリー『いのちの林檎』[※4]で語られている。今回、木村秋則氏の楽園ということであるいはUFOも登場するかとも思われたのだが、残念ながらそっちの話にはならない。だが、インタビューだけで十分に恐ろしい。ここはなぜかモノクロで、木村氏が無農薬栽培を試みた結果、何年ものあいだ虫にやられてまったくリンゴが収穫できない年が続いたことをとつとつと語っていく。ついに十年目、さしもの木村氏も心折れ、「死んでお詫びをしよう」と森に入っていくのだが、その話をするとき木村氏は手にロープを握っている！　もちろんそこで土を舐めた木村氏は土の秘密に気づき、微生物によって土を豊かにする無農薬農法を編みだすのである……わけだが、**モノクロ画面での語りがホラー映画にしか見えなくて**困るのである。なお、通常栽培のリンゴはすぐに傷むのに対し、〝奇跡のリンゴ〟は四か月置いておいても腐らないという研究結果が発表されていたりして、奇跡の霊験いまだ衰えずである。

※**1**　『**いただきます　みそをつくるこどもたち**』
オオタヴィン監督／二〇一七年。福岡県福岡市にある高取保育園の食育の取り組みを取材したドキュメンタリー。保育園では「食はいのちなり」を理念に、玄米や味噌汁、季節の野菜といった伝統的な和の給食を提供し、食育に力をいれている。園児は自分たちの食べる味噌づくりや食事の用意を通して、食べることや作ることの大切さを学んでいく。農林水産省タイアップ映画。

※**2**　「**菌ちゃんふぁーむ**」
長崎県の農業改良普及員であった吉田俊道氏が一九九六年に県庁をやめてはじめた農園。一九九九年に、「大地といのちの会」を結成。微生物を活用した元気な土作りを土台とする有機無農薬農法の普及活動を行っている。宅配サービスで全国に野菜や菌を使った加工品などを販売中。

※**3**　『**奇跡のリンゴ**』
『皆殺し映画通信』一七一ページ参照。

※**4**　『**いのちの林檎**』
『皆殺し映画通信』二二〇ページ参照。

……福田雄一お得意の「こんなもんでよかんベイズム」が炸裂。オタクだって？　こんなもんでよかんべ。ミュージカル？　こんなもんでよかんべ

『ヲタクに恋は難しい』

監督・脚本＝福田雄一　原作＝ふじた　撮影監督＝工藤哲也　ミュージカル作曲編曲＝鷺巣詩郎　ミュージカル作詞＝及川眠子、藤林聖子、福田雄一　劇伴音楽＝瀬川英史、日向萌、酒井麻由佳
出演＝高畑充希、山崎賢人、菜々緒、賀来賢人、今田美桜、ムロツヨシ、佐藤二朗、斎藤工、内田真礼

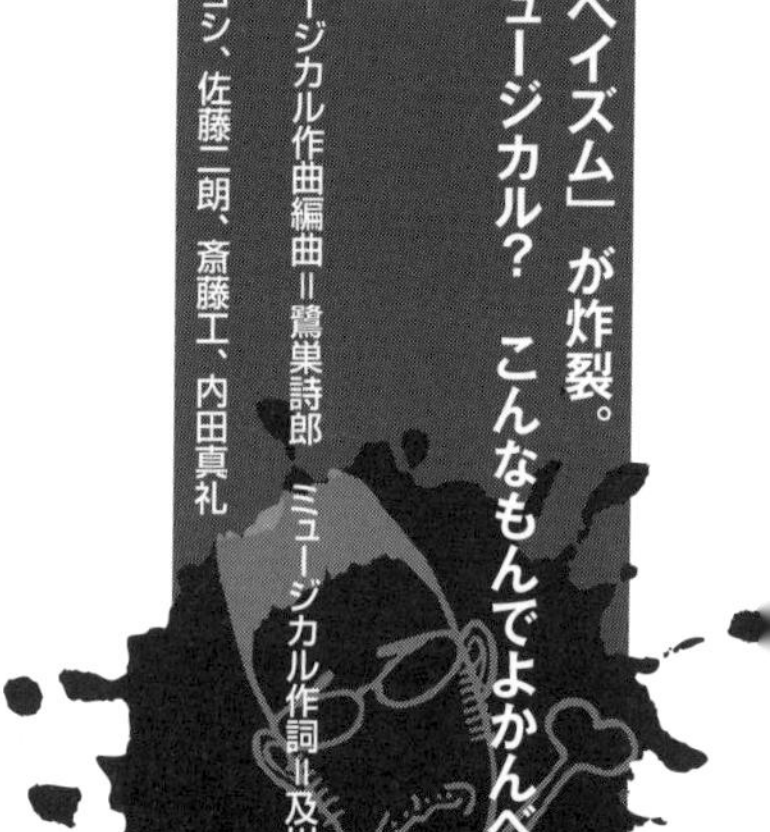

「福田雄一コメディ最高傑作！　恋愛不適合な愛すべきヲタクたちの悲哀と歓喜の協奏曲（ラララン ド）」

びっくりした。これ本当に『ラ・ラ・ランド』[※1]だったのである。つまり本当にミュージカルだったのだ。オタクが「恋は難しい～」と歌うミュージカルなのである。と聞いたらいやそれ正気かよ、と誰もが思うだろう。大丈夫、作ってるのは福田雄一である。福田雄一がここまでのアイデアを思いついたら、あとはどうする？　そんなの、あとは鷺巣詩郎に丸投げして終わりに決まっている。福田雄一お得意の「こんなもんでよかんベイズム」炸裂だ。オタクだって？　こんなもんでよかんべ。ミュージカル？　こんなもんでよかんべ。ギャグ？　**ムロツヨシ**と**佐藤二朗**を入れておけばよかんべ。観客を舐めくさり、扱うネタを舐めくさり、何ひとつ調べることも真面目に考えることもせず、「こんなもんでよかんべ」と放りだして出来上がったのがこれである。

さらに驚いたのはこれ本当に「オタクに恋は難しい」という話なのである。「オタクはコミュ障で挙動不審で人の気持ちがわからないので恋愛できない」という話なのだ。「アニメやゲームが好きで、そっちを優先しちゃうから恋愛とか不要な人間関係に割いてるリソースがない」じゃないの

だ。ナチュラルに上から目線でオタクを見下して、自分がオタクを嘲笑っていることに気づいてすらいない。『銀魂』[※2]とかを楽しんでいた人たちに言いたいのは、**「こんなもんでよかんべイズム」を許していれば、いずれは自分の愛するものが「こんなもんでよかんべ」と言われるだろうということだ。**

「こんなもんでよかんべ」の最大の犠牲者は何かといえば、それはミュージカルである。主演に**高畑充希**を当てたところまではよかったが、歌はともかく踊りについては何も考えていなかったようである。というか、そもそもダンスをちゃんと練習する準備期間もなかったんだろう。ライアン・ゴズリングもエマ・ストーンも歌手でもダンサーでもない。でも、それなりの練習を積んでみっともなくないところまでは仕上げるのがハリウッドである。しかるに本作ではダンスはほとんどゼロ回答。高畑充希と**山崎賢人**が歩きつつ口ずさむ歌をクレーンで高所からロングショットで写す……シーンが延々と繰り返されるのだが、こんなミュージカルあるか？　百歩譲って金が無い日本映画では歌かダンスかどちらかしかトレーニングの時間がなかったのかもしれない。しかしそれならなぜダンスをやらせないのか。極論を言えば、歌は吹き替えでもいいのである。だけどダンスは本人が踊っていなければなんの意味もない。踊れない人間に「そこそこ」の歌をうたわせて何が得られるのか。それは「こんなもんでよかんべ」の現実である。

ヒロイン、桃瀬成海（高畑充希）は転職先で二藤宏嵩（山崎賢人）にばったり会い、ものすごく挙動不審な感じで驚き恐怖する。実は二人は旧知の仲、感情の薄いゲームオタクで必要なこと以外は口に出さないヒロタカは周囲からもオタクとして知られているが、前の職場でオタバレして居づらくなったキラキラOL成海はアニメオタクであることを隠しているのだった……というんだが、オタクをバラさないでくれとヒロタカに懇願するその挙動不審さが、オタクかどうか以前におかしいんだっての！　例によって戯画化しすぎてギャグになってしまっているのだが、前提がすでに崩壊している。しかもオタク＝変人というひどい決めつけ。

さて、そんなわけで会社からの帰り道、彼氏にオタバレしたくないんだと訴える成海に、ヒロタカは、

「じゃあ、オレでいいじゃん」

「……採用！」

ということで妥協でつきあうことになった二人。ヒロタカは「オタバレをしたくない」という成海のために「一日オタク厳禁デートね！」とオタク言語を一切禁じてのデートにいそしむ。だが、「デート終了、ここからはオタク解禁！」となったとたん立板に水の如くしゃべくる成海を見て、「あるいはオタクを隠させようとするのはまちがったことなのだろうか……」とヒロタカは逡巡する。

で、以下二人のあいだの関係が進んだり進まなかったり、ヒロタカの家に（一緒にゲームをやるために）誘われた成海がパニックになったりベッドに誘われないのでがっかりしたりゲーム中にいきなりキスされて硬直したりといった腐れラブコメみたいなやりとりが続くのだが、本当にどうでもいい。これそもそもがオタクであることの問題でもなんでもないでしょ。「つきあうふりをしているうちに本気になってでもどうしよう……」という凡百のラブコメで描かれてきたアレである。しかもこの場合、ヒロタカは最初から成海のことが好きなのであって、ただ口数が少なすぎて何考えてるか誰にもわからないというだけなのだ。別にオタクだからじゃねーよ！

無理矢理オタクの話にするために、アニオタである成海の心を理解しようとしたヒロタカが、会社を一週間有給とって、声優マニアの同僚坂元（**賀来賢人**）の特訓を受けて萌えアニメを見まくりグッズを買いこみ、人気声優**内田真礼**のライブに行くみたいな展開になるんだが、そーゆーことじゃねーから！　オタク同士のつきあいって、お互いに相手の趣味に手を出さずに遠くから温かく見守れるから成立するんでしょーが！　基本的におかしいんだよこの映画。

目立つのは成海がオタク性を爆発させて早口で喋りまくるシーンの演出。なぜかニコ動風に画面に文字が流れまくる。これ成海が喋ってるセリフなんで、究極の副音声字幕でもあるのだが、ひた

すら騒々しいだけで、なんでこんなことをしたのかがさっぱりわからない。気持ち悪さを強調したかったかとでもいうつもりか？　ともかく最初から最後まで「オタク＝変人＝気持ち悪い」の図式は変わらない。

「オタク性は気持ちの悪いものなのでTPOをわきまえて表に出すべきではない」という態度は映画の隅々にまで行き届いている。成海が居酒屋に行くとレイヤーの友達に会って盛り上がるが、会社の人間に見られると「いや、友達じゃないです！」とペテロ[※3]のように否定する場面がある。友人たちへの不義理も冷たさも問題にされない。映画の中では成海がどんなアニメが好きなのかさっぱりわからず、それをオープンにすることがどれだけ恥ずかしいのかもわからないので、すべては節度の問題にされ、あらゆるオタク的活動は人前に出すべきものではないとされる。いや、もしもオタクであることが恥ずかしいものなのだとしたら、それは自らの性癖、はっきり性的であるかもしれないものを人前でむきだしにするからなのであって、別にオタクに限ったことではないはずだ。性的告白が恥ずかしいのと同じことで、オタク性とはまったく無関係なのである。

あるいは福田雄一は匿名掲示板やニコ動のコメントこそがオタクが隠している内面なのだと考えているのかもしれない。それもまたひとつのパフォーマティブな言論かもしれないというところに少しも思い至っていないのだ。だからオタクは本当は人前で「ドチャシコですわ～」と言いたいけれど、それを抑えられているのが苦しい……みたいな発想にいたるのである。そんなオタクは福田雄一の差別的コメディの中にしか存在しないのだよ！　もはやムロツヨシや佐藤二朗の一ミリも笑えないギャグについても、樺倉（**斎藤工**）がなぜかビルの屋上テラスを勝手に使えて、「ここで一人で飲んでると、嫌なことを忘れられるんだ」と缶チューハイを飲む謎の設定についても書くことはないだろう。**映画を舐め、オタクを舐め、ミュージカルを舐めくさった態度は、ただ相手を侮蔑した差別コメディを生むだけ**なのだ。

※1　『ラ・ラ・ランド』
デイミアン・チャゼル監督／二〇〇六年／アメリカ。俳優志望のミア（エマ・ストーン）と売れないジャズピアニスト（ライアン・ゴズリング）の恋を描くミュージカル映画。公開されると大ヒットし、第八十九回アカデミー賞では、監督賞、主演女優賞などを受賞した。
※2　『銀魂』
『皆殺し映画通信　骨までしゃぶれ』一二〇ページ参照。なお『銀魂2　掟は破るためにこそある』については『皆殺し映画通信　お命戴きます』一五九ページ参照。
※3　ペテロのように否定する場面
イエスが捕らわれたとき、キリストの弟子であることを再三否定したこと。その前に、イエスがペテロ（ペトロ）にその行いを予言していたが、ペテロは絶対に認めなかった。「ペテロの否認」としてよく表現モチーフにもなっている。

今いちばんヤバいエクスプロイテーション案件は「2・5次元」。
イケメンを集めた吸血鬼映画を作りますんでひとつよろしく、と生まれた差別映画

『バイバイ、ヴァンプ！』

プロデューサー＝大勝ミサ、GOD　監督・編集＝植田尚　原作＝中村啓　脚本＝中村啓、植田尚　撮影＝島田貴仁
出演＝寺坂頼我、高野海琉、マーシュ彩、工藤美桜、美月音寧、とまん、なべおさみ、SIZUKU、渡辺裕之、川平慈英、ゴリ（ガレッジセール）

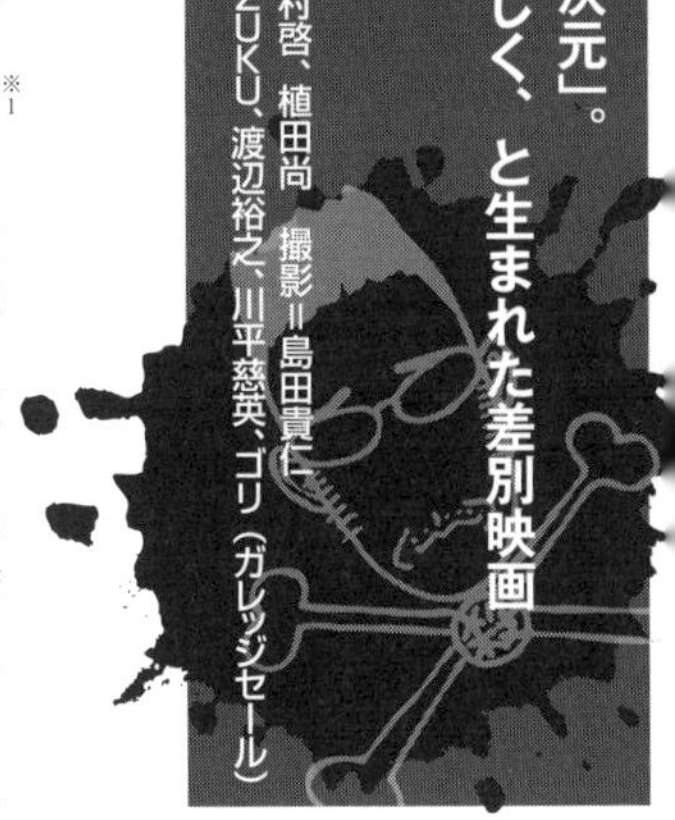

かねてより、今いちばんヤバいエクスプロイテーション案件は[※1]2・5次元なんだと指摘してきたのだが、それがまさかこんなかたちで証明されることになろうとは。吸血鬼に噛まれた人間が同性愛者になってしまうという異色——というか差別的吸血鬼映画としておおいに物議をかもしたのがこの映画である。見ないとわからないとかそういう意見もあるでしょうが、もちろんまごうことなき差別なんで、それを指弾する上では映画を見る必要はまったくありません。そもそも吸血鬼には十字架が効くからって分家吸血鬼が十字架を持ってきて武器にするとか、青森県戸来村で死んだキリストの子孫が生きていてその血が……とかちゃぶ台をひっくり返したくなる思いつきネタ満載で、真面目に論じるレベルのものじゃない。ただ個人的には、この映画について調べていたら色々と自分の業の深さを思い知らされる結果となりまして……。

まず、この映画の黒幕と目されるGOD（ゴッドプロデューサーKAZUKI）、実は未知の存在ではなかった。あの寺西一浩監督作品『17[※2]歳のシンデレラ　東京ボーイズコレクション〜エピソード2〜』の音楽を担当していたのである。『17歳のシンデレラ』にはGODのパートナーであるSIZUKUも出演している。まさかこれが寺西ワールドとつながるとは[※3]吉田豪でも気がつくまい。

一方、監督・脚本をつとめた植田尚の作品は二〇一〇年の水戸市政一二〇周年記念映画『ViVA！Kappe』を見ている。このWEBマガをはじめる前にほそぼそとやっていた当たり屋活動ですでにチェック済みだった。この植田監督が『BOYS AND MEN -One For All, All For One』[※5]なるセミドキュメンタリー映画を撮っていることから、BOYS AND MENとのコネができたものと思われる。ついでに原作・脚本の中村啓は宝島社の第七回『このミステリーがすごい！』大賞で優秀賞を獲得してデビューした作家で、原案もつとめる製作者大勝ミサがエグゼクティブ・プロデューサーをつとめた『霊眼探偵カルテット』[※6]でも脚本を書いている。ということでほぼこの映画の関係性ができあがる。そんな低予算映画に蠢いている有象無象が集まって、何も知らない茨城県猿島郡境町に話を持っていき（境町町長特別出演）、イケメンを集めた吸血鬼映画を作りますんでひとつよろしく、と協力をとりつけた結果生まれた映画が本作なわけである。

キャストには名古屋のボーイズグループ祭nine.のリーダーである**寺坂頼我**を筆頭に、BOYS AND MEN（祭nine.がBOYS AND MENの弟分、という関係だそう）のメンバーや2・5次元舞台の役者やモデルといった面々が麗々しくならんでいる。で、こうした映画の場合はほぼこのキャストを集めるところで仕事は終わりなのである。以下ストーリーはいかにも安易な2・5次元系映画らしく、**女性はイケメンが好き、女性はホモが好き。ならイケメンを集めたホモ映画を作ればいいいんじゃね？**という程度でネタを考えたものと思われ、ゲイを「異常」な病気とみなす態度の差別性には気づいてもいないだろう。そもそも吸血鬼の吸血行為が性行為のメタファーだというのはブラム・ストーカー[※7]の時代から言われていることで、それほど珍しい発想ではない。そしてその「病」が性を越えるのも当たり前のことだった。ただしそれはホモセクシュアルというよりはパンセクシャル、すべてに欲情するセックスであるはずなのだ。だからこの映画も吸血鬼に噛まれたものはみな性的に放埒になって男女を問わず魅了してしまう……みたいにしておけば、ここまでの騒動にはならなかったろう。この「ゲイを病気扱いにする」というのは物語を作る上でも完全に間違っており……。

小日向京平（寺坂頼我）と砂月美貴（**工藤美桜**）は友達以上恋人未満、主として京平が優柔不断ではっきり告白できないのでウジウジが続いている。今日も今日とて京平が同級生吾郎（**とまん**）相手に告白の練習をしたりしているが、いざ本番になると失敗……みたいな茶番劇を繰り広げている。なお、この映画、低予算映画にありがちな「三人以上の人が場面に出てくると道端に棒立ちになって会話をはじめる」演出が取り入れられているのだが、前述のとおり京平の友人としてイケメンが大量投入されているせいで、「道端で棒立ちで会話」なシーンが頻出する。世間では男女二組の吸血鬼（ヴァンプ）が人を襲っており、襲われたものはゲイになってしまうという噂が流れているという。なんと説明的な噂であることか！　するとその夜、一人で帰った吾郎が何者かに襲われる。翌朝、いきなり女装してセーラー服姿であらわれた吾郎、艶っぽく京平に迫る。「オレは女が好きなんだ〜」と叫ぶ京平。

そこへ転校してきたのが美男美女の兄弟、黒森大牙（**高野海琉**）と夜弥（**マーシュ彩**）である。「ルーマニアから来ました」と言いながらなぜか日英のバイリンガルである兄妹、スポーツも万能でたちまちクラスの人気者になる（日焼けどめを塗っておけばOKという程度の紫外線への弱さ）……わけだがもちろんこの二人こそルーマニアからやってきた吸血鬼。目をつけた子を体育館に呼びだしては襲っている。ただし大牙が誘いだした女の子は夜弥が、夜弥が連れてきた男子は大牙が噛む。なぜならば、不老不死の存在である吸血鬼には子孫を作る必要がないからである。必然的に生殖のためのセックスをしなくなり、同性愛に走る（？）。なので吸血鬼はすべて同性愛者なのである！という論理的だかなんだかわからない理屈が展開される。以下、感染症が広がる中、「このままじゃ境町はホモの町になってしまう！」と差別的言辞を弄しながらもとくに何をするでもない京平たちの日常がつづく。

早くに両親をなくした京平の母代わりに世話をしてくれている妹姫子（**美月音寧**）、やたらトマトジュースを飲みたがる京平の様子を見て、面倒を見てくれていた叔父（**渡辺裕之**）の家に連れていく。「そうか渇いてきたか」と言う叔父。え？

実は京平の父（**川平慈英**）は吸血鬼だったが、人間の娘を愛して子供を作った。吸血鬼的には変態で純血を汚す存在だというので、ルーマニアの本家からやってきた吸血鬼に処刑されてしまったのだ。叔父も吸血鬼だが、血を飲まないので人間と同じように年をとっている。姫子は実は百四十歳で、京平と血のつながりはない。生き血を飲ませて幼児になるまで若返らせたのだ――って吸血鬼っていろいろ便利だな！　ともかくそんな純血ヴァンパイアたちにとってハーフブリードの京平は目の上のたんこぶ。黒森兄妹は彼を殺すためにルーマニアからやってきたのだった。

黒森は境町最大のイベント利根川花火大会の日、配下の子ヴァンプたちを一斉蜂起させて境町を現代のソドムに変えようと企む。そんなことを知らない京平は美貴とウキウキ待ち合わせをしているが、美貴は先回りした夜弥に襲われてしまう。京平がかけつけたときにはすでにすっかり吸血鬼化しており、彼など見向きもしないで姫子に飛びかかる！　もともと美貴が好みだったという姫子もすっかりいい気分になって二人で抱き合ってキス。

「美貴ちゃんのこと好きだったんだ！」

「それ嚙まれる前に言ってくれたら良かったんだけど、あんた優柔不断だから……あたしもう男には興味ないから」

とキスにいそしむ美貴。嚙まれた途端に性格が一変し、上から目線で京平を嘲笑うところだけはおもしろかった。美貴は吸血鬼は欲望に生きる存在だと言うのだが、京平は「でもぼくは美貴ちゃんを愛してたんだ！」と繰り返す。「こうなる前に言っといてくれたらねえ」。吸血鬼と人間との対比が、欲望と愛として対立するのはどうなのか。それでは愛の先に欲望はないということになってしまうのではあるまいか。最終的に肉体的欲望を否定してしまっている。それもこれも同性愛吸血鬼なんて妙なものを考えたせいであり、その差別的発想のせいで破綻することになってしまったのだから因果応報か。

なお、クライマックスではみんなが忘れていたであろうSIZUKUが登場、「神に関係した歌」(作詞作曲GOD)をうたうと吸血鬼がみんな元通りになってめでたしめでたしというとってつけた結末を迎えるのだが、ドライに欲望に生きていた美貴が急にカマトト女に戻ってしまうのがあまりに嘘くさく、逆に真実を活写しているような気がしたものである。

※1　2・5次元
漫画やアニメ、ゲームなどの二次元と、現実の空間や実在人物がいる三次元との間という意味。二次元の世界を実在の人物が再現した舞台やパフォーマンスなどが2・5次元、それらに出演する俳優やパフォーマーを2・5次元系と呼んだりしている。

※2　『17歳のシンデレラ　東京ボーイズコレクション～エピソード2～』
『皆殺し映画通信　御意見無用』一三〇ページ参照

※3　吉田豪でも気がつくまい
プロインタビュアー吉田豪氏はもちろん気がついていたそうです。

※4　『ViVA! Kappe』
ブログ「映画評論家緊張日記」掲載　http://garth.cocolog-nifty.com/blog/2010/04/viva-kappe-2010.html

※5　『BOYS　AND　MEN -One For All, All For One』
植田尚監督／二〇一六年。BOYS　AND　MENは二〇一〇年に東海地方出身・在住の男性メンバーで結成されたご当地アイドルグループ。本作は結成から五年後までの軌跡を追ったドキュメンタリー。

※6　『霊眼探偵カルテット』
旭正嗣監督／二〇一七年。霊能力を持つ女子高生四人組が、同級生が惨殺された事件の解決に奔走するホラー。元「NMB48」の三秋里歩初主演作品。

※7　ブラム・ストーカー
一八四七～一九一二。アイルランド人の小説家。ルーマニアの領主ヴラド公の話を知り、彼をモデルにして『ドラキュラ』(一八九七)を書いた。内容はトランシルヴァニアの古城から大都市ロンドンへ、あらたな人間の生き血をもとめてやってきたドラキュラ伯爵と人間の攻防を描いた吸血鬼小説。出版後すぐに舞台化されたこともあり、ベストセラーとなった。その後もしばしば舞台化や映画化され、吸血鬼ものの古典かつ原典となっている。日本では平井呈一が一九五六年に『魔人ドラキュラ』(抄訳)として翻訳上梓。現在も『吸血鬼ドラキュラ』(東京創元文庫)として出版されている。

さあ、自殺ゲームのはじまりです。日本では年に一本は『バトル・ロワイアル』のパクリ映画を作らなければならない決まりがあるらしい

『シグナル100』

監督＝竹葉リサ　原作＝宮月新、近藤しぐれ　脚本＝渡辺雄介　撮影＝谷川創平　音楽＝Jin Nakamura
出演＝橋本環奈、小関裕太、瀬戸利樹、甲斐翔真、中尾暢樹、福山翔大、山田愛奈、中村獅童

さあ、自殺ゲームのはじまりです。クラス全員が催眠にかけられ、決められたルール（シグナル）を破ると自殺衝動に駆られる。最後の一人になるまでゲームは続くのだ……ということで毎度おなじみ『バトロワ』[※1]もの。**日本では年に一本は『バトロワ』パクリ映画を作らなければならない決まりがあるらしい**が『バトロワ』二〇二〇、今回のたけし役（殺人ゲームをしかける教師役）は**中村獅童**！　どんだけ安くなってるのか。とてもではないが大東映と電通様の製作とも思えない超低予算企画で、**橋本環奈**のキャリアが心配になってくるレベル……てかひょっとしてこの人もう皆殺し女優になってた？　皆殺しアイドル二〇二〇？　今後ちょっと注目していきたいと思います。

さて舞台は日本のどこかの高校。文化祭目前にしてきゃあきゃあ騒がしいが、文化の日になぜか特別授業ということで登校してきた三年Ｃ組の生徒たちは、視聴覚教室で担任の下部（中村獅童）から奇怪なビデオを見せられる。見た直後、遅刻してきた生徒が窓から飛び降りて死亡。あわてて電話しようとした人間もみな自殺してしまうんで教室大パニック。そこでさっそくゲームのルールを説明してくれる中村獅童先生。

①クラスの三十六人全員に催眠術をかけました。百個のルール（シグナル）が設定されており、それを破ると自殺してしまいます。
②シグナルは教えないので自分たちで（死んで）確認してください。
③催眠により潜在能力が解放されるので、自分で自分の首をねじ切るみたいなおもろい死に方も可能。
④みんな死んで最後の一人になったら催眠が解けます。

てなことを言っといて、じゃあ誰が生き残るかはみんなで話しあって決めてね！と言い残してさっさと飛び降り自殺してしまう獅童先生。無責任なやつだな！　ちなみにすぐにわかることだが「携帯を使う」「催眠にかけられていることを他人に伝える」「学校の敷地の外に出る」「他人に暴力をふるう」はすべて禁止事項。力づくで相手を倒そうとすると自殺を強いられるので、うまく相手を誘導してシグナルに触れる行為をやらせないとならないのである。さあ、それで最後に残るのは誰でしょう？　え、まさかあの人が？

いやいや。そっちのほうはキャストのギャラ一覧を見ただけで想像がつくわけだけど、その予想から一歩もはずれない。じゃあ見どころはどこかというと、ひとつは次々に繰りだされるおもろい死に方。しかしCGスプラッターなどいまさら見せられても誰も喜ぶまい。じゃあ何があるかと言えば、あとは「シグナル」の探り合いと、いかに相手を罠に落として自殺させるかの騙し合い。つまり、「いちばん怖いのは人間だ」というやつ。

それでですね、人間の善意を信じて正論しか言わないザ・主人公こと樫村（橋本環奈）は「みんなが助かるように、手分けして催眠術を解く方法を探そう」と言いだす。で、学校中に散ったクラスの仲間の中で、ヒントを見つけたのは和田（**瀬戸利樹**）である。図書室にあった洋書の中に、八〇年代にあったカルト教団が信者に、決められたルールを破ったら自殺する催眠をかけていたという事実を掘りだしてきたのだ（はいはいオウムオウム）。別に催眠にかけられるなら（それくらい信者を信用してないなら）直接禁止行為をできなくする催眠にかければいいだけで、多くもないだろう信者を自殺させる必要なくね？という突っこみは誰もしない世界だ。都合いいことにその本には教団が禁じていた行為のリストも載っている。そこには五十個のシグナルがあった（と言うのを聞いて、一緒に発見した生徒があからさまに驚いた顔をする。これが伏線ですよ！）。で、その五十個のシグナルのリストを黒板に書いていくのだが、中に「ウィンクする」とか「下着で土下座する」とか「じゃんけんに負ける」とかいうのがあって、**この宗教団体がいったいどんな道徳を訴えたくてこれを禁止事項にしたのか本当にわからない！**

和田はさっそく自分を好きな女の子を誘惑、保健室でペッティングしたところで「興奮して性器を触る」という禁止事項に触れさせて自殺させてしまう。和田自身は相手のことを好きじゃなかったから興奮してなかった（のでセーフ）と言いたかったんだろうけど、こんなあやふやな基準で死ぬかどうか決められたらたまらないっつーの。で、食料を探しに行ったクラスメートたちが謎の自殺を遂げたことから、どうやら和田は他のクラスメートには教えなかった禁止事項を知ってるんじゃないかと疑った桐野（**福山翔大**）が和田に迫ると、和田はペットボトルの水をあおっておまえも飲んでみろと桐野を煽る。そこで登場するのがミス正論樫村。

「わたしは和田くんを信じる」

と水を飲もうとするので桐野がその手からひったくってゴクゴク飲む。するとダウト！　桐野は電球を口に突っこむおもろい感電死自殺をとげる。和田は水を口に含んだだけで飲みこまなかったというオチなのだった。カルト教団は環境問題に敏感だったのかなんなのか、「ペットボトルで水を飲む」のを禁止事項にしていたのである！　知らねーよ！

ここで和田に合流したのが図書委員の本の虫園田（**山田愛奈**）である。実は和田が入手した本以外に日本語の本もあって、そこにシグナルがすべて載っていたのだ！　て何冊あるんだよ！　そんな本ばかり置いてある高校の図書室ってなんなの⁉　まあ獅童先生がこっそりヒントで置いといたとかそういうことなんだと思うが、それにしてもな……そういうわけでカルト団体のルールは実は六十四個あったということが明かされ、そして園田は和田に協力して恐怖による支配を完成させることになる。反抗した者は……新たに判明した十四個のルールの中に「七人以上から指さされた者は死ぬ」というシグナルがあったことがあかされ、和田、園田、およびその二人に従う五人がグループを組んで、それ以外の人間を片っ端から指差して殺していくという……いや園田、なぜそこでこっそりクーデターを図ろうとしないのか。和田さえ殺してしまえばほぼ園田の勝利だったはずなのだが。

さてそれにしてもカルト集団のルール、なぜ六十四個なんて中途半端な数なのか。はっ、そう言えばこのクラスには下部が決めた「三十六のルール」があったな……まあそういうことですよ。なんでこういちいち都合いいんだかねえ。ちなみに下部ルール、「十秒以上見つめ合ってはいけない」とか「学校から出てはならない」とかいう普通（？）な感じなのだが、その中に「学校で朝を迎えてはならない」という決まりがある。なんで教室でこんなルールを決める必要があるの？　それはもちろんこの映画の都合。というわけで七人ルールを知った樫村が仲間を集め、七対七のスティールメイト状態になる。これ、樫村は誰も殺したくない人なんで話し合いにもちこもうとするんだけど、彼女以外はみなさっさと和田を殺したほうがいいと思ってそうなんだけどな。なおも、

「朝まで時間がないんでみんなで協力して催眠術を解く方法を見つけよう！」

と繰り返す協力マニア樫村に、和田がいきなり「そうそう、時間ないからな！」とどこからか取りだした缶チューハイをシェイクしてみんなにかける。「酒を浴びてはいけない」というこれまた意味不明のルールがあることを利用したのだが、その前にどこで缶チューハイ手に入れたんだよ！

そんな都合よくアルコール飲料が落ちてる学校なのか⁉　まあもうなんでもありなんで突っこむだけ無駄。そういうわけで最後に残ったのが樫村、和田、榊（**小関裕太**）の三人。ここで和田が榊へ

の愛を告白したりするものの、最後榊が和田を突き落として決着。他人に暴力ふるったら……の禁止事項も、自殺しながらでも頑張ればなんとかなるという色々台無しな感じでした。最後までミス正義だった樫村だが、別に催眠を解くためのアイデアがあったわけでもないらしいのがな。

なお、最後に教師下部の死体がなくなっていた……というところから蛇足オブ蛇足のおまけがついていましたが、誰も気にしていないのでなかったことに。

※1 『バトロワ』もの
一九九九年に出版された高見広春『バトル・ロワイアル』は、中学生同士が生き残りをかけて殺し合いをするというストーリー。内容から物議を醸したが、本は一〇〇万部を超える大ベストセラーに。二〇〇〇年には、深作欣二監督により映画化。藤原竜也、山本太郎、柴咲コウ、ビートたけしらが出演している。『バトロワ』ものとは、それに追随する、もしくは元ネタとする作品群。

「まち映画」の七つの原則とは？
いったい自分が何を見せられてるのかまったくわからなくなる、群馬映画の困惑の瞬間

『コウとチョウゴロウの夏　高山社　小さな記憶の物語』

監督・脚本・編集＝藤橋誠　撮影監督＝中島元気　音楽監督＝本多徹　主題歌＝理子
出演＝高岩七菜、津久井黎多、高橋里帆、黒澤亮、高見海吏、伊藤綾香、阿久澤藍、坂井仁衣那

「藤岡まち映画」。それは群馬県藤岡市を舞台にした、というよりは藤岡市そのものがテーマになった映画である。監督・脚本をつとめるのは藤橋誠。実は群馬県市町村をめぐって「まち映画」を作っている群馬映画の巨匠なのである。まち映画製作は二〇〇二年の太田市を舞台にした『ｈｏｍｅ』からはじまり、群馬県内各所を中心に地域映画を作りつづけてもう十八年。この『コウとチョウゴロウの夏』でまち映画二十七作目になるという。群馬では誰もが知っているが、中央に出てくることはないのでその全貌を知る者がいない。高校野球の地方大会だけで名高い「まだ見ぬ強豪」のような存在なのである。※1白新高校かな？

まち映画は七つの原則にしたがって作られているという。

①プロデューサーがその土地（企画の中心となる場所）の住民ないしは関係者であること
②主な出演者に地域の子供たちを起用する
③映画完成ありきではなく、映画の制作過程を大事にすること
④主題歌・主題曲をオリジナルで制作すること

⑤メイクにプロをいれること

⑥劇場公開（映画館等）を必ず行い、ＤＶＤを作成し、参加者の努力がフィードバックされるようにする

⑦異世代、地域間交流を大切にしながら、関係者全員が真摯に映画制作に取り組める現場を作る

メイクにこだわっているのが興味深いが、ポイントは①と②だろう。まずはあくまでも地元の当事者を巻きこむこと。『コウとチョウゴロウ〜』の場合だと藤岡青年会議所（ＪＣ）が製作母体になっており、ここが製作なら藤岡市内の中小企業を巻きこみやすい仕組みだ。何よりも製作から上映までの過程でバックレられる心配がない。子役を使うのも、地元との関係性を深める重要なポイントである。単に役者志望の若者を出演させるより、子役ならはるかに多くの人を巻きこみ、親戚縁者を動員できるだろう。どうせ素人を使うなら、中途半端な役者志望なんかよりは子供のほうが演技だって見どころがあるかもしれない。

　とまあそれくらいの感じで待望の東京上映会に参加したのだが、いきなり驚いた。なんと本編上映前に、協賛している藤岡市の中小企業のＣＭが流れるのである。それも映画出演者である素人俳優たちが出演し、世にも棒読みな演技でＣＭを演じるのだ。どうやら映画と同時に撮ったと思われ、おそらくはこれが協賛金の返礼なのだろう。しかもこれでは終わらなかったのか、劇中にほとんど必然性もなく「藤岡のＤＮＡ」だか「七つの鬼瓦」だかを探しに行く場面が盛りこまれ、藤岡市内を歩きまわった出演者が、遭遇した協賛企業の生ＣＭをはじめるのである。**テレビ黎明期の生ＣＭか!?　いったい自分が何を見せられてるのかまったくわからなくなる困惑の瞬間だった。**そんなかたちで藤岡を支える中小企業の現在が示される。一方映画の中身は「藤岡三大偉人」である高山長五郎[※2]、堀越二郎[※3]、関孝和[※4]の今につながる事績をたどろうとするもので、藤岡の過去と現在がひとつにつながって立ち上がる……ような気もしないでもないような？

「なーんもないね、わたしの未来」

と若くして達観している少女高山幸羽（**高岩七菜**）は日々やる気のないダル中学生。小さい町に閉じこめられ、夢も希望もない退屈な学校生活を送っている。そんなところへ教師から「藤岡三大偉人」の一人高山長五郎について自主研究してくるように命じられる。パートナーは「ガリ勉のヨウイチ」ということで、さらにやる気は減じるばかり。しかたなくヨウイチと一緒に「高山社」に出かけることになる。高山長五郎は「清温育」なる養蚕手法を開発して養蚕の改革に大いに貢献した人物である。ちなみに幸羽の名前は長五郎の配偶者コウからとって祖母がつけてくれたというのだが、それ自体が幸羽にとっては「親から名前をつけてもらえなかった」＝「要らない子」＝「やる気ねー」の材料なのである。たいがい面倒くさい女だなこいつ。ヨウイチに長五郎の養蚕場跡地の記念館に連れていかれても「こんなんネットで調べればいいじゃん」とやる気ないのは変わらず、ヨウイチから「ほら、蚕が桑の葉を食べるサクサクいう音が聞こえないかい？」とありもしない過去の音をチャネリングするスピリチュアルなことを言われても「キモ！」と思うだけである。うん、これはちょっとキモいかもしれない。

幸羽は姉の恵美と一緒になぜか今どき珠算教室に通っているが、こちらでも不出来でやる気がない。なぜ今どき珠算なのかというと、藤岡三大偉人の一人、和算の関孝和の関係で……って和算と珠算は違うだろ！と言いたいところだがなんせ藤岡三大偉人映画なんだからしょうがない。当然ながらダルな幸羽はろくに練習もしないが、姉の恵美は珠算大会にも出ようかというくらい優秀。だが最近はライバルの天然女王レナ（**高橋里帆**）に圧倒され気味である。レナの妹マナはヨウイチの兄金井謙一（**津久井黎多**）に恋しているが、ラジコンに夢中な謙一は相手にしてくれない。謙一は早逝した父の夢を継ぎ、飛行機の設計をしたいと思っている。なぜ飛行機かというと、それは藤岡三大偉人の一人、零戦の設計者である堀越二郎が……まあそういう込みいった人間関係で、藤岡の産業を探求するのがこの映画だということである。

レナは古墳に人がいたから見にいこうと幸羽たちを誘う。古墳の中で寝ていた謎のホームレス男は長五郎の生まれ変わりだと言いだして幸羽をケムに巻く。さらに堀越二郎記念飛行場でラジコンを飛ばしている謙一たちの前にもあらわれて堀越二郎の生まれ変わりだと名乗り……このあたり何やってるのかさっぱりわからなかったけれど、要するにレナが「七種類の鬼瓦を見た上で平井城址から願いごとを叫べばなりたい自分になれる」という与太話を持ちこみ、ホームレス男が「藤岡のDNAを調べれば模型飛行機の設計にも役立つ」と諭すことによって生CMタイムを実現するための準備に過ぎなかったということで、それを見たときには腰が砕けたわ。

その後ホームレス男は実は謙一の亡き父の後輩ユージで、設計士の夢やぶれてで現在パイロットであると判明する。謙一がラジコン仲間のやる気のなさを愚痴ると、いきなり血相を変えて立ち上がり、「……仲間を信じて欲しい」と説教する。なぜかといえばユージはもともと謙一の父ケンスケと母ヨーコの研究室の後輩であり、三人でやったエンジンの設計を学会で発表する予定であった。ところが発表当日、寝坊してしまったユージのせいで資料が届けられず、発表は大失敗に終わる。ケンスケは蔑むような目で、

「結局、おまえのやる気はその程度だったんだな」

と吐き捨てる。それがケンスケとユージの別れになってしまったのである。だから友人を信じてやれ、って言うんだけどさ、それは全面的におまえが悪いだろ！！！　他人に偉そうに説教してる場合かってんだよ。まあそんなわけで、最後には幸羽が「ここにあったじゃん、わたしの夢と希望」みたいなことになっておしまいだが、とくに最初から状況が変わったわけでもないんで、まあ置かれた場所で咲きなさい、藤岡の中小企業経営もそう悪くはないよ、ということかな……。

※1　白新高校
水島新司の『ドカベン』シリーズに登場する架空の高校。作中でも屈指の天才投手エース不知火を擁してたびたび明訓高校の前にたちふさがるが、どうしても勝つことができないので神奈川県大会決勝止まりの悲運のチーム。他県勢から見れば、噂だけ聞いて実物を見られない「幻の強豪」なのである。

※2　高山長五郎
一八三〇〜一八八六。高山の養蚕農家に生まれ、幼い頃から弟とともに養蚕に興味をもっていたという。通風と湿度・温度管理を調和させた養蚕法「清温育」を確立し、その普及と伝習のため養蚕結社「高山社」を結成。高山社はその事務所と伝習所であり、近代養蚕業の発展に貢献した。現在では高山社跡として、国の史跡となっている。また、富岡製糸場とともに世界遺産に登録された。

※3　堀越二郎
一九〇三〜一九八二。零式艦上戦闘機の設計者として名を馳せた。東京帝国大学工学部航空学科を首席で卒業し、三菱内燃機製造（のちの三菱重工）に入社。ヨーロッパ、アメリカで最先端の技術を学び、帰国後はさまざまな戦闘機の開発に努めた。戦後は日本初の旅客用飛行機ＹＳ－11の開発にも携わった。宮崎駿監督『風立ちぬ』（二〇一三）の主人公のモデルである。

※4　関孝和
生年不明〜一七〇八。近代日本を代表する和算家。和算の発展に尽くし、算聖として崇められている。独自の記号を使って紙に数式を書く傍書法を発明し、算木などの道具を使うよりも高度な計算を可能にした。甲府藩主徳川綱重とその子綱豊（後の将軍家宣）に仕え、幕府の財政管理の職務に就いていた。藤岡市では、関孝和の功績をたたえるとして、一九五〇（昭和二十五）年から、関孝和先生顕彰全日本珠算競技大会を開催、自治体で行われる唯一の珠算大会だという。ほかに関孝和の顕彰事業として、市内の小学生を対象にした小学生珠算大会、中学生を対象にしたおもしろ数学教室、市民を対象とした和算講座などが開催されている。

福井県鯖江市とアイドルグループのコラボ映画。起伏もひねりもないストーリーが途中で詰まるとドローンによる空撮がはじまる…… 鯖江市はこれで良かったのか？

『つむぐ／未来の唄』

『つむぐ』
監督・脚本・編集＝片山享　撮影・照明＝深谷祐次　主題歌＝ナオリュウ
出演＝涼邑芹、楠木まゆ、森下舞桜、木下友里、星ようこ、林尋美

『未来の唄』
監督・脚本・編集＝片山享　撮影・照明＝深谷祐次　主題歌＝ナオリュウ
出演＝月野もあ、水野ふえ、関口アナン、桜のどか、三上光代、片山享、清水正義、畠中昭一、森本のぶ、塚田孝一郎、仁科貴

Alice Film Project × 鯖江市なのに**眼鏡かけてないじゃないかよ！**　何を言ってるのかと申しますと、Alice Projectとは「仮面女子」[※1]なるアイドルグループを運営している事務所で、そこが「眼鏡の町」[※2]として有名な福井県鯖江市とコラボして作った中編映画がこれなのだ。だったら当然仮面女子が鯖江の眼鏡をかけまくる……と思うやんか？　そんなことはひとつもなくて、そもそも眼鏡作り自体出てこない。扱われるのは鯖江の伝統工芸で、『つむぐ』では越前織物[※3]、『未来の唄』では越前漆器[※4]なのだった。それぞれ伝統工芸ではあるんだろうが、本当に鯖江市はそれで良かったのか？　男優が一人「一人くらいはかけてたほうがいいと思って……」と自主的に画面の隅で眼鏡をかけているという程度で!?　そのやる気のなさは見事に反映しており、ほとんど起伏もひねりもないストーリーが、途中で詰まるとドローンによる空撮がはじまる……この「困ったときのドローン空撮」、そろそろ法律禁止案件にしたいくらいに低予算映画で猖獗を極めているのだった。いいかげ

んお洒落でもないし意味もないことに気づいてもらいたいものなのだがなあ。そんな程度の映画なのでほとんど語ることもなく、ただこの映画に絡んでの金の行方が下衆に気になるくらいなのだった。

短編二本が連続上映。

『つむぐ』は大学生わたほ（**涼邑芹**）が主人公。上京していた姉（**楠木まゆ**）が帰郷すると言うので駅まで迎えに行けと親に言われているのだが、延々と嫌がりむずかっている。仲悪いの？ と思いきや、実は大学卒業後東京に行って仕事をするつもりだったわたほは、姉と一緒に東京で暮らす約束だったのに、石田縞織物をやっている祖母が倒れたので姉が帰ってきたというのに不満なのだった。で、延々と行きたくないとグズっているが、ドローンの空撮で駅前を撮り、二人で歩いてたりすると、そのうちに心がほどけてわだかまりが解ける。それだけ？ 残念ながらそれだけです。

『未来の唄』の主人公未来（**月野もあ**）は越前漆器の蒔絵師である祖父に憧れ、下塗り師として修行中。越前漆器は工程ごとに作業者が分かれているのが特徴なのだという。で、こちらもあいかわらずの無駄ドローンなどあるものの、まだ漆器の製造過程を丁寧に追いかけている分、伝統工芸映画としては『つむぐ』よりだいぶマシである。一方で共通の問題もあって、それはつまりなんで彼女が越前漆器をやろうと思ったのかさっぱり伝わらないことである。いや祖父に憧れてって書いてるじゃん！ と突っこみたくなるかもしれないが、ポイントはいずれも伝統芸能自体の魅力、その修業の辛さと素晴らしさではなく、祖父なり祖母なりのあとを「継ぐ」ことばかりが語られるという点である。伝統工芸は「伝統」でしかなく、**「伝統」だから継ぐという以上の理由づけは与えられない。**だがもちろん、落下傘で鯖江市に降ってきた仮面少女たちにとって、伝統工芸なんてそれ以上の意味があるはずもない。この程度の映画で伝統工芸を宣伝してもらおうと考える浅はかさが際立つばかりである。

そんな未来だが、最近浮かない顔である。彼女には結婚を約束した恋人がいたのだが、彼の転勤が決まったのだ。彼についていくことに異存はないのだが、そのためには下塗り師をやめなければならない。そして自分が祖父の仕事を継いだことを誰よりも喜んでくれた父（**仁科貴**）にはどうしてもそれを言いだせない。というのでイジイジイジイジイジイジ引っ張っていて、しまいについにしびれをきらした恋人が父親に直接言いにいってしまい、

「なんでわたしの気持ちわかってくれんの！」

と激怒した未来は飛びだしてしまう……んだが**何も言わないんだからわかるわけないよ！**　まあ一晩たったところで「漆器はみんなで作るんじゃ」とか言って、「漆かきうた」をみんなで歌って踊って気持ちが通じたからおしまい！　二本揃って見事にすっからかんな映画で、心にはどす黒い澱しか残りませんでしたがそれはたぶん見ているこっちの心が汚れているせい！

※1　「仮面女子」
Alice Project に所属するアリス十番、スチームガールズ、アーマーガールズ、イースターガールズの複数ユニットからなる大型グループ。芸能界に居場所がなくなった者たちが集まり、顔を隠すことで個人のアイデンティティを捨て、群れとしての強烈なアイデンティティを手に入れた「最強の地下アイドル」がコンセプト。全員がホッケーマスクをかぶり、ライブパフォーマンス中心に活躍。秋葉原に常設劇場「P.A.R.M.S」、大阪に専用劇場「仮面女子シアター」があり、年間一〇〇〇本以上のライブ活動を行っている。

※2　「眼鏡の町」として有名な福井県鯖江市
日本の眼鏡の九割の生産を担う眼鏡の聖地。一九〇五年鯖江市の議員増永五左衛門が大阪から職人をまねき、冬のあいだ活動できない農家の副業として広めた。一九三五年にはすでに日本一の生産量だったという。市内にはめがねみゅーじあむがあり、眼鏡に関わる展示をはじめ、眼鏡をつくる体験工房やショップ、カフェなどが併設されている。二〇一三年からは眼鏡供養からはじまるめがねフェスを毎年開催。

※3　越前織物
越前織は福井の伝統産業のひとつ。きめこまやかな織りが可能で、現在では全国の織タグの七割を生産する。映画に出てくる石田縞は、江戸末期に鯖江の高島善左衛門によって始められ、村人の副業として人気になった。大正から昭和にかけて機械織りが増えるにつれ、石田縞は断絶したが近年作家たちにより復元され、二〇〇九年には石田縞手織りセンターが設立された。

※4　越前漆器
鯖江市河和田地区を中心に盛んな伝統工芸品。飛鳥時代に、継体天皇が今立郡真野を訪れたとき献上された漆器を見て、奨励をしたことがきっかけとなっているという。現在では全国の業務用漆器の八割を生産している。二〇〇五年にうるしの里会館を設立し、越前漆器のPR拠点とした。なお、眼鏡、繊維、漆器は鯖江の三大地場産業である。

過疎に悩む町が町おこしのために「踊ってみた」動画を作る……。「踊ってみた」ってそういうものなの？ それでいいと思ってるの？ これ何かおもしろい要素があるの？

『踊ってミタ』

監督・脚本＝飯塚俊光 撮影監督＝伊藤俊介 音楽＝40mP、加藤史崇、小島一郎 振付＝めろちん
出演＝岡山天音、加藤小夏、武田玲奈、中村優一、横田真悠、ルー大柴、川原瑛都、えんどぅ、松浦祐也、ふせえり、やついいちろう、有馬和樹、中島ひろ子

過疎に悩む町が町おこしのために「踊ってみた」[※1]動画を作る……誰に見せたいんだ、こんな映画？ってオレか！と予定調和的ノリツッコミをせざるを得ない案件。しかし**これ見ていて本当に悩んだんですけど「踊ってみた」動画ってなんなんですかね？** ぼくはてっきりアニメのオープニングやらアイドル曲やら、振り付けがあるのを完コピする動画のことなのかと思っていたのだが、オリジナルでいろんな曲を「踊ってみる」ほうが今ではあたりまえなのか。それにしたって、この映画だと最後どこぞの体育館かなんかにしつらえたステージで、役場の観光課の面々が次々に舞台で踊る役所の演芸大会みたいなことになって、それをYouTubeで中継してアクセスが何千とか言ってるんだけど、「踊ってみた」ってそういうものなの!? そんな演芸大会で町がおこせると本当に思ってるの？ それで結果どうなったかというと……。

名物と言っては干し芋だけ、過疎に悩む春野山町のシティプロモーション課につとめる三田（**岡山天音**）は、「東京の代理店では～」が口癖、何もできないくせにプライドだけは高いダメ公務員である。東京の広告代理店に勤めていたのだが、夢やぶれて故郷に帰ってきて、業界人風を吹かせている。もちろんそんなことは同僚の真鍋（**武田玲奈**）にはお見通しだ。ちなみに武田玲奈、大き

すぎる眼鏡に髪パッチンをいっぱいつけるみたいな目一杯ダサい格好をしているが、どんなに頑張っても変な格好している可愛い娘ちゃんにしか見えないので、東京から来た三田の先輩だけが彼女の真価に気づく……みたいな展開が嘘くさすぎてね……センスのかけらもないプレゼンテーションをしていた三田を見かねた真鍋が「踊ってみたでもやってみれば？」と提案すると、やる気のない二世町長（**中村優一**）が乗ってきて、町の名所を背景にした「踊ってみた」動画を作ることになる。

とりあえず踊ってくれる人がいないと……というのでツイッターで募集をかけるが、来たのは老人（**ルー大柴**）と孫、それに変な外国人（**えんどぅ**）だけ。見かねた真鍋に「妹が踊りやってるから紹介しようか？」と、自立支援施設で踊りのインストラクターをやっているヤンキー女ミネタ（**横田真悠**）を紹介される。このメンバーでビデオを撮るのだが、そもそも何を踊るのかとか振り付けをどうするかとかまったく考えず、世にもバラバラな踊りをただ撮ってつなげただけ。「踊ってみた」ってそういうものなの？　それでいいと思ってるの？　これ何かおもしろい要素があるの？

だがとりあえず二世町長に見せてみると、「いいね～」のご託宣。いいのかよ!?と三田さえもが驚く結論に。ついでに「あとオレが仕事してるとかもっと入れてプロモーションらしくしてよ！」と命令されて、高校で町長がポーズをつけるところを撮りに行く。するとそこにはご当地アイドル星いもCo.の元メンバーだった古泉ニナ（**加藤小夏**）がいるではないか。芸能活動を快く思わなかった母親に命じられてアイドルをやめたニナ、学校では元アイドルというので嫉妬絡みのいじめを受けている。この日も「古泉さん踊り得意なんでしょ～。踊ってみた、やれば～」と晒し上げ。元市長も大いに乗り気で「あの娘口説いて出演させてよ。オレ、ロリコンだから（！）」と三田に命じる。だが当然ながらニナには「キモ！　変態！」と拒否されてしまう……って当たり前だよ！

それにしてもこの主人公、**頭は悪く、やる気はなく、努力もせず、アイデアもなければ技術力もなく、なのにプライドだけは高く、ええカッコだけはしたがり、そのくせ男尊女卑で女性を見下し**

ていて……本当に何ひとついいところがなくて、見ているあいだずっとイライラしっぱなし。普通は馬鹿だけど誠実だとか、やる気だけはあるとか、一か所くらいはいいところがあるものだが、何ひとつないのである。なのになぜかヒロインの真鍋は三田のことが好きで（幼馴染だったのだが、そのことに三田だけは気づいていない、という設定）、三田がやってるクソおもしろくもないYouTube番組までちゃんと見ている。なぜ好きかと問われると「だってイケメンだから……」と答える。顔かよ！　て悪いけどそれほど二枚目でもないよ！　そんな**駄目主人公が改心するためだけに女の子が奉仕するってストーリー展開もいいかげんうんざりだよ！**

　で、その後三田の東京時代の先輩（チャラい代理店男）があらわれ、三田は誕生日動画を作るくらいしか能がなかったせいで「バースデー」のあだ名だったということを暴露し、連れてきたコスプレイヤーの女の子とロリコン町長が破廉恥に遊んでいる動画が流出して町長が失職し、代わって登場した女性町長（**ふせえり**）が「クール春野山」イベントを開催、そこで「〝踊ってみた〟やってみるか！」とみんなが一致団結するというお定まりの流れになり、だが新町長からは「視聴者が一万人を越えなかったらシティプロモーション課解散」とかって条件をつけられて、真鍋は「こうなったら見合い相手と結婚しちゃおうかな」とか言いだし、さあ、どうする、三田？

「踊って、三田」

　というわけで大演芸大会ではニナが星いもCo．時代の衣装で昔の曲を踊って大盛りあがり、一万アクセスに到達するか……ってクライマックスが来たと思ったら、結局達成できたのかできなかったのかわからないまま会は終わってシティプロモーション課は解散して終わり！　マジかよ！　新町長、最初から存続させる気がなかったような描写もあるんだが、それにしたって結果どうなったのかくらいは見せるべきじゃないのか。春野山町が盛りあがったのか、ニナのアイドル復帰がかなったのか、そんなことはすべてわからぬままだが三田が踊ったからそれでよかったんだよ！　肝心の踊りすら武田玲奈がいちばんしっかりしてたという映画の根幹をゆるがす問題は見なかったことにしてね！

※1　**「踊ってみた」**
動画投稿の人気ジャンルのひとつ。踊りを踊る人を踊り手と呼ぶ。

アイドルなのか読モなのかよくわからない女の子と2・5次元男優をそろえて、地方自治体と組み、やりがい搾取。愛知県岡崎市全面協力の少女恋愛短編映画四本立て

『おかざき恋愛四鏡』

監督＝市原博文、宮本亮、増本竜馬、川井田育美、服部無双　オープニング曲＝きゃわふるTORNADO　エンディング曲＝たけやま3・5
出演＝越智ゆらの、小越勇輝、神保悟志、茜結、士許麻衣、内海啓貴、櫻井保幸、織田唯愛、石田優奈、斉藤莉央、吉岡志峰、佐野あやか、岡田貴寛、後藤龍馬、結城あい、手塚けだま、織田美織、妹田佳奈子、イグロヒデアキ、青山春翔、照井健仁、新井花菜、武田雛歩、星川遥香、脇田穂乃香、濱邉咲良、大崎ハナ、大崎モモ、熊崎晴香、松本慈子

愛知県岡崎市全面協力。アイドルなのか読モなのかよくわからない（聞いたことない）女の子と2・5次元男優をそろえて一山いくらで売りにだすような少女恋愛ストーリーの短編映画がオムニバスで四本立て。これ岡崎市が観光映画として作ったようには見えないし、かといって出演者が集客を期待できるレベルだとも思えず、なんでこんなもの作られたんだろうなあ……と思っていたのだが、企画・制作のsommelierTVと株式会社シネフューチャーのことを知るとなんとなく想像が。sommelierTVは全編新潟ロケの[※1]『神の発明。悪魔の発明。』やアイドル出演のオムニバスホラーなんかをせっせと作っているのだが、ぼくにとっては新潟県新発田市発の全編主観撮影映画[※2]『ミスムーンライト』（幽霊の主観映像が登場する！）を作ったところである。つまりこの時点で**地方自治体と組み、無名アイドルの出演作を自主映画作家なんなりをやりがい搾取的に利用して作るスキームができあがっていた**わけだ。ちなみに株式会社シネフューチャーはTokyo Idol Festivalのプロデュースをしているということなんで、オープニングやらエンディングやらの曲を歌っているよく知らないアイドルはこの会社が調達してきたものなのだろう。

出演者がやたらと多いのは、オムニバスのせいである以上にこうした映画作りの必然的帰結かも

しれない。つまり、個々の出演者の動員力に限界があるので、それを補うために顔出しし、クレジットに入れる名前を多くしようとするわけだ。ひとりひとりの力は弱くとも、団結すれば……さてそんな事情もほの見える映画、中身のほうは……。

第一話　セイブ・ザ・ガール（監督・脚本　市原博文）

童貞派遣フリーター優也（**櫻井保幸**）は誰とも口をきかずに倉庫作業、昼休みはぼっちでカップラーメンを食うという孤独な生活を送っている。ところがある日、行きのバスでたまたま行列に並んだ可愛子ちゃん美玲（**吉岡志峰**）からスマホゲームのことで興味をしめされ、「友達になってくれませんか？」と言われて舞い上がる。「今度の休み、あいてる？」と誘われてウキウキデートに出かけた先は……。

「いいですか？　十人勧誘してシルバー会員になればすぐに入会金は回収できるんです！　美玲さん、あなたはあと一人ですね？」

「はい！　がんばります！」

ああやっぱり……と凹んで会場を去る優也。幼馴染の晴香（**佐野あやか**）と大輔はそんな女やめとけ、と当然のアドバイスをするが、優也はどうしても彼女を救いたいと言い張る。というわけで優也は晴香の助けを得てマルチの会員向けパーティに潜入、マルチ団体の創設者マナミ（**茜結**）が会員のカモたちを馬鹿にする音声をひそかに録音し、美玲に聞かせて目をさまさせようとする。だが美玲は頭を冷やすどころか、シルバー会員になるための最後の一人分、名義貸しに協力してくれと頼んでくる始末。ついにすべてをあきらめた優也、彼女のためにウン十万円の入会金を出してやる……。

数ヵ月後、虎の子の貯金をすべて失った美玲からひさしぶりに連絡が来る。「また一からこつこつやることにしたから」とあくまでも前向きな美玲である。「ついては……」とかばんから取りだすのはまたあらたなマルチの勧誘資料。頭抱える優也。ちゃんちゃん！　って！　いやカモは死ぬまでカモのままっていうオチ自体はそのとおりかと思うけど、こんな話を岡崎発のラブストーリーとして売りだされるほうの立場は！　だいたい岡崎何も関係ないし！　なにか、マルチ商法は岡崎名物だとでもいいたいのか？　ところがこれでもまだ終わりじゃなく、物語のあいだには喫茶店で女の子二人（SKE48の**熊崎晴香**と**松本慈子**）がだべるブリッジのドラマ（監督・脚本　服部無双）がはさまり、「はー、わたしもそんな風に思われたい」ってマルチ商法の被害者からぶん殴られそうなコメントをしていると、そこにウェイトレス（**HANA&MOMO**という名古屋の地方タレント）がやってきて、「じゃあ、こんなお話はいかがですか？」と手鏡をさしだし、すると次の話がはじまる……以下、駆け足で。

第二話「うわさのわれわれ」（監督・脚本　宮本亮）はまもなく結婚するというイケメンのカメラマン（**小越勇輝**）をめぐる男女関係の顚末。カメラマンに片思いしている朋代（**越智ゆらの**）はおとなしい性格なので、友人から思い出告白をしろとけしかけられているが……みたいなお話。次々に女の子が出てきて、くちゃくちゃ喋っているばかりなので、真面目に作れば作るほどにどうでもよくなってくる仕組み。

第三話「タイフーン・ガール」（監督・脚本　増本竜馬）は恋愛嫌いなヒロイン（**土許麻衣**）を取り巻く恋愛脳の姉（茜結）をはじめとする面々……これ、それぞれの話はまったく無関係なオムニバスなのだが、女優陣は別のエピソードにも登場し二役や三役を演じていたりして、ファンには嬉しいのかもしれないが、初見のこちらとしてはそれほど演じ分けられているでもない役を演じる同じような女の子が次々出てくるわけで、全体の印象がぼんやり薄まるばかりである。各エピソードの監督はそれなりに独自性を出そうとしているのだが、こういうところで頑張られてもねえ……。

最終第四話は「はちみつイズム」（監督・脚本　川井田育美）。少女漫画家志望の雛子（越智ゆらの）だが、編集者（茜結）からリアルな恋をして「リアキュン」を描くように命じられる。だが恋をしたことのない雛子には「リアキュン」とはなんなのかもわからないのだった。リアルに経験しないと描けないとか想像力を完全否定。で、結局バイト先の喫茶店店長（**神保悟志**）におんぶしてもらってリアキュン……なんだかなあ。

なお、岡崎観光的には第四話に登場するおかざき南公園の足漕ぎモノレールが気になり、市内の風景等を入れこむ手際は第三話がいちばんしっかりしていたように思われる。岡崎市におかれましてはマルチだけでなく、町おこし商法対策もぜひご一考を……。

※**1**　『**神の発明。悪魔の発明。**』
岩崎登監督／二〇一八年。全編新潟ロケで制作された「新解釈〝けっこん〟ファンタジックコメディー映画」。人口増をもくろむ神様（新保徹夫）と、その娘であり見習いである姉妹（矢崎希菜、潮田ひかる）との対立や葛藤をコミカルに描く。

※**2**　『**ミスムーンライト**』
『皆殺し映画通信　骨までしゃぶれ』一四五ページ参照

観客はすべて俳優の舞台挨拶のときに来てしまうので、有料試写会だけで元が取れてしまったら劇場公開する必要はない。これが2・5次元系映画の恐ろしさ

『岡野教授の千年花草譚』

監督・脚本・編集＝今野恭成　撮影＝星潤哉　音楽＝pachi
出演＝岡野陽一、井澤勇貴、松本岳、山本一慶、河内美里、輝山立、加藤大騎、田口巧輝

ついにやってきた！　この映画、実は数年前から注目していた作品だ。二〇一八年ごろにはとっくに完成しており、舞台挨拶付きの有料試写会は何度かおこなわれていたのだが、一向に劇場公開される気配がなく、あるいはこのまま公開されないのではないか……とまで思っていた。これが[※1]2・5次元系映画の恐ろしさで、つまり観客はすべて俳優の舞台挨拶のときに来てしまうので、有料試写会だけで元が取れてしまったら別に劇場公開する必要はないのである。そんなわけで塩漬けになって二年……すっかり忘れそうになったころ、第二作の完成と同時に公開されることになった。まあ永遠に封印してくれててもかまわなかったんですが……。

霞ヶ浦農科大学の菌類学科教授岡野馬楠（**岡野陽一**）は粘菌研究の第一人者。研究室にいるのは人間嫌いで、炊飯器を保温に使ってカビを育てるのが趣味の花山（**井澤勇貴**）といろんなカビを使って手当り次第チーズを作っている食いしん坊の香取（**松本岳**）という、どこかピントはずれたイケメン二人組。彼ら二人を中心に、次々に登場する戦隊モノやら舞台やらに出ていたイケメン男子がワチャワチャするのが映画の見どころほぼすべてである。

そこへやってきたのが健康食品なぞ作っているうさんくさい会社、平安ヘルスコーポレーション

の藤原（**加藤大騎**）だ。藤原道長の子孫だというこの男、かねてから千年前に道長が「千年花草」を埋めたという伝承を調べており、その場所をついに割りだしたのだと言う。千年花草とは不死の生命だとされることから粘菌ではないかと考えられるので、その捜索に粘菌研究の第一人者である岡野教授を動員しようとなったのだ。千年生きた千年花草を食べると不老不死が得られると道長は信じていた。今がちょうど千年目というわけである。

「あんたたち、そんなこと信じてるんですか？　ただの迷信ですよ」と岡野教授。その言葉を聞いて「はっはっは」と馬鹿笑い。「そんなもん、信じてるわけないだろ！　でも信じる人間はいるんだよ！　ワラをも摑む思いの年寄りの金持ちに売りつければいいのさ！」

億にはなると言われて岡野教授は大興奮。その金があれば念願である南極の菌類探検調査に行ける！　大いに乗り気になった教授は二人を連れて当の山に行く……がそこで二人を山中に放りだして逃亡。というのも虫が嫌いだから！　それにしても以後二人はひたすら山の中で適当に選んだ場所をスコップで掘るだけなんで、別に粘菌研究者とかに頼まなくてもよかったような。

教授に放りだされた二人の面倒を見るのは潰れそうな山荘の経営者である水木（**山本一慶**）とその妹晴子（**河内美里**）。晴子の顔を見た花山は突然「ニンゲン……キレイ……」と恋にめざめる。

一方香取はわかった！と『フニクリフニクラ』の替え歌で「♪千年花草美味しそう～」と歌いはじめるのだった。なんで!?　それは主演のイケメンたちが2・5次元系の舞台俳優であるかららしいのだが、それにしたって、ファンは『フニクリフニクラ』の替え歌に合わせてラインダンス……なんてもの見せられて満足なのか？　**驚いたことにこれはさらに二回も繰り返され、毎度毎度『フニクリフニクラ』で俳優たちがラインダンスするのだ……。**

そういうわけで花山に人間の心が生まれたと知った香取、「平安時代から、恋を伝えるのは歌と決まってるんだよ！」と花山に『フニクリフニクラ』の替え歌で晴子に告白させる。山荘の改築資金が足りないと言われた花山、千年花草を売り飛ばして得た金を晴子に渡そうと思いつく。いい感じで千年花草探しをつづけていると、藤原にとっつかまった岡野も引っ立てられてくる。

ひょんなことから千年花草がブルーチーズ好きらしいと気づいた花山、香取が青カビで作ったブルーチーズで罠をしかける……と見事にかかったのが巨大千年花草であった。バケツくらいあってモコモコ動いている新生物である。藤原には渡さない！とかついで逃げた花山と香取。晴子に渡そうとするのだが、実は晴子には恋人がおり、東京へ行きたい晴子は金欲しさで花山の恋心を利用していたのだった。それを知って「ぼくを騙してたんですね」となった花山は巨大変形菌を持って逃亡。ここから花山と香取が画面の右から左へわーっと走っていくと、そのあとを他のメンバーがわーっと追いかけて、今度は左から右へわーっと……みたいな画面が延々と繰り返される。しまいに晴子が『フニクリフニクラ』歌いはじめたりして……。

そんなわけで二人だけで小屋に閉じこもり、どうする？

「いい考えがあるんだ」

と言った香取。どうするかと思ったら巨大粘菌をスープにして美味しくいただきました……ってそれは駄目だろ！　本当に千年生きてきたものかどうかはともかく、未発見の超珍しい粘菌ではあるんだろうから。「ネンキン　キレイ」と毎日メモに書いてるような粘菌マニアが研究もせずに闇に葬る、って**完全にキャラクターの行動原理に反してしまっているではないか。**オタクを舐めやがってまったく……そういうわけで何もない日常が戻ってくるわけだが、岡野教授の南極探検の夢がどうなったのかというと、それは次週公開シリーズ第二弾『～南極生物譚』で！　不老不死になった花山と香取の活躍をお楽しみに！

※1　**2・5次元**
本書五一ページ参照。

二年ぶりに登場したシリーズ第二弾！　謎の南極昆虫も登場するぞ！
乞うご期待！　……で終わりでもいいのだが……

『岡野教授の南極生物譚』

監督・脚本・編集＝今野恭成　撮影＝平野礼　音楽＝pachi
出演＝岡野陽一、井澤勇貴、松本岳、輝山立、加藤大騎、田口巧輝、柴崎楓雅、加藤啓、セルゲイ・クワエフ、高橋健介

……というわけで二年ぶりに登場したシリーズ第二弾！　登場人物は前作『岡野教授の千年花草譚』に引きつづき岡野研究室の凸凹三人組。今回のネタはロシアンマフィアから持ちこまれた南極の氷。そしておなじみラインダンスの音楽はロシア民謡の『一週間』。謎の南極昆虫も登場するぞ！乞うご期待！

……で終わりでもいいのだが、一応ちょっとだけストーリー説明の努力だけはしておく。

十歳の誕生日を迎えた少年猟助（**柴崎楓雅**）は愛読書『十五少年漂流記』[※1]のブリアン少年にちなみ、冒険の旅に出ることを決意する。家を出るとたまたま目の前に後部が開いた冷凍トラックが止まっている。**「冷凍トラック」が「後部を開けたまま」**。少年が迷いもなく乗りこむと、走りだしたトラックが着いたのは霞ヶ浦大学、岡野研究室であった。トラックの積み荷は密輸された南極の氷だったのである。というわけで平安ヘルスコーポレーションの藤原長道（**加藤大騎**）、ピョートル・ペトローヴィチ（**セルゲイ・クワエフ**）らのリレーで氷を冷凍庫に運びこむ。てか藤原、まだ岡野なんかと付きあってるのかよ！　なお藤原の部下として前作で晴子の恋人だったタケヲ（**輝山立**）が登場。「晴子さんはどうしたの？」「一緒に東京に出ようって言ったんだけど、気が変わって山荘

に残るというんで別れました」「女心と秋の空だね……」とか言ってるが、残念、そこは茨城だ。

南極の氷はロシアの南極探検隊が採取したのだが、ロシアン・マフィアのピョートルが横流ししたわけである。岡野研による調査で新種の菌類が発見されたら、その商業化は健康食品の平安ヘルスが独占するという契約。というわけでせっせと氷を削っては顕微鏡にかける岡野研の面々。やる気のない香取は南極の氷をアイスピックで削り、赤カビのシロップをかけて南極かき氷を作っている。うまいうまいとかき氷を食べていた岡野、中に大嫌いな虫が入っていて思わず投げだす。この〝虫〟、手のひらサイズの大きさで尻が光っていたからたぶん蛍の幼虫かなんかだと思われるが、少年が車に乗りこんだときにはすでに氷の中にいなかったので、コンタミの可能性も高く、本当に南極産と言い張れるのかどうか大いに疑問である。まあ蛍にしては巨大過ぎるんで、謎の新昆虫なのはまちがいないのだが。

ともかく放りだされたその巨大昆虫は少年猟助に救われる。猟助、実はトラックから降りたところで出会った学ランにインバネス、草履という大時代な格好をした男森田次郎（**高橋健介**）に拾われ、大学の屋上で暮らしていたのである。森田は屋上にテントを張り、研究室から掠め取った物資で生活している（ただし「等価交換」と言い張って何かをもらったときにはそれに相当する労働＝掃除等を勝手に押し売りしている）。

というわけで以下この〝虫〟をめぐって、名前をつけて可愛がる猟助と、つかまえてピョートルに売っぱらおうとする岡野らが追っかけっこ……になり、最終的に森田が花山（**井澤勇貴**）に〝虫〟を引き渡し、交換条件として警察を呼ばせて少年を保護させるのだが、そもそも**この子家出少年なわけで、ことここにいたるまで誰一人心配しているはずの親のことなど気にしていないというのが本当に酷いと思ったな。**最終的には虫は解剖されずに南極に返してもらってよかったね、みたいな話になって、またしても未知の生物を研究したくない研究者たちのおかげで世界の秘密は守られたのだった……。

※1　**『十五少年漂流記』**

SFの父と呼ばれるフランス人作家ジュール・ヴェルヌ（一八二八～一九〇三）が一八八八年に発表した少年冒険小説。不慮の事故で漂流し、無人島に流れついた十五人の少年たちが力をあわせて生活していく物語。日本では一八九六年に、英語版からさらに抄訳したかたちで紹介がなされた。一九六八年には、福音館書店から『二年間の休暇』と原題に沿った邦題、内容で、完訳版が刊行され、現在も広く読まれるロングセラーとなっている。

吉本の地域映画戦略に地方映画のマドンナ武田梨奈が加わり、
さらにはモナコ国際映画祭、沖縄国際映画祭…と、みごと皆殺し満貫映画！

『いざなぎ暮れた。』

監督・脚本・編集＝笠木望　撮影監督＝原俊介　音楽＝栗谷和代
出演＝毎熊克哉、武田梨奈、青山フォール勝ち（ネルソンズ）、岸健之助、和田まんじゅう（ネルソンズ）、奥村隼也、山口提樹、小池澄子

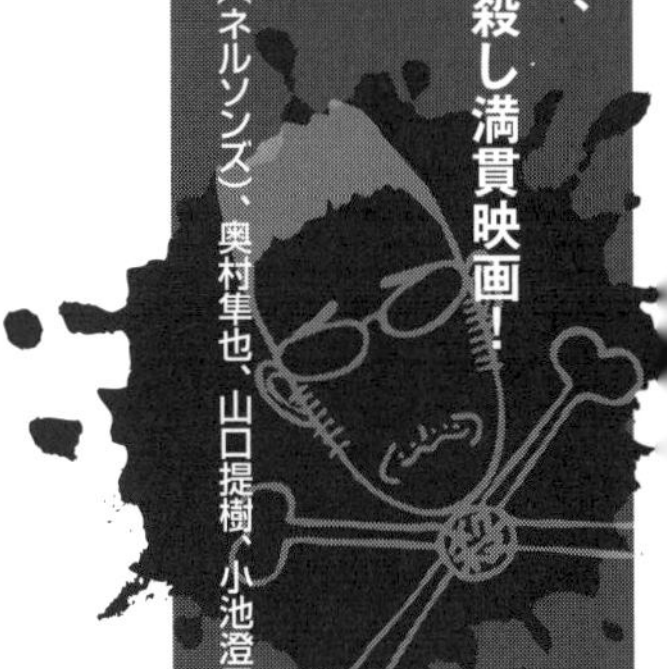

第十七回モナコ国際映画祭[※1]出品作（撮影賞、主演男優賞受賞）。第十一回沖縄国際映画祭出品作。つまり配給・宣伝吉本興業。島根県松江市美保関町発の地域発信型映画。そして主演は皆殺し映画通信永世ヒロインたる**武田梨奈**となれば皆殺し映画通信的にはすでにして満貫、これを見ずして何を見るというすべての要素が揃った一本である。オレと美保関町民以外に興味を持つ人がいるのかどうかはわかりませんが、個人的にはこんな映画の誕生を見られただけでこの仕事が報われた気持ちですね！

吉本の「地域発信型映画」というのはいわゆる地方創生案件。内閣の地方創生事業と連携し、地方の魅力を打ちだすローカル・ブランディングの試みとして映画を製作する。

「自分たちが住む街のさまざまな魅力を全国に伝え、地域を活性化させたい」という地元への熱い想いを映画を通して実現するプロジェクトです。

制作ノウハウを持った吉本興業がバックアップし、地域住民の皆様には、脚本や出演など、映画制作全般に参加していただき、もの作りをすることの楽しさ、喜び、そして地元への愛を

改めて共有していただければと考えています。

地域発信型映画（吉本興業）

吉本の有名芸人も安く使えまっせ！　勉強させてもらいます！　本作にはネルソンズの**青山フォール勝ち**が松江市出身のよしみもあって出演。さらにこれに加えて吉本興業には「住みます芸人」という一大プロジェクトも存在する。若手芸人を一、二年地方に住まわせ、ギャグの開発や地方振興のイベントに協力したりさせるというもの。当然映画と組むわけで、本作には島根県住みます芸人の**奥村隼也**も出演している。いろんな意味で吉本の地域映画戦略の粋というべき一本である。さてそこに地方映画のマドンナ武田梨奈が加わって……。

二〇一八年十二月三日、元新宿ナンバー1ホストのノボル（**毎熊克哉**）は愛車ダッジ・チャレンジャーを駆ってはるばる島根県松江市美保関町までやってきた。ノボルは三歳のときまでここで暮らしていたが、両親の離婚により父親とともに東京に引っ越したのだ。ちょうど町についたタイミングで電話があり、怖いアニキから一時間後の十二時期限で金を振りこめと迫られる。おおこれってひょっとしてリアルタイム映画なの!?と一瞬期待したんだが、もちろんそんなことはなく、ダラダラと時間は過ぎていく。

電話をうさんくさい目で見ていたのは隣に座っていたキャバ嬢ノリコ（武田梨奈）。仕事明け、いきなり車に乗せられて目が覚めたら十時間経過していて島根。なんでこんなとこ来たの？

「サプライズだよ！」

そりゃあびっくりだよ！というか、**松江東京間八〇〇キロをひと晩かけてぶっ飛ばしてまったく目が覚めないおまえがいちばんサプライズだよ！**　ノリコ、ここがノボルの出身地だと聞いて二度びっくり。そんなこと教えてくれなかったじゃない！

「だって三歳のときに親父に連れられて出たからなんの記憶もないんだよ！　十年前に実母も死ん

だからもうなんの関係もない！」

なんでそんなことになったの？

「親父がなんかやらかして出たんだ」

と下手くそなエチュードやってるみたいなセリフでごまかす。なんのサプライズなのかとさらに迫られ、祖母に紹介するからだと白状するノボル。婚約者として！

え、そんなこと聞いてないわよ!?と目を白黒させながらも有頂天なノリコである。そのまま車で実家の造り醤油屋、出雲醤油に乗りつけるノボル。時刻は十一時二十八分。十二時の刻限まであと少し。家に入りこむと、そこにいるのは耳も遠く認知症になりかけた祖母（**小池澄子**）。

「ノボルだよ、オレ。ミチコの息子！」

死んだ母の名前を出し、ノリコを婚約者として紹介して、両親が自分の結婚資金として貯めといた貯金があるはずだからわたしてくれと要求する。言葉巧みに祖母をだまくらかして、うまいこと預金通帳を見つけだし、そのまま持ちだそうとしたところに異父弟ゴロー（青山フォール勝ち）が帰ってくる。「誰だおまえ」と誰何するところまではいいのだが、「今日は祭り（[※2]諸手船神事）の日だから出ていけ」と延々と言いつのるのにはさすがにそういう問題なのか!?と……ともかく預金通帳さえ手に入れれば用はない。ノボルは郵便局へ直行し、お金をおろそうとする。時刻は十二時直前。

「暗証番号は？」

「そんなもん、あのズボラなオヤジのことだから自分の誕生日か母さんの誕生日だろ」

「お父さんの誕生日っていつなの？」

「知らねえよ。ミトベフトシでググれよ！」

「え、お父さんってググったら出てくる有名人なの？」

と戸惑いながらノリコがスマホをのぞきこむと、出てきたのは太陽醤油という醤油のナショナル・

ブランド。その社長がミトベフトシなのだった。

「え、あんた社長の御曹司だったの？」

「もう縁切ったから関係ねえよ！」

というわけで誕生日の数字を入れる……がお金は出てこない。ちょうど十二時になる。怖い人から電話がかかってくる。謝り倒して締め切りを三時まで伸ばしてもらう。伸びるんかい！　それじゃあサスペンスのかけらもないじゃないか！

これもう明かしてしまうが、この映画のネタ、預金通帳の暗証番号を見つけようとするノボルの悪戦苦闘がすべてなのである。だったらタイムリミットと試行回数を映画の前半で決め、つまり三回間違えたらカードが使えなくなってしまうというのをはっきり明示してやればそれなりにサスペンスも盛り上がったんじゃないかと思うんだが、そういうアイデアはとくになく、だらだら思いつきの番号探しをつづけるだけなのだ。番号探しの知恵もなくて、ひたすら毎熊くんが大声で怒鳴るばかりである。この手の**地域発信映画は一種のエクスプロイテーション、現代における低予算のBフィルム**と考えられよう。であればこそ物語をいかに効率よく語るかというところが重要なはずなのだ。しかるにこの映画、そうした部分に注意が払われている気配がひとつもない。これ、どう考えてもプロデューサーの仕事だと思うんだが、吉本興行にそれを求めるのは酷か？

ともかく、暗証番号チャレンジはあと二回である。次は母親の誕生日だ。今度は墓石に書いてあるんじゃね？と墓参りに出かけるが、そこへゴロー率いる吉本お笑い軍団が「祭りの日にそんなチャラい車で乗りつけるんじゃねえ！」と世にもどうでもいいいちゃもんをつけに来て、いきなり激怒したノリコにボコられて退散という一幕がはさまる。武田梨奈の最初で最後の見せ場なんだから、ここは華麗なハイキックで一撃ＫＯしてほしかったんだけどなあ。そんなことをしているうちに祖母からかっぱらってきた母の遺品から運転免許証が発見され、誕生日はわかるのだが、これまた空振り。

で、さすがにノリコも何も知らされないまま引っ張ってこられて、「これからサプライズでハネムーンに行くから金が要るんだよ！」と無茶な言い訳で預金を引きだそうとするばかりのノボルに不信感を抱き、問い詰める。ノボルは社長をつとめるホストクラブの経営が傾き、よろしくない筋から金を借りて、その返済に追われていることを白状する。金のために祖母を騙して預金通帳を奪い取る計画で、結婚云々もそのためのネタでしかなかった。ノリコ、怒ってノボルをぶっ飛ばし、そのまま帰る！と歩きだす。**まさか東京まで歩いて帰るつもりではなかろうと思いたいが武田梨奈だけにその可能性も……。**

一人取り残されたノボル、残された母の遺品をじっくり調べる。そして父親が経営している太陽醤油のロゴが、夫婦で写っている写真と同じ場所で撮ったものだということに気づく。美保関灯台に立つ鳥居の中に夕陽が落ちる瞬間を狙ったものだった。裏を見ると「プロポーズしてくれた！一九七一年」と母の文字。これだ！　たまたま居合わせたカップルに訊ねると、それは年に一度、夏至の日にしか見られない光景だという。

「夏至っていっ！？！」

「ろ、ろくがつはつか？」

というわけでノボルはダッジ・チャレンジャーで郵便局へ急行するのだが、あのー、盛り上がってるところ申し訳ありませんが、夏至の日付って毎年変わるんだから、一九七一年[※3]の夏至が六月二十日だったとはかぎらないよ！　**映画の最後は『バニシング・ポイント』[※4]のオマージュをやってましたが、デジタル撮影で（まったく無意味に）そういうことやられると、本当に恥ずかしいので……**なお、「こんな日に」とさんざん持ち上げられていた諸手船神事のショットも出てくるのだが、物語とは絡まなすぎてほぼイメージショット状態。町おこし映画で祭りを取りあげるのはいいけれど、もう少し物語に絡めないとさすがに印象に残りません！

※1　モナコ国際映画祭

The Angel Film Awards - Monaco International Film Festival of non violent films のこと。モナコで二〇〇三年から開催されている非暴力映画祭。暴力、セックス描写のない家庭向けの映画のみを対象とし、愛、平和、ワンネスがある映画を讃えている。

※2　諸手船神事

事代主命の国譲り神話に関係する神事。島根県の美保神社で、毎年十一月二十七日から十二月三日にかけて行われる。美保神社の祭神事代主命が釣りをしていたところに国譲りの使者がやってきたことを記念するもの。二艘の諸手船がたがいに水をかけあい五穀豊穣や大漁祈願も行われる。なお諸手船は重要有形民俗文化財に指定されている。

※3　一九七一年の夏至

一九七一年（昭和四十六年）の夏至は六月二十二日でした。

※4　『バニシング・ポイント』

リチャード・C・サラフィアン監督／一九七一年／アメリカ。ひたすら白のダッジ・チャレンジャーで砂漠を爆走する男コワルスキー（バリー・ニューマン）を描くロードムービー。警察をも振り切り、あらゆるものから逃げるように走りつづける男に人々が共感していく。カルト的な人気があるアメリカンニューシネマの一本。クエンティン・タランティーノ監督『デス・プルーフ ｉｎ グラインドハウス』（二〇〇七）には、白のダッジ・チャレンジャーが登場し、この映画への熱い思いが語られている。映画の最後に、フィルムが焼きついて白熱する効果が使われた。

感情も行動も誇張されわかりやすく戯画化された漫画にならざるを得ない。実験映画だからしょうがないのである

『弥生、三月　君を愛した30年』

監督・脚本＝遊川和彦　撮影＝佐光朗　音楽＝平井真美子
出演＝波瑠、成田凌、杉咲花、岡田健史、小澤征悦、岡本玲、夙川アトム、矢島健一、奥貫薫、橋爪淳、黒木瞳

一九八六年三月一日、高校一年の山田太郎（**成田凌**）は通学のバスに乗り遅れ、後ろを走ってきて追いつき乗りこむパワフルきわまりない結城弥生（**波瑠**）の走りっぷりにあっけにとられる。学校に着くと、たまたま弥生が、汚染された血液製剤のせいでＨＩＶウイルスに感染してしまった親友渡辺サクラ（**杉咲花**）を揶揄して喜んでいるクラスメートに怒り、ＨＩＶは容易には感染しないことを示すためいきなりサクラにキスするところを目撃してしまう。「……ごめんね。ファーストキス奪っちゃった」「自分もファーストキスでしょ！」こりゃ惚れるわ、というわけで一目惚れの太郎、これは二人のそれから三十年の物語である……。

この映画、二人の三十年を三月の三十一日間だけで語るという仕掛けである。ひとつのシーンは基本人生のある特定の年の三月のある一日に対応する。つまり十六歳の一九八六年三月一日に出会い、十八歳の一九八八年三月四日に卒業し……というかたち。時系列は結構シャッフルされているのだが、三月×日という日付けは順番に進んでいく。つまり二〇一一年三月十四日に回想するのが一九九〇年三月十五日の出来事だったりするわけだ。結構トリッキーで、おもしろいアイデアである。ともかく見ている分には毎日毎日事件が起きるので飽きない。大河ドラマのダイジェスト的な

おもしろさがある(実際、文字通りそういうものではある)。シーンが変わるごとに年が飛ぶのだが、字幕で何年か出るわけじゃないので、それがいつの事件なのか（年代記的にどこに入るのか）知るために、**シーンが変わるたびに画面のどこかにあらわれる××年三月×日の文字を探して目をこらす。なんだかピーター・グリーナウェイ[※1]の昔の実験映画を見てるような感じだった。**

もうひとつのポイントは舞台が仙台だということ。一九八六年から二〇二〇年までの三十年間、仙台、となれば当然二〇一一年三月十一日という日が入ってくる。このクライマックスに向けて二人の関係がどう練られ、どう変化するのか、そこが一種のサスペンスとなるわけである。結構な予算を使った実験的震災メロドラマといえようか。

サクラはサッカー部で活躍する太郎のファンだった。太郎は弥生に惚れているのだが、弥生は親友サクラに遠慮して二人をくっつけようとしている。そんな微温的な三角関係は長くは続かず、サクラはついに発症して入院することになる。「弥生にも太郎にもずっと今のままでいてほしい」と言うサクラ。そして一九八八年三月四日、高校の卒業式にサクラの姿はなかった（うまいこと三人の名前が順番になっているので、ひとつながりで呼ばれる）。高校卒業後、サッカー選手の夢をいだく太郎と、教員志望の弥生とは別の道を行くことになる。「四十過ぎても独身だったら結婚してやるよ！」「あんたのほうでしょ！」と憎まれ口を叩きあって別れる二人。

二人のあいだにはサクラの存在があるので、どうしても素直に結ばれない。だがそれにしてもあまりに漫画なツンデレっぷりである。ただこれは物語の形式上仕方ない部分があり、つまりは一年の出来事が四分たらずのワンシーンで語られてしまうのであれば、そんなに複雑な感情を描けるわけもない。すべては薄っぺらい、表面だけのアクションになる。ダイジェストはどうしたってダイジェストなのである。感情も行動も誇張されわかりやすく戯画化された漫画にならざるを得ない。まあ実験映画だからしょうがないのである。

一九九六年三月五日。結婚式である。だが太郎の隣に立っているのは弥生ではなかった。太郎は子連れの結婚式で、太郎の母（**黒木瞳**）からも「弥生ちゃんと結婚してくれれば良かったのにねえ」とか言われている弥生は複雑な顔で式に出席している。実は高校卒業後、付かず離れずだった関係の二人だったが、太郎がセフレを妊娠させてしまい結婚することになってしまったのである。前年にようやく大学を卒業、念願の教師になった弥生だったが、そのときにはすでに太郎には子供ができていた。妊娠したと言われて「待ってくれ実はオレ好きな人がいて……」とか言ってるいろいろ最低な男である。一応Jリーグブームには間に合い、チャラいJリーガーとして遊んでいたら出来ちゃった、ということらしい。で、そんなことをしていたら二〇〇〇年にはすでに女房に愛想をつかされており離婚。息子のあゆむ相手にボールを蹴りながら愚痴っていると電話がかかってくる。いきなりチームから「来季の契約を結ばないことになりました」の戦力外通告。電話一本でクビかよ！　ショックでミスキックしたボールがころころとグラウンドの外に転がっていき、あゆむがそれを追いかけてふらふらと道路に出て、するとトラックが迫ってきて、

「あゆむー！」

息子を守ろうと飛びだす太郎。暗転……。

二〇〇一年三月八日。足をひきずりながらサクラの墓参りに来た太郎。サクラの墓は大きな木の下にぽつねんとひとつだけ墓石が立っているというきわめて非現実的なロケーションである。サクラにぽつぽつと話しかけていると、そこへ弥生が同じく墓参りにやってくる。思わず隠れてしまう太郎。弥生は年長の歯科医白井（**小澤征悦**）と一緒で、サクラに結婚を報告しにきたのである。自分の不甲斐なさを恥じて弥生と連絡もとっていなかった太郎、その場から逃げるように去る。

三月十日。足の怪我でサッカーができなくなり、すっかり引きこもりのダメ人間になってしまった太郎の家を弥生が訪れる。相変わらず一本気な正義漢である弥生、太郎を息子に合わせようと中学の前に引っ立ててくる。だが太郎は数年ぶりに会う息子あゆむを前になんと声をかけたらいいのかわからない。ただ立ち尽くす太郎の前に、サッカーボールを持った小学生がとおりがかる。これ

だ！と思った弥生。「ちょっと貸して！」とサッカーボールを奪い、太郎とあゆむのあいだでボールを蹴らせる。言葉はなくてもボールは通じるはずだ！　最初は何をしたらいいのかわからなかった二人だが、やがてボールが行き来して……それを一緒に応援してる弥生はいいとして、後ろでただ待たされ、「そろそろ返してください」と頼んでも「もうちょっとだから！」と拒否られてしまうボールの持ち主の小学生が呆然と突っ立っているのがあまりに可哀想で笑えてしまった。

ようやく前向きになる一歩を踏みだした太郎、別れの地下鉄駅で、思いあまってつい弥生を抱きしめてしまう。

「……ずっとこうしたかった……」

積み重なった思いがついに爆発して二人は太郎の部屋に転がりこんでそのまま×××。日付はかわり二〇一一年三月十一日となった。出会って二十五年でようやく結ばれた二人である。もう四十なんだがメイクのせいか全然老けてないし、ぶつ切れダイジェスト展開のせいで感情的盛り上がりもさっぱりだが、ともかく二十五年目のクライマックスである。朝、つい激情に駆られたことを後悔し、夫に電話してそのまま学校に出かける。そして午後二時四十五分……。

必死に弥生の行方を探す太郎。弥生は生徒を避難させたあと、夫の待つ家に向かったという。途中弥生の過去が回想で明かされ、なぜ教師になるのがそんなに遅かったのかが説明されたりする一幕をはさみながら、ついに居所が判明する。弥生は夫の棺の前で泣きくれていた。自分が夫を裏切ったその日に死んでしまったということでトラウマが残るまいことか。「こんな優しい人を裏切ったバチがあたったんだ。自分は人にものを教える資格などない」と言う弥生、教師もやめて太郎の前から姿を消す。

二〇一四年。弥生は東京でひっそり一人暮らしをしている。全身黒づくめで本屋につとめ、ニコリともしない贖罪の日々だ。暗いのである。この映画、ともかくひたすら暗い。構成で作ってる映画なので、前半は太郎がダメで、そっちが立ちなおると今度は弥生が世捨て人になるとか、弥生がバスを追いかけるところではじまったから最後はバスで終わるとか、中央のクライマックスを震災に置いて、その前後でシーソーのように二人の明暗が変わる。結果どうなるかと言うと最初から最後までひたすら暗い！　全然ロマンチックにならないのだ。感情が描かれなくて事件だけだから、ひたすら事件に翻弄されて不幸になる人々の話にしかなっていない。**電通製作の震災メロドラマでここまで陰々滅々とした実験映画を作ってしまったという点は大いに評価したい。**あまりに不幸ばかりふりかかってくるので、後半はコメディみたいになってくる。

太郎のほうはベガルタ仙台のサッカースクールで働き、息子との関係も修復された。息子はあの日自分たちの関係をとりもってくれた猪突猛進お姉さんのことが忘れられず、「自分もあんな教師になりたい」と教師を目指していたのである。やがて二〇二〇年になった。三月の終わり、津波で流された定食屋を再開した太郎の母の元を、サクラの父が訊ねてくる。サクラが死ぬ前、「太郎と弥生の結婚式でかけてくれ」と録音していたカセットテープがあったというのだ。弥生に送ろうとしたが住所がわからないので、太郎に預けるという。

はじめて本気で弥生のことを探しはじめた太郎、その姿を求めて富久町から高田馬場、早稲田の古本街と歩きまわり、ついに古本屋で劇的な再会を果たすのだが……**二〇二〇年三月の東京があまりに平穏な風景すぎて、思わずこれSFなんですか？と思わされてしまったことでした。**

※1　**ピーター・グリーナウェイの昔の実験映画**
『数に溺れて』（一九八八）は夫を殺す祖母母娘三人の話だが、画面の中に一から百までの数字が出てくる仕掛けが施されている。一九七八年の短編映画『1-100』はそのプロトタイプ。

※2　ベガルタ仙台

宮城県仙台市をホームタウンとするプロサッカークラブ。前身は一九八八年に創設された東北電力サッカー部。一九九九年にJリーグに加盟。東日本大震災直後から地域の支援活動を行ってきた。被災直後にもかかわらず、ベガルタはわずか一月後にはグラウンドに立ち、復興の希望として試合をつづけた。イギリスの映画監督ダグラス・ハーコムとジェフ・トロットが、当時のベガルタ仙台とサポーターの姿を捉えた、ドキュメンタリー映画『〝ベガルタ〟～サッカー、震災、そして希望～』（原題：Vegalta: Soccer, Tsunami and the Hope of a Nation）（二〇一六）を制作している。

※3　二〇二〇年三月の東京が……

二〇二〇年の年初に中国の武漢でパンデミックをおこしたウイルスCOVID - 19は、またたくまに世界中に広まり人類の脅威となった。日々、ウイルスに情勢が振りまわされていた三月当時、東京の街の人々は皆マスクをつけて行動するようになり、消毒用アルコールがあらゆるところに設置され、見慣れた街の風景が様変わりしていた。三月二十九日にはタレントの志村けん氏が死去、翌三十日夜には小池百合子都知事による夜間外出自粛の要請があった。

戦隊モノよろしく五人の「生徒会」が「青の生徒会、参る！」。
その決めポーズの安いこと安いこと……

『青の生徒会 参る！ Season1 花咲く男子たちのかげに』

監督＝進藤丈広　脚本＝島野伸一　撮影＝田島茂　音楽＝百瀬巡
出演＝凰稀かなめ、結木滉星、金城茉奈、西川俊介、肉汁、鎮西寿々歌、輝山立、水石亜飛夢

「かつて日本が平成の時代だったころ、全国の高校は、悪夢のスクールカースト[※1]に支配されていた。そんな混乱の時代に救世主が舞い降りた——」ってそもそもスクールカーストって言葉を誤解しているとしか思えないのだが、そんな高校に颯爽とあらわれて、学校を支配する悪者を退治する。

「悪事やめますか、それとも学校辞めますか？」

それが「青の生徒会」だ！　主演は元宝塚歌劇団の宙組トップスター**凰稀かなめ**で、彼女が生徒会を率いる謎の教師「向井青」を演じる。だから「青の生徒会」なんですね。個人的にはこの「宙組トップスター」という肩書きがどのくらい貴重なものなのかよくわからないのだが、こんな映画が作られてしまうくらいには有名で、この程度の映画にしか出られないほどの人気度ということか。まあ映画の安さについてはいまさら指摘するまでもなく、戦隊イケメンとか雑誌モデルとか2・5次元系俳優とかが、道端で突っ立って会話する場面だけで構成された映画といえるだろう。しまいに**戦隊モノよろしく凰稀かなめを中心に五人の「生徒会」がポーズして「青の生徒会、参る！」って立ってみせるんだが、その決めポーズの安いこと安いこと……**。

さて、生徒会の面々に「文化祭といえば祭り。祭りは日本の心だ！」と暑苦しい説教をしている

生徒会長森園祥平（**結木滉星**）。だがそこにやってきた教師向井青（凰稀かなめ）が、「悪事に苦しんでいる学校がある。全員、転校！」と命令。文句を言いながらみんな揃って転校することになる。

転校先では森園はいきなり三時間にわたる長広舌をぶって注目を集め、梨夏（**金城茉奈**）は「おひかえなすって……人よんで天才女子高生ギャンブラー」と見ている人全員が凍てつく仁義を切り、弁当男子時生（**肉汁**）はキャラ弁を自慢する。この学校では運動部が迫害され、グラウンドを使わせてもらえないのだという。誰がそんなことをやっているのか？　森園が生徒に聞きこみをしていると、あらわれた謎の男（**水石亜飛夢**）はいきなり花札を手裏剣のように投げつけ、「気をつけることですよ」と警告する。森園はサッカー部の調査に赴くが、唯一の部員（**輝山立**）は「こんなところに来ないほうがいいよ！」と森園を追い払おうとする。だが、森園は、

「おれが、その悲しみに寄り添うよ」

そう、彼は「悲しみに寄り添うもの」、**他人の悲しみの記憶を読み取ることができる異能力者だったの**だ！　ってなんでこんな話に超能力者なんか出てくんだよ！　ともかくその記憶を読んだおかげで二人きりだったサッカー部員の相方が、麻酔薬を染みこませた花札使いが率いるグループによって拉致されたということがわかる。あの花札男……それは学園を仕切る悪のかるた部の仕業だった。どうやらかるた部は賭場を開いて荒稼ぎをしているらしい。となれば当然「天才女子高生ギャンブラー」の出番である。

手本引きで花札男との勝負に挑んだ梨夏。見事に勝利を重ねて札束を積み上げる。最後の大勝負で拉致された部員（**武田匠**）を返せと要求するも、有り金をかけた勝負に見事に敗北。金は全部奪われたうえ、「もう用済みだから持っていっていいよ」とお情けで廃人となった部員を返される完全舐めプをかまされる。別に勝負しようとしまいと結果は一緒だったけどね！

屈辱的な敗北をくらった梨夏、青先生から叱責を食らって「もう生徒会やめる……」とすっかりすねてしまう。そこで先生から「すべてがはじまった場所」とやらに連れていかれ、実は元天才女

子高生生物学研究者だった青先生が、かつて遺伝子操作によって生みだした試験管ベビー、実験体ナンバー〇一九こそが森園だった！ つまり彼は腹を痛めていない子供！という衝撃の事実を教えられる。だからそういう安っぽいSF設定いちばんいらないから！ こういうのが延々と廃教室とか廊下とか屋上とかで突っ立ったままの会話で説明されるわけである。だけどこれを聞かされてどうしろっていうのか、というか**そもそも森園が過酷な生まれを背負っていることと、おまえが博打に弱いこととはなんの関係もない！**

そんなわけで（どんなわけだ！）立ちなおった梨夏が再度かるた部に殴りこみをかける。実はかるた部は理事長と組んで、違法賭博で荒稼ぎをしていたのである。それにしても、そのことと「運動部がスクールカーストの最下層にいて、グラウンドを使わせてもらえない」こととがどう関係しているのかさっぱりわからない。別にグラウンドを別の用途に使いたいとかいう事情もなさそうなのに。

梨夏は最後の勝負スイチの一点がけで見事相手の札を当て、そこで森園が「最後にもう一度立ち上がるパワーがある」とかなんとかよくわからない大演説をぶち、それを聞いていたかるた部部長らかるた部員がぱちぱち……と拍手して、てっきり皮肉で拍手してるのかと思いきや、その演説に敗北を認めたらしくあっさり部屋から出ていってしまう。おまえさっきまで「おまえらの青春を殺してやる」とか言ってたんじゃなかったのかよ！

「彼の中には深い悲しみがある……またいつか会うような気がする」と露骨に続編を匂わせるんだが、この映画の惨状を見るかぎりではシーズン2が訪れることはなく、その予感は空振りのままで終わるだろうと思われる。それにしてもこいつら、**学期の途中から転校してきて一か月ほどでまた転校していったので、どう考えても生徒会長にもなんにもなれない**と思うのだが、なぜ「生徒会」を名乗っているのか、最後までわからなかったなあ。

※1　スクールカースト

学校内でグループを形成し階層化すること。現代日本の学校では、生徒間の人気に応じて生徒が階層化、序列化されていると言われており、そういった子供の社会構造をカースト制度になぞらえた言葉。コミュニケーション能力が高く空気を読むのが上手い子供が上位であることが多い。アメリカでは、日本以上に階級差があからさまであり、それをテーマにした高校青春映画が多数存在する。

幸福の科学映画のターニングポイントか？　初の興行成績第一位獲得！
モナコ国際映画祭グランプリ！　しかしもちろん映画は……

『心霊喫茶「エクストラ」の秘密～The Real Exorcist～』

製作総指揮・原作＝大川隆法　監督＝小田正鏡　脚本・主題歌＝大川咲也加　撮影＝芦澤明子　音楽＝水澤有一
出演＝千眼美子（清水富美加）、伊良子未來、希島凛、日向丈、長谷川奈央、大浦龍宇一、芦川よしみ、折井あゆみ

毎度おなじみハッピーサイエンス……と言いたいところだが、今回は一味違う。**いろんな意味で幸福の科学映画史のターニングポイント的映画となった、いやなってしまった**のである。ターニングポイントとはいかに。

①初の興行成績第一位獲得

コロナ禍の真っ最中に公開となった本作、かろうじて国内で映画館が開きはじめた週に公開となり、他にこの週に封切るまともな映画もなかったために、五月十六日（土）の週には興行成績一位を獲得した（興行通信社調べ）。まことに幸運というか悪運が強いというか……どんな事情があれ、めでたく幸福の科学の映画史上初の興収ナンバー1作品（五週連続）となったわけである。大ヒットである。

②モナコ国際映画祭グランプリ

かねてから注目しているところの「日本映画が出品されるとかならずなんかの賞をとる映画祭」こと[※1]モナコ国際映画祭。今年二月に開かれた第十七回映画祭には本作が出品され見事グランプリ、

主演女優賞など四冠を獲得した。ハッピーサイエンスがモナコ国際映画祭の存在に気づいてしまったわけで、今後の展開が予想されるわけだが、それはさておき、本作は清水富美加こと**千眼美子**嬢の女優人生で初の演技賞受賞作になったらしい。人生いろいろ……。

③撮影　芦澤明子

個人的にはいちばんびっくりしたのはこれである。本作、制作がジャンゴ・フィルム[※2]であるためか、スタッフが驚くほど豪華である。撮影の芦澤明子は黒沢清との名コンビでおなじみの現役ナンバーワンキャメラマン。本作でもクロサワ仕込みでギリギリまで明かりを落とし真っ暗な画面で悪霊を写すJホラー風味の撮影を展開し、大いに映画のレベルを引き上げている。さらには美術の丸尾知行、衣装の宮本まさ江といったあたりも大ベテラン。こんな人たちが幸福の科学映画で仕事してるって、日本映画界はどうなってるんだ!?

そんなわけでエポックメイキングといっていい一作なのだが、ここまでのエポックどれひとつとして映画の中身に無関係であることにお気づきだろうか？　まあそうだよね。ドラ息子が抜けてからのハッピーサイエンス映画の退屈さについてはすでに口が酸っぱくなるほど言ってきたとおり。今回もエンタメとしては平坦すぎてどうなのかと言わざるを得ない。もちろんスタッフの頑張り含め見どころなしとはしないが……。

「東京は世界一不思議な町である。思わぬところに心霊スポットがあったりする」というわけで舞台は東京の片隅五反田。住宅街の一角にぽつんとある喫茶「エクストラ」が物語の舞台である。「悩み事相談承ります」[※3]という小さな看板がかかっているこの店、もちろん無料相談につられて店に入ると本棚には『太陽の法』が並んでおりアルバイトのかわいこちゃんサユリ（千眼美子）に勝手に除霊されたうえに説伏されてしまう恐ろしいシステムである。この店、さらに恐いのはいつもレジ脇に座って子供向け『心霊図鑑』を読んでいるオーナー夫妻の娘。入ってきた客を見ては「あの人、水子霊がついてるよ」「あのお客さん、自殺霊がついてる」「あの人はもうすぐ死ぬよ」と勝手に霊視しまくる。こんな喫茶店は嫌だ！

今日も今日とて自転車で走っているときに頬を切られたという少女の相談を受けているサユリ。「昔はカマイタチとか言われてみたいですね……ではタイムバックリーディングで事件の瞬間を見てみましょう！」といきなり霊視をはじめる。自在に時間を巻き戻したりスロー再生したりして、頬を切る瞬間を見つける。そこには羽根の生えた銀色の虫のようなものが写っている。

「これは珍しい！　スカイフィッシュね！」

って『ムー』ネタかよ！　大川総裁愛読者なのかな？　舞台五反田だしな！※4　ともかく「東京でははじめてですよ！」とスカイフィッシュ衝突に浮かれるサユリ。「珍しいことですから！」と少女をまるめこんでしまうんだが、これ何ひとつ解決してなくない？

次なるクライアントは学生イサム（**伊良子未來**）。ガールフレンドの杏花（**希島凛**）相手に道端で携帯で大声で「今、アルバイトの売り上げを銀行に入金に行くとところだよ」と話しながら歩いていたら、人気のないところで後ろからクラッチバッグをひったくられる（当たり前だ）。「八十万円も弁償できない。どうしよう……」と路上でへたりこむイサムだが、そこはちょうどうまいこと「エクストラ」の真ん前だった。さっそくサユリに相談すると「あーそれはここですねー！」と地図上の一点（サユリ、グーグル・マップではなくいまどき紙の地図帳を使っている）を指し、半信半疑でそこへ行ってみると見事に犯人の家でイサムは金を返してもらってめでたしめでたし。なんの問題もなく一瞬で事件は解決してしまう。「すっごーい！　本物の霊能力者なんてはじめて見た！」と浮かれるイサムである。

だが好事魔多し。いつもキャピキャピしている美少女サユリに夢中のイサムに、当然ながら杏花のほうはおもしろくない。女優志願の杏花がオーディションに勝ち残っても、除霊騒ぎで忙しいイサムは迎えにも来てくれない。「ぶりっ子のオカルト女め……」と憎しみをたぎらせる杏花。するとそこにオーディションで会った謎の女（**折井あゆみ**）がお茶に誘ってきて、「その女怪しいわ！」と焚きつける。ちなみに二人が行く店、銀座のＢＯＯＫ＆ＣＡＦＥというハッピーサイエンス系カフェなので、そこに連れこまれた段階で要注意だぞ！

そんなことはつゆ知らず、サユリは日々「エクストラ」に来る客をかたっぱしから除霊し、イサムもその助手よろしく四六時中つきしたがい、サユリから怪しい教えを授けられている。ちなみにこの過程でサユリがいつも陽気でキャピキャピしている理由も本人から明かされる。つまり不満をためて鬱々としていると悪魔につけこまれやすいので、いつも前向きに楽しくしていなければだめなのだという。そうかだから幸福の科学信者はいつも馬鹿みたいにヘラヘラ笑ってるんだね！　演技派清水富美加がなんであんなブリっ子演技ばかりしてるのかという謎の一端が解けた気がする。

かつて霊が見えてしまう体質に鬱々としていた少女サユリは、例によって「エクストラ」の前で行き倒れて、マスターの妻（**長谷川奈央**）に「コーヒーでも飲んでけば？」と拾われ、そこでポジティブシンキングに出会ったという経緯があるのだった。じゃあこのマスター夫婦は何者なんだ！と誰もが思うところだが、そこについての解説はいっさいありません。

サユリはさらにトイレの地縛霊トモカさん（彼女の登場シーンは真っ暗なホラー画面で、芦澤撮影の実力を見せつける）と、彼女と遭遇した女子高生三人組それぞれの除霊（死んだ父親が迷ってたり、教師の買った家に落ち武者の地縛霊がついてたりする）をサクサクとこなしていく。これ、ホラー映画的には見どころになるはずなんだが、ほぼ怪異現象を見せ、サユリが印を切って悪霊を封印、成仏させるというルーティンが繰り返されるだけで、ごくごく退屈。しょせんメインの話とは無関係なパートなので、スタッフがどんなに頑張っても限界が……そんなわけでサユリとイサムが除霊と称してイチャイチャしてるあいだ、「謎の女」こと悪魔メレフィスに煽られた杏花は、サユリの携帯に「死ね死ね死ね死ね死ね死ね……」とメッセージを送りつけるメンヘラ娘になってしまう。ついに死ぬと暴れだしてマンションの屋上から飛び降りようとする。ようやく危機に気づいたイサムもかけつけるが、妙なゴス・ドレスを着た悪魔の囁きには抗すすべもない。もはやどうしようもないかと思われたところでサユリの登場だ。

「今度の敵は強い」と巫女装束で水垢離をし、安っぽいプラスチックの守り刀とペンダントを身につけて現場へ向かうサユリ。盛り上がるところで大川咲也加[※5]幸福の科学副理事長が歌う主題歌「The Real Exorcist」がかかるのだが、**「てきはー、つよいー、見たこともないほどー、つよいー」「あくまをーうちやぶりー、たいのよー！　たいのよー！　たいのよー！」とリフレインする曲が本当にすごいので、ぜひ一聴をお勧めしたい。**この主題歌だけでもハッピーサイエンス映画史に残るエポックとさえいえるかも。

※**1**　**モナコ国際映画祭**
本書八四ページ参照。

※**2**　**ジャンゴ・フィルム**
映画やテレビのプロダクション業務を行う。日活撮影所内にあり、日活の流れを汲む映画製作会社。二〇〇七年設立。

※**3**　**『太陽の法』**
幸福の科学の基本経典のひとつ。大川隆法著、一九八七年に初版発行。

※**4**　**舞台五反田だしな！**
本レビューを公開した二〇二〇年六月当時、学研だったムー編集部の所在地だったため。現在、ムー編集部は他社に移転している。

※**5**　**大川咲也加**
一九九一年生まれ。大川隆法の長女。幸福の科学副理事長兼総裁室長を務める。前世は「吉田松陰、ヤン・フス、光明皇后、ヤショーダラー、倭姫、天照大神、ベガの女王、大日孁貴、ラ・ムーの娘」。教団で精力的に講演や執筆活動を行っている。幸福の科学映画『世界から希望が消えたなら。』（二〇一九）及び本作では脚本を担当。また作曲や歌唱でしばしば幸福の科学映画に参加している。

介護業界の素晴らしさを訴えるシリーズ第三作。理想と現実のせめぎあいを、泣き落としと人情とブラック労働で解決！　これがいつもの日本映画仕草である

『ケアニン～こころに咲く花～』

監督＝鈴木浩介　企画・原作・プロデュース＝山国秀幸　脚本＝藤村磨実也・山国秀幸　撮影＝高柳知之
出演＝戸塚純貴、島かおり、綿引勝彦、赤間麻里子、渡邉蒼、秋月三佳、中島ひろ子、浜田学、小野寺昭、松本若菜、細田善彦、小市慢太郎

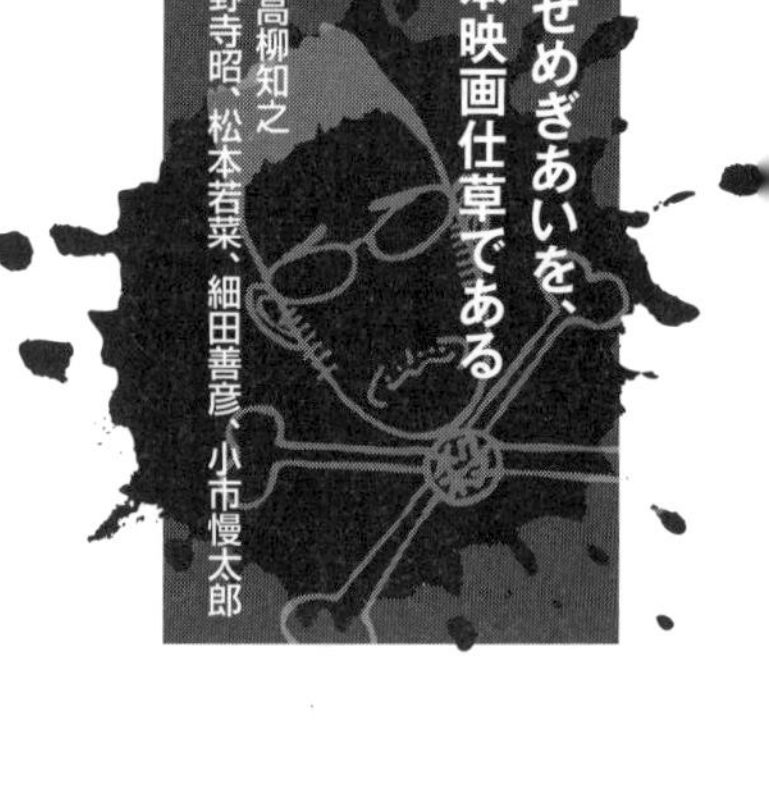

介護業界の素晴らしさを訴えつづける介護福祉士エクスプロイテーション[※1]『ケアニン～あなたでよかった～』（二〇一七）の続編。シリーズとしては二〇一九年の[※2]『ピア～まちをつなぐもの～』に続く第三作となる。今回もプロデュースと脚本を担当する山国秀幸が中心となり、厚生労働省の後援をとりつけ、全国の介護福祉業者からの特別協賛を集めて映画ができあがった。ずらりと並んだ特別協賛のクレジットはこの手の映画の定番だ。シリーズの顔である〝ケアニン〟**松本若菜**がおなじみ佐藤夏海役で出演。前作『ピア』の主人公高橋雅人（**細田善彦**）とコンビで友情出演している。こういうところが意外と律儀なんだよな、このシリーズ。

主人公は『ケアニン』にひきつづいて**戸塚純貴**が演じる若手介護士大森圭。第一作ではデモシカの新人介護士大森が、介護対象者とのふれあいを通じて一人前に育っていくまでが描かれた。その大森、小規模多機能型施設を舞台にした前作とかわり、本作では大型施設である特別養護老人ホーム「昭和誠苑」に職場をうつす。「ひとりひとりと向き合って丁寧な介護」を旨とする大森（というのも無論前作ではそれが至上の価値とされていたからなのだが）だったが、大型施設での流れ作業のような介護には慣れず、婦長（**中島ひろ子**）をはじめとする先任スタッフからも足手まとい扱

いされている。「相手のペースに合わせた」介護を信条とする大森は、空腹でも満腹でも一斉に食事を出し、一斉に片付ける給食も、時間を決めておむつをいっせいに替えるやりかたも気に入らず、周囲と衝突してばかり。

だが効率第一の方針の理事長（**小野寺昭**）は「小規模の出身者は新人と一緒だな！」と歯牙にもかけない。一見すると効率vs思いやりの二択に見えるんだけど、もちろん理事長にも言い分があり、効率重視に見える一斉の介護は事故をおこさないための安全管理でもある。個々に食事をさせたら食中毒や事故のリスクも高まるではないか。余計なことをしないでマニュアル通りの対応を貫くのはあくまでも利用者の安全のためなのである。これ、別に言い訳として言ってるだけじゃなく、かつて理事長たちは開放的な介護施設を目指していたのだが、近隣からの抗議や事故のせいで閉ざされた施設になったという経緯がある。いわば挫折した理想主義者なのである。

となると理想vs現実のせめぎあいの中で、大森がどういう選択をするかというのがテーマになるはずなんだが……日本映画に親しんでいる人ならわかるでしょうが、もちろんそんな選択はありません！　**結局は泣き落としと人情とブラック労働で解決！　これがいつもの日本映画仕草である。**

さて、そんな感じで揉めている特養ホームにあらたな利用者が入所する。認知症の老婆、木下美重子（**島かおり**）だ。介護を信用しておらず怒りっぽい夫達郎（**綿引勝彦**）とやたら世間体を気にする娘（**赤間麻里子**）がうるさく喚き立てるという厄介な入所者。婦長、さっそく彼女を大森に担当させる。嫌がらせか！と言いたいところだが、大森的にはある意味願ったりかもしれない丁寧な介護相手である。そういうわけで以下もっぱら美重子につきっきりで、ホーム全体の話には目を向けなくなってしまう大森なのだった。

認知症の美重子を世話するうちに、彼女が雨の日になると傘を探しはじめることに気づく。どうやら昔、夫を駅まで傘をもって迎えに行ったことを思いだしているらしい。認知症だからと言って、すべてを忘れてしまったわけではない！　力を得た大森、達郎に二人の思い出を書きだしてもらう。

「ひとりひとりと向き合ってくれる」大森に達郎の不信感もやわらぎ、心を開いてくれる。そのうちに達郎の思い出メモから、二人が若いころ、貧乏ゆえに結婚式をあげていないことを知る。

「美重子さんにウェディングドレスを着せてあげましょう！」

「どうせ妻にはわからないんだから……」としぶっていた達郎だが、そのうちに大森の熱意に打たれて式を決意する。世間体ばかり気にする（母親を車椅子で散歩させていると「認知症だとわかったらかわいそうでしょ！」と怒鳴りつけるのはどうかと思った）娘はもちろん猛反対。

「死ぬ前の最後の願いをかなえてやりたいんだ」

「何言ってるの。お母さんは認知症だけど別に生きる死ぬみたいな……」

「オレが死ぬんだ！　末期癌で、余命二か月なんだ！」

さすがの娘も絶句である。てかそんな大事なこと、このタイミングで……そういうわけで結婚式をあげようと盛り上がった大森だが、もちろん婦長らスタッフは「そんな特別扱いは駄目だ」と大反対。しかし大森が達郎の思い出を朗読すると「わたしも手伝います！」「通常の仕事をこなして開いた時間にやりますから！」とみんなの心意気に呼応して……ああもうあまりに見慣れた日本映画的光景。そういうわけでなぜか地域の人々も巻きこむべく、綿菓子やヨーヨーすくいの屋台も出る縁日のような学祭的手作り結婚式をやることになるのであった。なお、外国人技能修習生[※3]として働く外国人も登場するあたりが今日的問題も踏まえているのだが、入所者がセクハラ的に構いたがる対象というかなり駄目な感じで扱われておりました。

※1　『ケアニン～あなたでよかった～』
鈴木浩介監督／二〇一七年。原案は山国秀幸。本作と同じく認知症の老人と悩みながら向き合う若い介護士を描いた。山国氏が現場取材をかさねて、原案を執筆。公開後、国内外から反響が大きく、第二弾の本作につながったという。なお、山国氏は『ピア』では原案や脚本、また二〇一七年に認知症の老人と図書館司書の若い女性との交流を描いた『天使のいる図書館』（『皆殺し映画通信　骨までしゃぶれ』四九ページ）では原案とプロデューサーを務めている。

▶『ケアニン～こころに咲く花～』

※2　『ピア～まちをつなぐもの～』

『皆殺し映画通信　御意見無用』九九ページ参照。

※3　**外国人技能修習生**

日本国籍を有しない外国人が最長五年にわたり日本の民間企業などで報酬を得ながら多様な技能・技術などを習得できる制度があり、その制度にもとづき技術を習得しにきている人たちのこと。労働需要の安い調達手段として実習生が使われることも多く、過酷な労働環境や報酬の未払い、また受け入れ先の勝手な意向で強制帰国させられるなど労働や人権問題が多発しており、近年さまざまな社会問題となっている。

演技ってなんだろう、映画はどこからはじまるのだろう?と
哲学的なことを考えはじめてしまう始末。これが映画のゼロメートル地帯なのか

『Revive by TOKYO 24』

製作総指揮・監督・原作・脚本＝寺西一浩　撮影＝外山国義　音楽＝長濱勇太、大野裕己
出演＝寺西優真、山本裕典、ギュリ（KARA）、大沢まみ、宍戸マサル、風見しんご、SIZUKU

寺西一浩[※1]監督渾身のAI刑事モノ『TOKYO 24』[※2]シリーズのスピンオフ作品が劇場公開前にDVDで登場。もちろん第十七回モナコ国際映画祭脚本賞受賞[※3]（あの『心霊喫茶「エクストラ」』より優れた脚本と評価された！）の本作、本当なら劇場でかけたかったろう。だが昨今の情勢もあり、『17歳のシンデレラ　東京ボーイズコレクション〜エピソード2〜』[※4]、『TOKYO 24』と合わせてのDVDリリースが決まったので、このままDVDスルーで我慢、となったらしい。映画館で見られないのは残念だが、**寺西作品がTSUTAYAのレンタルで気楽に見られる状況ができたともいえるんで、みなさまぜひ摩訶不思議な寺西ワールドに触れていただきたい。**

さて、本作は『TOKYO 24』シリーズのスピンオフ作品。そして『TOKYO 24』でロボコップ[※5]刑事を演じた**寺西優真**主演で、『TOKYO 24』の五年前、二〇二五年が舞台……となればそうです！　AI刑事青島メイキング、つまり彼が殉職してロボコップとして甦るまでのストーリーです！　ということがわかれば別に見なくったっていいんだけど、そこは寺西ファンとしては見ないわけにはいかないわけで……。

舞台は二〇二五年の東京。警視庁捜査一課の刑事、後藤晴彦（**山本裕典**）と東條剛（寺西優真）

は一人暮らしの女性の自殺現場に呼ばれる……というストーリー一行目からアレなんだけど、そもそも自殺現場にまっさきに殺人課の刑事が呼ばれるってシチュエーションあるわけ？　自殺現場の家、驚くほどにものが置いてなく、生活感のかけらもない。現場に来た後藤、「思った以上に整頓されてるな」とか言ってるが、そんなレベルじゃなくて貸しスタジオを何もしつらえないでそのまま撮ってるようにしか見えないっつーの！　さらにいえば捜査一課の刑事部屋、キッチンとバーカウンターがある部屋で円形テーブルに座ってる時点で料理教室借りたのかって感じだし取り調べする場所はブックカフェのバックヤードみたいなスペース。自主映画にしたってここまでセットに気を使わない映画も斬新だ！

一方、死んだ女こと田村と直前まで連絡しており会う約束もしていた謎の女安藤（**ギュリ**）は、AIについてのテレビ討論会番組の収録現場に向かう。AIの進化と社会に与えるインパクトというこの映画の問題意識を論じてるつもりの場面だが、ほぼエキストラレベルの人が次々に発言する地獄絵図。特別出演の「ジュリアナの祟り[※6]（現エナツの祟り）」というバンド、AI化について訊ねられても普通に「配信がメインになってく時代だからこそ、我々はお客さんとの接触を大事にしたいです」とか語ってて、なんで出てきたのかさっぱりわからないんだが、まあ寺西監督の知人なんですかね……。

討論番組の主役は元国会議員の評論家榊原（**風見しんご**）。休憩時間に榊原と面会する安藤、実は榊原の警護を担当していたこともある特別捜査官であった。元KARA[※7]のギュリ、なんでこんな映画に出ているのかはわからないのだが、たどたどしい日本語をあやつって頑張っております。死んだ田村は榊原の元秘書であり、榊原と最近まで連絡を取り合っていたらしい。そのことを通話履歴から知った後藤と東條、榊原の元を訪れる。

「あんたが殺したんだろう！」

いきなり乱暴すぎる東條である。連絡とってただけで殺人犯扱いするのもひどいけど、そもそもこれ自殺に偽装されてたんじゃなかったのか。ところでここまで延々と東條がまもなく退職して母親の仕事を手伝うと前ふりがされているのだが、東條の母というのは言うまでもなくAI導入に積極的で、榊原からは「一部政治家に情報を渡してはいけない」とまで言われている政敵の女性都知事候補東條真知子である（『TOKYO24』では長谷直美が演じていたが、俳優のスケジュールの都合上、本作には名前しか出てこない）。その息子がなんの証拠もないまま政敵を殺人者扱いするとかさ……。

死の謎を探る安藤のもとには不審者から「余計なことをすると、おまえの大切なものを失うぞ」と脅迫電話がかかってくる。脅迫を無視して捜査を続けていると、入院中の妹が何者かに殺されてしまう。この場面、場所は病院には見えないただの居間だわ、医者も妹もただの素人にしか見えないわで、本当に何が起こってるのかわからなかった。**演技ってなんだろう、これが映画のゼロメートル地帯なのか。映画はどこからはじまるのだろう？と哲学的なことを考えはじめてしまう始末。**

榊原と利害関係のある東條を捜査からはずした後藤、殺害現場を片付けていた特殊清掃業の存在を思いだす。またしても完全な素人の芝居で、清掃業者は何者かに現場のものを売っぱらったことを白状する（殺人事件として捜査していたにもかかわらず、現場保存もしなければ家宅捜索もしなかったらしい）。後藤が清掃業者に説諭だけして釈放したとたん、そこに、

「誰にも言うなと言っただろう！」

といきなりあらわれた不審者が迫り、そのまま近づくと横から飛びだした東條にぶつかり、東條は腹をおさえてうう……と倒れこむ。言うまでもなく不審者がナイフで職員を口封じしようとしたところに東條が身を呈して守ったという意味の場面なのだが、**動作があまりにスローなうえナイフもなければ血糊もないのでまるでパントマイムのようである。**「救急車を呼べ！」と絶叫する後藤。病院に運びこまれた東條は面会謝絶。そもそもなんで不審者はわざわざ警察にやってきて、すべてを喋ったあとの清掃業者を口封じしようとしたのか。それは誰にもわからない。

その後榊原の家を元秘書で今は党の有力者黒田にかわいがられている腹心が訪れると、そこに待っていたのは安藤だった。安藤は元秘書こそがすべての黒幕である謎の脅迫者だと見抜いていたのだった。

「あんた、都知事選に立候補するんですってね。榊原に東條真知子を糾弾させ、田村の殺人容疑を東條真知子にかぶせ、自分の選挙を有利にしようとした。そうでしょ？」

　ここまで何も語られなかった事実がすべてギュリのたどたどしい長広舌で説明され、そうだったのか！と思うまもなく後藤が乱入して元秘書は逮捕されて一件落着。警視庁に戻るとそこにあらわれたのは東條！　東條、生きてたのか！

「青島と申します」

　と過去の記憶を失ったロボコップ青島は、ロボコップになるまえとかわらない平坦な台詞回しで自己紹介をするのである。以下、『TOKYO24』に続く！のはいいんだが、後藤は「その後刑事を辞め、消息がわからない」安藤は「特別捜査官を罷免され、日本をあとにした……」となんの未練もなくあまりにもあっさりと字幕だけで退場させられてしまったので、この物語、本当に何だったのかさっぱり謎という結果に……。

※1　寺西一浩
一九七九年生まれ。映画監督、小説家、プロデューサー。いままでにとりあげた映画は次のとおり（※2、4以外）。
『東京〜ここは、硝子の街〜』……『皆殺し映画通信　天下御免』一三〇ページ参照。
『新宿ミッドナイトベイビー』……『皆殺し映画通信　地獄旅』一二一ページ参照。
『東京ボーイズコレクション〜エピソード1〜』……『皆殺し映画通信　骨までしゃぶれ』六三ページ参照。

※2　『TOKYO24』
『皆殺し映画通信　御意見無用』一九一ページ参照。

※3　モナコ国際映画祭
本書八四ページ参照。

※4　『17歳のシンデレラ　東京ボーイズコレクション〜エピソード2〜』
『皆殺し映画通信　御意見無用』一三〇ページ参照。

※5　ロボコップ
『ロボコップ』（一九八七）では殉死したデトロイトの警官マーフィー巡査（ピーター・ウェラー）がオムニ社により改造され無敵のロボ刑事＝ロボコップとして甦る。ポール・バーホーベン監督の大ヒット作で続編の他二〇一四年にリメイクも公開された。デトロイトにはロボコップの銅像が立っている。
※6　ジュリアナの祟り（現エナツの祟り）
二〇一〇年から活動している日本のトランスポップロックバンド。二〇一五年ビートたけしの命名で「ジュリアナの祟り」としてデビューし、二〇一九（令和元）年に「エナツの祟り」と改名した。「令和のバブルを呼び起こす!!」がコンセプト。合言葉は「バブリー!」。派手なパフォーマンスが特徴。
※7　元KARAのギュリ
KARAは二〇〇七年に結成された韓国の女性アイドルグループ。日本においてもK・POPブームを牽引し、紅白歌合戦にも出場した。二〇一六年に活動を休止。ギュリは結成時からのメンバーでリーダー。KARA休止後は、女優活動に邁進している。

「水曜日」は？　残念ながら「水曜日」は出てきません。
……いやまあ作者が決める設定だからどうでもいいといえばいいんだけどさ

『水曜日が消えた』

監督・脚本・VFX＝吉野耕平　撮影＝沖村志宏　音楽＝林祐介　主題歌＝須田景凪
出演＝中村倫也、石橋菜津美、中島歩、休日課長、深川麻衣、きたろう

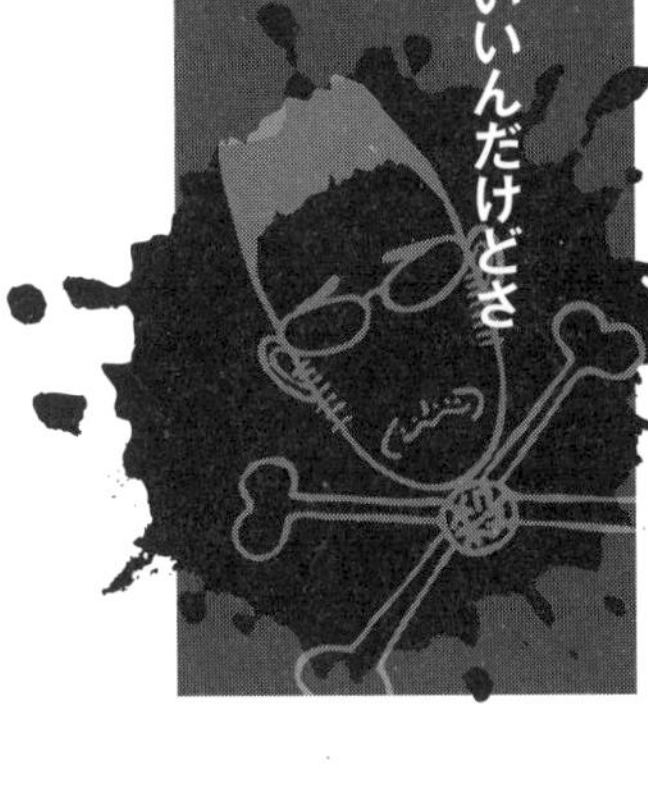

中村倫也演じるのは曜日ごとに人格が入れ替わる七重人格の男。「火曜日」は毎朝「月曜日」が散らかしたゴミを片付け、病院で検査を受けると「水曜日」のために翌日出すゴミをまとめて眠りにつく。ところが翌日起きるとそれは水曜日。はじめての水曜日に浮かれる「火曜日」。だが「水曜日」はなぜ消えてしまったのか？

……という話かと思うでしょ？　違うんだよ！！！　そもそもこんな設定を考えたら、まず最初にやるのは七人を演じわけること。それからこの七人格がどのように人生を住みわけているかのディテールのアイデア出しだと思うんだが、残念でした、そんなことは何ひとつありません！　この映画に出てくるのは「火曜日」と、あと最後に「月曜日」がちょっとだけ。他の曜日はまったく登場しない。そして曜日間の交流はほぼ壁に貼ったポストイットによる申し送りのみ！（曜日ごとに色分けされている）曜日ごとに協力するとか出し抜くべく駆け引きするとかそういうことはいっさいない。じゃあ何が描かれるかというと、「火曜日」がいつも休館日だった図書館にはじめて行けて舞いあがり、司書の女の子をナンパして、結果「火曜日」と「水曜日」の三角関係になるという……え、これだけの設定を作っておいて、気にするのはそういうことなの？　そうなのであ

る。まさかここまで何もない話とは思わなかった。**こういうのを恋愛脳っていうんですよね？**
監督・脚本は二〇〇〇年に『夜の話』でPFF[※1]審査員特別賞を受賞、以後短編映画やCMで評価され、「次の時代を担う気鋭の映像クリエイター一〇〇人を選出するプロジェクト『映像作家一〇〇人二〇一九』に選出」されている吉野耕平。「気鋭の映像クリエイター」らしさは十六年前、主人公の「僕」が七重人格に分裂することになったきっかけの交通事故場面を、七色に美しく輝くガラスの破片が舞い散る中、血の一滴も流れないまま横たわる少年というリアリティのかけらもない世にも美しくロマンチックな悲劇として描きだすショットぐらいしか発揮されていない。本人もそう思ったのかどうなのか、この鬱陶しいショットを繰り返し繰り返し、最初から最後までストーリーにも流れにも関係なくリピートしまくる。じゃあそれなんか意味あるの？って聞かれても別に象徴的な意味も何もないのである。

　さて、そういうわけで「僕」（中村倫也）が目覚めると隣に見知らぬ女が寝ており、慌てて叩きだす。バンドマンでやりたい放題の「月曜日」の仕業である。「月曜日」は散らかし放題で、家の片付けはすべて真面目で几帳面な「火曜日」に押しつけている。一応（映画には出てこないながら）各曜日の性格づけはされており、「木曜日」はイラストレーター、「金曜日」は植木の世話をし、「土曜日」はゲームクリエイターだかプログラマーだか、「日曜日」は日がな一日釣りをしている趣味の人である。「水曜日」は？　残念ながら「水曜日」は出てきません。

　ひとしきりぼやきながら家を片づけていると幼馴染一ノ瀬（**石橋菜津美**）がやってくる。元同級生だというのだが、「火曜日」はまったく記憶にない。ショートカットでなにくれとなく世話を焼く幼馴染の元気っ娘というよくアニメやゲームに出てくるタイプの（そういう世界にしか存在しない）キャラである。彼女は毎日のように家を訪れるので、曜日全員と馴染みであるらしい（なのだが他の曜日と橋渡しをしてくれるとかそういう事はとくにない）。

　毎週の定期検診に病院に行き、やる気のなさそうな主治医（**きたろう**）相手に平衡感覚のテストなどする「火曜日」。代わり映えのない一日が終わり、「水曜日」のために翌日朝に出す燃えるゴミをまとめて眠りにつく。

そして起きるとゴミ収集が来る。寝ぼけ頭で飛びだすが収集車は行ってしまった。え？ 流れている音楽もいつもと違い、風景も違う。え？ 水曜日？ 自分は「火曜日」なのに!? 「水曜日」はどうしちゃったの？

……と当然パニックになるかと思いきや、落ち着き払った「火曜日」、一応病院に検査を受けに行こうと家は出るものの、途中開いている図書館を見るとふらふらと入り（図書館は毎週火曜日休館なので、入ったことがないのである）、そこにいた司書の美女（**深川麻衣**）に一目惚れして本を借り、そのまま家に帰ると「水曜日」の筆跡を真似て一日の日誌をつけて眠りにつく……。

いやちょっと待て。そもそもこいつらの症状、多重人格じゃないんじゃないの？という疑問がまず起こる。この七人、主人格というものがなく、記憶は七人別々で、他曜日の経験はどうやら誰にも共有されていない。そんな多重人格は見たことないし、それが本当なら、人の七分の一の時間でどうやってこいつらは大人になれたんだ？ あのキラキラきれいな交通事故が何歳での出来事だったのか判然としないのだが、それから十六年、それぞれの人格は二年と四か月ずつしか経験していないのなら、どう考えたって子供のままだろう！ ましてや「木曜日」みたいにイラストレーターとして身をたてるとか絶対にありえない。そもそもどこでどうやって仕事を依頼されてるんだという話である。まあそういうありえない話に突っこんでもしょうがないのだが、これがどういうメカニズムになっているのかが最大の謎で、「水曜日」がなくなったときそこを埋めるのが「木曜日」ではない理由が本当にわからない。なんでそこで「火曜日」が延長されるんだよ！

夜何時に人格が交代するのかとか、寝なければ人格が続くなら当然徹夜するだろとか、どこからどこまでもツッコミどころが多すぎるのだが、ともかく寝ておきたら翌日は火曜日。そのあいだにはとくに異常はなく曜日交代はつつがなく進行している。いつものように病院に検査を受けに行くと、この日は主治医以外に新木（**中島歩**）という新人医師がいて、検査によって水曜日にズルこんだことがバレるのではと「火曜日」は気が気でない（てかバレてまずいことなのか）。そして寝て起きるとそこは水曜日！　やったー！　と思いきや、朝ばったり会った一ノ瀬に、

「あー、水曜日に来てたんだ」

とバレてしまう。ほとんど驚いた様子のない一ノ瀬は「水曜日」は服が違うし髪型も違うとダメ出し。だが「火曜日」が図書館司書に恋愛感情を抱いているのを知って、遠い目で「頑張りなよ」と応援する。まあこの時点でオチは誰にでも予想できるやつだ。だから恋愛よりも大事なことがあるだろこの話には！！！　しかしそんな突っこみは知らない「火曜日」が司書をデートに誘うと見事「来週なら」とOKが出る。「火曜日」は喜びいさんで翌週、一緒に映画を見に行く。ところがそこで司書が知っていた自分は「水曜日」であることを思い知らされ、「水曜日」との三角関係、というか水曜日を占拠して「水曜日」を消そうとしていた自分勝手さを思い知らされ、逃げるようにその場を立ち去る。するとそこで突然意識がブラックアウトを起こし、気がつくと持っている携帯に動画が収録されている。

「おいおいだから気をつけろって！」

馴れ馴れしい口調の相手は「月曜日」！　携帯の動画を介して話しかけてくる。その手があったか！　というかこのコミュニケーション方法にここまで気づかない方がどうかしている。実は「月曜日」はいつのまにか金曜日から日曜日までを消して支配しており、これまたいつのまにか火曜日から木曜日までのっとっている「火曜日」と「僕」の支配権をめぐる最終決戦に臨もうとしていたのだった……！

……いやまあ作者（『映像作家一〇〇人二〇一九』）が決める設定だからどうでもいいといえばいいんだけどさ、**この話の中で消される人格の尊さを訴えられて、どんな顔して見ればいいのよ。ましてや存在しない人格との三角関係とかさ。**物語は実はきたろう演じる主治医安藤が検査値をごま

かして「僕」に起こっていた異常を見逃す倫理規定違反をおかしていたことが判明（なんで？？？）、最終的に勝ち残った「Ｘ曜日」が新木に人格を元通り七分割してもらうよう依頼するのだが、**なんで統合人格を作ろうと誰も思わないのか**、そこが本当にわかりませんでしたよ。

※1　PFF
ぴあフィルムフェスティバルの略称。「新しい才能の発見と育成」「映画の新しい環境づくり」をテーマに、毎年東京をはじめ各地で開催されている映画祭。自主映画のコンペティション「PFFアワード」と、国内外の作品を紹介する「招待作品部門」の二本柱で展開する。コンペティションは一九七七年に新人監督の発掘を目的にはじまり、現在では日本における新人監督の登竜門となっている。これまでに森田芳光、犬道一心、黒沢清、園子温、熊切和嘉、古澤健、荻上直子など日本映画界で活躍する監督をすでに一四〇名以上輩出している。

「セラピスト」の素晴らしさを訴える癒やし系エクスプロイテーション……
という世にも癒やされなさそうな映画が登場。水素水も盛り盛りだ！

『癒やしのこころみ　自分を好きになる方法』

監督＝篠原哲雄　脚本＝鹿目けい子、ますもとたくや、錦織伊代　撮影＝長田勇市　音楽＝GEN　主題歌＝RAY
出演＝松井愛莉、八木将康、水野勝、中島ひろ子、秋沢健太朗、寒川綾奈、橋本マナミ、渡辺裕之、藤原紀香

「心と身体を癒す〝セラピスト〟」と呼ばれる職業の人たちはここ数年で急増し、人気職業の一つになっている」というわけで日本リラクゼーション業協会後援で、「セラピスト」の素晴らしさを訴える癒やし系エクスプロイテーション……という世にも癒やされなさそうな映画の登場である。「癒やし」という美名のもとで色と欲のつっぱらかった大人たちが繰り広げる醜い争い……みたいな話じゃないんですか？　どうやら違うらしい。そういう話のほうが絶対おもしろいと思うんだけどなあ。でも大人の事情でそういう映画は作られないので、これは人を癒やして自分も癒やされる、心と身体を一緒に癒すセラピストの活躍を描く映画です！　もちろん**藤原紀香**も特別出演。水素水[※1]も盛り盛りだ！

広告代理店で働く一ノ瀬里奈（**松井愛莉**）は超絶パワハラな糞上司によるモラハラブラック労働に耐えかね、心身ともに疲れ果てて退職する（電通だとは言ってないよ！）。目標もないままふらふら歩いていたら、たまたまリラクゼーション系求人リジョブのリクルート・イベントに出くわす。中ではカリスマセラピスト鈴木カレン（藤原紀香）が実演中。彼女のフットマッサージを受けた里奈、「無理されてることがあるんじゃないですか……体が元気になれば心も元気になりますよ」

とふくらはぎを揉まれただけで脳からアルファ波が出てたちまち洗脳されてしまう。一か月後、マッサージ屋[※2]（Re.Ra.Ku がモデルになっている）で働きはじめる里奈であった。で、チラシを配っていると、通りがかった大柄な男碓氷（**八木将康**）が「じゃあ揉んでくれよ」と言ってくる。他のマッサージ師はみなふさがっているので、恐る恐る揉んでみる里奈。だが碓氷からは容赦ないダメ出し。

「きみ、この仕事向いてないんじゃないの？」

よっぽど下手なのか！と思ったら（下手は下手らしい）、そうじゃなくてなぜか精神面を指導してくる（この映画、全部それなんだよ！）。

「きみ、なんのためにやってるの？　ただの自己満足なんじゃないの？　技術の問題じゃないんだよ」

なんで（マッサージの師匠からならまだしも）客から精神面のダメ出しをされなければならないのか。これじゃあブラック労働に疲れて行った先もブラック業界だったという落ちである。この映画においては、**なぜか絶対に「マッサージ師」と言わず「セラピスト」と言うように、マッサージは肉体ではなく精神を「癒やす」仕事なのである。**紀香が唱えていたあまりにシンプルな心身一元論こそがリラクゼーション業界の訴えたいところなのだろう。でも「心を癒やしたい」と思ってるマッサージ師に揉まれたいとはあまり思わないんだけどな……。

それよりさらに問題なのはこの碓氷、実は元プロ野球選手なのである。高校球児として甲子園でスーパースターとして名を馳せ、鳴り物入りでプロ入りしたあとは千葉ロッテマリーンズでクリーンナップを打っていたという。もちろん里奈はそんなこと知らないわけだが、そんな選手の体を学びはじめて一か月みたいなド素人に触らせていいの!?　スポーツ医学とかいろいろあるんじゃないの!?　ちなみに演じている劇団ＥＸＩＬＥの八木将康、もともとは駒大苫小牧の野球部出身で田中[※3]マーくんの一年上、甲子園にも出場経験があるという（残念ながら夏の大会の優勝メンバーには入ってなかったそうな）。

そんな碓氷だが、実はプロとしての絶頂期に頭部にデッドボールを受け、以来それがトラウマになって内角が打てなくなってしまう。活躍できないまま自由契約になり、今では少年野球教室で教えながらセミプロでプレー中。それでもプロの夢止みがたく、独立リーグのテストを受けたりしている……と言うんだけど。正直その程度でトラウマかよ、と思わずにいられない。そしてこのトラウマを、当然ながら心身一元論ゆえに里奈が治すことになるわけだが……。

最初の客である碓氷に思いっきりダメ出しをくらった里奈、どうしても認めてほしくて、たままでかけたジムで遭遇すると「おねがいです！　もう一度チャンスをください！」と頼みこむ。断られると碓氷がいりびたっているバッティングセンターに出かけ……ってもうストーカーだよこれ！　で、「野球を教えてください！」と頭をさげる里奈に、なぜかやに下がってトスバッティングなどはじめる碓氷。ようやく心もほぐれ、里奈に揉ませるようになる。どうでもいいんだが**この映画ではマッサージを受けた人間はどいつもこいつも自分の思いをベラベラと喋りまくる。なにやら妙なツボでも押してる気配である。**最後のほうで里奈の父親（**渡辺裕之**）が様子を見に来たところとか笑ってしまうような自分語りっぷり。

閑話休題。そんなところへ独立リーグからのスカウトの話がやってくる。テストを受けることになった碓氷、里奈ももちろん応援に行く。ウキウキで見に行くと、同じく碓氷を応援する母娘がいてガーン……そして碓氷はカーブのすっぽ抜けに当たりそうになったことからトラウマが再発してこっちもガーン……悩んだ里奈、こういうときは紀香に相談に行くしかない！

「森林セラピーっていうのがあるのよ」

と教えられた里奈、さっそく碓氷を誘う。

「森林浴して人生変わるくらいなら苦労しないよ」

とこの映画で唯一はじめて腑に落ちるセリフを言う碓氷。

「違います！　人生が変わるとかじゃなくて……自然の中で自分自身と向き合うんです！」

同じだよ！　まあそんなわけで富士の裾野にある富士山静養園に出かけ、いつの間にか二人で手をとりあってデート気分で森林浴。延々と癒やし系の音楽が途切れずかかっているのだが、二人が歩いていたらそのBGMを奏でているバイオリン弾き（**GEN**）がその場で楽器を弾いていたのにはびっくりした。そのまま歩いていくと大きな木があって、その木に抱きついて、

「土に足をつけて、息吸って生きればいいんですね」

「悟りの気分だな」

もちろん森林浴でお手軽に癒やされてしまう二人である。

ついに来ました入団テスト。ピッチャーはかつて彼にボールをぶつけてトラウマを作った高校時代からのライバル。キャッチャーはバッティングセンターのオーナーで親友（**水野勝**）。三球勝負だ！って入団テストってそういうものなのか？　二球見逃してツーストライク、最後の一球にトラウマ克服のフルスイングをぶつける碓氷！

そういうわけで四国リーグ入団が決まった碓氷、家族と一緒に四国へ引っ越す。これ最初から最後まで碓氷の家庭は円満で里奈には入りこむ隙間などかけらもなかったようなんですが、じゃあなんであんなに気安くいちゃついてんだよ！　ともかく盛り上がっただけで空回りだった里奈、思いを吹っ切るために見送りに行った先の路上で千葉ロッテ時代の碓氷の応援コールを一人で絶唱するんですが、見てるこっちが恥ずかしいくらいで、正直振られた腹いせの嫌がらせなんじゃないかと思いましたよ！

※1　**水素水**
水素がわずかに溶けた水で、美容や健康にいいとされるが科学的な根拠はなし。藤原紀香は水素水愛好家として有名。片岡愛之助との結婚式の引き出物にも水素生成器を入れていたという。

※2　Re.Ra.Ku
二〇〇〇年に創業した「ヘルスケア総合商社」メディロムが経営するフランチャイズ事業。全国に店舗があり、さまざまなストレッチやマッサージの施術を受けることができる。

※3　田中マーくん
田中将大。駒大苫小牧高校では二年時に全国制覇。ドラフト一位で東北楽天ゴールデンイーグルスに入団すると、二〇一三年には二十四勝無敗でシーズンを終える大記録を達成した。翌年MLBニューヨーク・ヤンキースに移籍、コンスタントに活躍するが、二〇二一年から楽天に復帰。

自虐的タイトルで批判を回避。
吉本興業のおなじみ「TVディレクターに映画撮らせてやって貸しを作っておこう企画」の一本

『クソみたいな映画』

監督＝芝聡　脚本＝石田明（NON STYLE）
出演＝内田理央、稲葉友、村田秀亮（とろサーモン）、相島一之、川上麻衣子、永尾まりや、鈴木康介、ほんこん、YOU、根岸季衣、ナダル（コロコロチキチキペッパーズ）、ゆきぽよ、兵動大樹　主題歌＝眉村ちあき

脚本石田明（NON STYLE）、監督芝聡（朝日放送）。吉本興業のおなじみ「テレビディレクターに映画撮らせてやって貸しを作っておこう企画」の一本。別にテレビディレクターやお笑いタレントが映画を撮ろうとかまわない。だが、その映画に『クソみたいな映画』なんてタイトルをつけて、自虐的にふるまうことで批判を回避しようとする、上目使いのさもしい姿勢は断固として拒否する。真剣に作ってればつまろうがつまらなかろうがどっちだっていいのだ。その自信がないくせに観客に媚びて**「まあクソな映画でございますから大目に見て笑ってやってください」**と言われて、このオレが許すと思ったか！　客を舐めてんじゃねえぞ！　**常にマジレスおじさんにはそんなもんは通用しない！**　吉本興業さんはわかりましたか？

朝、映画館から白石麻里絵（**内田理央**）が電話をして寝坊していた南条（**稲葉友**）を叩き起こす。以後東京タワーの前で撮った二人の写真を待ち受けにしているラブラブの麻里絵。この待ち受け、以後必要あろうとなかろうとたびたび繰り返し出てくるんで、ともかくラブラブであることだけはわかる。遅刻遅刻とあわててバスに飛び乗ると、後ろから何者かの手が伸びてきてポケットの財布をすろうとする。手をつかんで財布返せ！と叫ぶと反対の手が女に取られる。

「この人、痴漢でーす！」

　いやおれスリ相手にしてるから……と言い返すとそのすきにスリがバスを降りようとする。追いかけてそのまま降りると「痴漢逃げるな！」と女が追いかけてくる。その女の顔を見たバス運転手、「あー痴漢詐欺女だー」とそのまま追いかけてくる。

「スリでーす！」

「痴漢でーす！」

「痴漢詐欺女ー！」（もうちょっと言い方なかったのか）

　とぐるぐる回る人々。ねえこれなんかおもしろいの？　南条はかろうじて財布を取り返して出勤するがおかげで大遅刻。パン屋の店主古臺《こだい》夫妻（**ほんこん&YOU**）に怒鳴りつけられる。

「なんで遅刻したんや！」

「……すみません」

「この人はね、なんで遅刻したんだって聞いてるの！」

　以下この繰り返し。これなんかおもしろ（以下略）……「おまえが遅刻したせいでわしがパン焼いたからいつもと比べもんにならんまずいパンになってもうたやないか。おまえのせいや！」

「……すみません」

「この人はおまえのせいだって言ってるの！」

「いつもと違って比べ物にならないくらいまずかったー！　金返せ！」

　とクレーマーの女（**根岸季衣**）が飛びこんでくる。あわてて頭を下げ、焼き立てのを持っていかせますからと約束する店主夫妻。いろいろひどい展開、理不尽なセリフが続くがなんせ「クソみたいな映画」なんでしょうがない。ただひとつだけ、どうしても納得いかなかったのは、麻里絵が早朝から映画館で何をしてたのか、ということ。パン屋なんで朝六時半出勤とかのはずなのに、いったい何時にモーニングコールをかけていたのか。まあそんなことはどうもでいい。ともかく南条はパンを焼くのだが、そのタイミングで入ってきた不審者がパンに釘を混入させる。理由はわからないが釘である。で、当然何も気づかぬパン屋夫妻と南条はそのパンをもってクレーマー女のところにわびにいき、釘のはいったパンを食わされそうになったクレーマーが激怒して釘を投げつけると、ほんこんがいまどきマトリックス避けをして跳ね飛ばされたＹＯＵがドアをすっ飛ばし、ちょうど表に出ていた南条は数珠つなぎでふっとばされて二階から落ちて死んだ。

完。

と映画が終わると舞台上に内田理央が出てくる。客席にはほんこん＆ＹＯＵをはじめとする関係者たち。

「なんでこんなものを見せられなきゃならないんだ！　オレは何も関係ないぞ！」

「こんなクソばかり出てくる、クソみたいな映画を見ていただき、ありがとうございました！　あなたがたの誰かが直接彼を殺したというわけではありません。ですが、あなたたちの小さな悪意の寄せ集めが彼の命を奪ったのです（↑これが言いたかったらしい）。だから、あなたたちも殺します！」

と言うとエアガンを乱射して客席の全員を殺す「復讐を誓った女」内田理央。クレジットが流れて、完！

と映画が終わると舞台上に出てくる内田理央。**みなさんもいいかげんうんざりしてるでしょうがいちばんうんざりしてるのはぼくですからね！**　客席には運送会社社長の夫婦、読モ、売れない役者、浪人生の五人。

「なんでこんなものを見せられなきゃならないんだ！」

「映画見たら十万円もらえるって言われたから来たんだぜ。早く金くれよ」

「こんなクソばかり出てくる、クソみたいな映画を見ていただき、ありがとうございました！　あなたたちの小さな悪意の寄せ集めが彼の命を奪ったんです！」

と白石麻里絵（内田理央）は客席の五人に銃を向ける。えー、つまりここまで上映されていたのが劇中劇である『クソみたいな映画』で、ここからは映画ではなくリアル。つまり以降は全部銃をつきつけた麻里絵が喋っている回想ということになる。その割にはなんでおまえそこまで知ってるんだよという描写多々ですが、「クソみたいな映画」にそこまで要求しませんよ。実は麻里絵は世にもつまらなそうな劇団を主催しており、その劇団員たちが劇中劇の出演者だったりする。つまり、麻里絵が婚約者の死を受け、その裏にあった事実を調べあげ、自分の劇団員に演じさせて映画にしたわけである。以下、麻里絵が延々と同じ話を繰り返すのだが、事実は映画よりもさらに圧倒的に酷い。

パワハラ運送会社古臺社長夫妻（**相島一之&川上麻衣子**）は、心が広く親切で顧客サービスを辞さない社員南条（稲葉友）のことが憎くて、ことあるごとにいじめまくる。で、いじめついでにやたらと再配達のクレームをつけてくる「再配達モンスター」（**永尾まりや**）の再配達を（区域外であるにもかかわらず）押しつける。さらに配達中に呼びつけて買い物を自宅に運ばせる公私混同ぶり。

ここまでされても反抗しない南条は「明日の自分に嫌われたくない」から今日は頑張るという信条の持ち主。しかしパワハラ社長のケツを舐めつづける今日も、辞めた明日からは軽蔑の対象ではないかと思うのだけどね！　やることといえばスマホに表示される発信者名を「再配達モンスター」「パワハラ大魔王」と書き換えてちょっぴり溜飲を下げることくらいだ。ちなみに南条、こうすることで相手をキャラクターとしてとらえ、不愉快なことをされても「そういうキャラクターだからしょうがない」と受け流せるようになるライフハックだというのだが、端的に言ってクソだと思いましたね。

だがクソみたいな悪意の連鎖はどんどん南条を追い詰めていく。「再配達モンスター」のタスクをなんとかこなしたところ、たまたま通りがかった浪人生が車のタイヤに釘を刺してパンクさせてしまう（ツイッターに投稿して炎上したんですぐに正体は割れてしまう）。必死の南条はバイクに乗り換え、両手で社長の荷物をかついで運ぼうとするが、バランスを崩して事故を起こし、帰らぬ人となってしまったのだった。だからせめてタクシーで行けよ！　そんなふうにクソみたいな悪意の累積が彼を殺したのである。で、最後はみな殺しにするのかと思いきや、「わたしの好きな人から嫌われたくないから」と、射殺するのはやめて画面が内田理央の泣き笑い顔のどアップになって、みんなを許す、さようなら、みたいなことを絶叫するんだけど、**内田理央にクソって言わせるのが性癖かと思われる作者のクソっぷりには誰もかなわない**と思ったよ。

てっきり浅草花やしきの宣伝映画なのかとも思ったが、
宣伝映画作っても上映する映画館が浅草にはもうないし

『浅草花やしき探偵物語　神の子は傷ついて』

監督・脚本・編集＝堀内博志　撮影＝嶋根義明
出演＝玉城裕規、伊万里有、鄭家純、木津つばさ、小坂涼太郎、谷佳樹、佐藤永典、黒田絢子、大熊杏実、西村知美

「これは浅草を舞台に繰り広げられる探偵たちの物語である」ってそりゃそうだろ！としか言いようがない。というかそれ以上の中身が何もないので、本当に、なんのために作ったのかよくわからない映画。てっきり浅草花やしき[※1]の宣伝映画なのかとも思ったが、基本的にはロケ地を借りてるだけで出資などはされてない模様。そもそも宣伝映画作っても上映する映画館が浅草にはもうないし！　おそらくは例によって『刀剣乱舞』[※2]『ミュージカル刀剣乱舞』をはじめとする2・5次元舞台のイケメンを動員した2・5次元系映画として企画されたものとおぼしいのだが、それにしてもショボすぎてどこにも回収できそうな場所がない。コロナ時代、この手のイケメン舞台にも曲がり角が来つつあるようで、こうした映画も時代の徒花となるのかもしれない。

浅草花やしき遊園地で働くハル（**玉城裕規**）とリュウ（**伊万里有**）は「イースト・エンド探偵事務所」を名乗って探偵業にいそしんでいる。といってもハルの弟カンジ（**木津つばさ**）がとってくる仕事は占い師同士の場所取りの仲裁とか、大衆演劇の役者の穴埋めとか、そんな便利屋以下の仕事ばかり。ハルとカンジ兄弟の母美奈子（**西村知美**）がやっている喫茶店で三人がうだうだしていると、隣に別れ話中のカップルがいる。

「もうあなたのこと信じられないから別れる！」

「わかった。じゃあ、最後に千円貸してくれる？」

「サイテー！」

と水をぶっかけて去る彼女。男を見てびっくりの三人。それはカンジの同級生で、中学生のときに人妻と駆け落ちしたことがあるプレイボーイのテルキ（**小坂涼太郎**）だった。カンジは好きだった幼馴染の聖子ちゃん（**大熊杏実**）を取られたと彼のことを延々恨みつづけている。テルキから美奈子が一人で喫茶店をやっている理由を訊ねられたハル、

「父さんは飲む打つ買うのあげくにノイローゼになって、隅田川に飛びこんで死んだんだよ〜ゲラゲラ〜」

思わず反応に困るテルキ。これ、実はハルの定番ネタで、父親が自殺した話を楽しく語って相手を困惑させるのが趣味だというんだが、最後までどう反応すべきかわからないままなのだ。どういう意図でこんなことを言ってるのか。ちなみにハルとリュウの二人が花やしきで働いているのも、ときどきライドのメンテナンスで働くシーンが入るだけで、別にストーリー上のひっかかりがあるわけじゃない。何か所か花やしきで撮ってる場面もあるのだが、営業中に撮っていたらしく、奥でこっちを見ている人が写りこんでいたりする。**タイトルにまで謳っているにしては、花やしきの扱いがあまりに軽い。**

そんなこんなの二人組、花やしきバイトの後輩で警察官になった大黒（**黒田絢子**）から、結婚詐欺師女性が浅草で開かれる婚活パーティに潜入した噂があるので、パーティに出て探ってほしいとの依頼がある。で、ズッコケ探偵ものなので婚活パーティでおもしろくもないギャグを入れたり、父親の自殺をネタにして周囲をドン引きさせたりしてるのだが、これ大黒も会場にいて、適当にツッコミを入れてくるのである。だったらこんなバカを潜入させる意味、どこにもないだろ！　会場では謎の台湾人シンディ（**鄭家純**）になつかれたりする一幕もあるが、そのうちに詐欺師を大黒が

見つけて一件落着。二人の登場、なんの意味もなかった。さらにカンジがかつてのＧＦ聖子ちゃんから「弟が丸一日部屋から出てこないんで外に連れだして欲しい」との依頼を請け負ってくるが……なんでそんなことで大騒ぎしなきゃならないのかさっぱりわからないですね。

一方、テルキは浅草で薬物をさばいている組織があるという情報を仕入れてくる。浅草の平和を守るんだ！といきりたつ二人組。いや浅草だったらそういう方面の平和を守っていただける組織が警察以外にもいろいろいらっしゃるかと思うんだが……そんなわけで町を歩いてるとすぐに怪しい売人が見つかる。あとをつけるテルキ、本拠地とおぼしき白石不動産のガレージを発見する。さっそく乗りこむハルだが、とくに何をするでもなく口喧嘩だけで撤退。すると大黒の上司青田を取りこんでいる白石（**佐藤永典**）は青田を使ってリュウを誘拐してしまう。

一方、そんなことは知らないテルキは売人を尾行中。すると聖子のデート相手を知りたくて彼女を尾行していたストーカー野郎カンジと鉢合わせ。なんと聖子は売人と親しげに話していたのである。思わず売人に話しかけたりしたもので聖子ちゃんにも嫌われ、尾行はバレての大失態。そのまま白石不動産を二人で監視していたら、またしても青田に襲われて拉致……まったく使えない探偵である。テルキ＆カンジは倉庫に監禁され、臓器売買で売り飛ばされる運命。リュウは海辺に立つポールに十字架にかけられ、満潮までの命とされてしまう。一人残されたハルは花やしきでシンディ相手に「当たり前にあったものが急になくなる。その繰り返しなのかもな」とかってポエムをぶってるばかり……。

いやこれどうするつもりなんだよ！って本気で思ったけど、最後はなんか青田がいきなり改心して警察に通報、ハルがリュウを救出してシンディ入れて三人で水辺でキャッキャウフフしてハッピーエンドでおしまい！　そんで結局誰が「神の子」だったわけ？　そこだけでもはっきりさせてほしかったなー。

※1　浅草花やしき
江戸時代末期の一八五三年に、菊や牡丹を見ながら茶を楽しむ花屋敷として開業した。浅草寺の裏手にあり、参拝客でにぎわった。また、花とともに動物が置かれ、日本の動物園のルーツともなった。次第に遊具も置かれるようになり、一九五三年に誕生した日本最古のローラーコースターは、現役で活躍中。震災や戦争など何度かの閉園を経て、現在ではレトロなアトラクションや施設を楽しめる遊園地として親しまれている。昭和三〇年代の浅草を舞台にした映画『夢見るように眠りたい』（林海象監督、一九八六）をはじめ、さまざまな映画やドラマのロケ地ともなっている。

※2　『刀剣乱舞』『ミュージカル刀剣乱舞』
もとは、EXNOAとニトロプラスの共同制作で発売された刀剣育成シュミレーションゲーム『刀剣乱舞-ONLINE-』（二〇一五）。プレイヤーは「刀剣男子」と呼ばれるキャラを集め、敵と戦う。ゲームもヒットし、ミュージカル、舞台、アニメ、実写映画、ラジオドラマと多岐にわたるメディアでも展開された。

もちろん福田雄一だからテレビサイズのまったくおもしろくもクソもないお笑いを満載。
一から十までいかにも福田クオリティのジャパニーズ・ブロックバスター

『今日から俺は!! 劇場版』

監督・脚本＝福田雄一　原作＝西森博之　撮影監督＝工藤哲也　撮影＝各務真司　音楽＝瀬川英史
出演＝賀来賢人、伊藤健太郎、清野菜名、橋本環奈、仲野太賀、矢本悠馬、若月佑美、柳楽優弥、山本舞香、泉澤祐希、栄信、柾木玲弥、じろう、長谷川忍、猪塚健太、愛原実花、鈴木伸之、磯村勇斗、ムロツヨシ、瀬奈じゅん、佐藤二朗、吉田鋼太郎

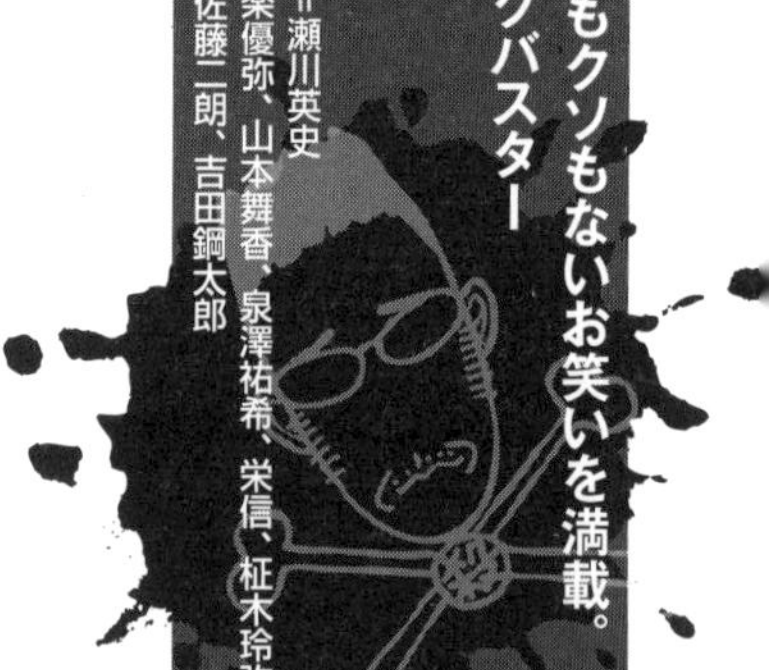

[※1]西森博之作『週刊少年サンデー』掲載のヤンキー・コミックを、二〇一八年、福田雄一が日テレ系列でテレビドラマ化。で、満を持しての（というか既定路線だったのであろう）映画化というわけである。もちろん福田雄一だからテレビサイズのまったくおもしろくもクソもないお笑いを満載なのだが、やはり映画にするからには派手なアクションも必要では、となったのかハイローの向こうをはってヤンキー抗争劇が入ってくる。で、なぜかCGを使ってバレット・タイムもどきのカメラぶんまわしが盛りこまれているのだが、まあこれがショボいのなんの。一から十までいかにも福田クオリティのジャパニーズ・ブロックバスターというやつである。エンド・クレジットに並ぶ製作委員会に参加した日テレ系全国テレビ局の名前を見てると気が遠くなりそう。

さて、もともと福田雄一のコミック映画は漫画的誇張をそのまま映像化（ファッションとか髪型とかをそのまま再現する）し、脈絡のないギャグの積み重ねだけで映画内時間を埋めるのを特徴にしている。結果必然的に生まれるのが、

一、キャラクターが無駄に多く　二、ストーリーに起伏がない　まんが映画である。コミックそっくりのキャラクターを全部並列に出せばコミックファンも満足するだろう、というわけ。たしか

に三十分のテレビ番組なら変な格好した人たちが順に出てきておもしろくもないギャグをやるだけで間が持つのかもしれないが、それよりも橋本環奈のブリっ子演技が見たいというファンの声にこそ応える、**二時間の映画には意味もプロットもキャラクターアークも必要なのだよ！** だがしかしそれが福田流映画作法。そういうわけでもともとテレビシリーズのときから無駄に多かったと思われるキャラクターがずらり並んで再登場し、楽しい同窓会ごっこを繰り広げる。

物語の舞台は八〇年代ツッパリ全盛時代。軟葉高校の金髪男三橋（**賀来賢人**）は卑怯な手段で勝つ卑怯男（……と紹介されるのだが、映画の中では別に卑怯でもなんでもなかった。口だけ？）、頭を突っ立たせた相棒の伊藤（**伊藤健太郎**）は頑固者で正直。ただし、今回の主役はこの主人公コンビではない。舞台は不良の巣窟開久高校。ここに隣町の北根壊高校が間借りすることになる。校舎が火事で全焼してしまったからというのだが、この北根壊高校が開久高校をうわまわる不良高校で、番長の大嶽（**栄信**）と副番の柳（**柳楽優弥**）の力でたちまち学校をシメてしまうのだ。開久高校の不良たちは「智司（**鈴木伸之**）さんと相良（**磯村勇斗**）さんさえいてくれたら……」と学校から消えた番長を恋しがっている。実はこの二人、三橋&伊藤コンビとの抗争に敗れて学校から消えていたのである。

一方、開久高校の一般生徒サトル（**泉澤祐希**）は北根壊高校の不良たちにいじめを受けている。北根壊高の不良たちは、「いじめられないためのお守り」と称してガラクタを開久高校の不良生徒たちに売りつけるカツアゲを行っていたのである。ボコられたサトルを見て怒ったのがいとこであるスケバンリョーコ（**山本舞香**）。誰にいじめられたのかと問われたサトル、彼女を危険な目に遭わせないように、界隈でいちばん強い三橋の名をあげる。三橋相手なら諦めるだろう、と考えたのだがこの意味不明な嘘のせいでリョーコが三橋に復讐しにいくことになってさらに話は混乱する。だがサトルにはそんなことは別に関係なかった。というのは大嶽と柳がサトルを利用するために他の不良たちから守ってくれていたのだ。実は卑怯にもほどがある柳は投げナイフを使って相手を刺すのだ！　いや普通に相手も鉄パイプとか持ってきて殴りあってるじゃないか、と思うのだが、この世界ではなぜか本気で相手を傷つけるようなことすると怒られるのである。で、そんなことをすると警察行きなのだが、そこはうまく懐柔して騙したサトルを使い、自分のかわりに自首させようとたくらんでいる……。

いや、この話、おかしいと思いませんか？

何がおかしいって、これ、メインの事件がもっぱら開久高校内で起きるのである。だから三橋&伊藤のコンビは基本的に話に関係ないのだ。もちろんそれじゃあしょうがないので、やたらと道端で二人が開久高生やら北根壊校生やらと遭遇するのだが、別に道端に突っ立った人が会話するからって話が進むわけではない！　サトルが無理矢理三橋を話に巻きこむとか、周囲の学校もしめようとする大嶽にたまたま遭遇した伊藤がボコられるとかあって二人組もからんでくるのだが、しょせん立場的には狂言回し。本筋はあくまでも開久vs北根壊の不良対決なわけで、そっちで盛り上がるのが筋というものである。

ついに自分たちだけでは勝てないと思いさだめた開久高の不良たちは学校を離れた智司と相良に会いに行く。二人はついに制服に着替えて堂々の貫禄をただよわせてスローモーションで横に並んで乗りこんでくる。映画の中では初登場だけどな！　ついに最終決戦……てやっぱり主人公コンビ関係ないじゃないか！　もちろん伊藤が大嶽にボコられてる件があるんで、そのリベンジを果たさなければならないのだが、そこで伊藤がリベンジしちゃったら智司&相良が戻ってくる意味がないわけで、どっちつかずのプロットと言わざるをえない。

しかもそもそも智司&相良はいっぺん三橋&伊藤に負けている（テレビシリーズでの出来事と思われる）。それが伊藤を完膚なきまでに叩きのめした（それはもう完全な力負けなんで、なんかよっぽどのことがないかぎり逆転できない力の差があると思われる）大嶽に勝てるのかという話である。二人がかりで戦うならみっともないし、そうじゃないならここの不良の強さがあまりにご都合主義。どっちにしたってしまらないにもほどがあるんだが、それでも最後は廃工場での決戦。大勢がうおーーーーっと叫びながら左右から激突する百万回見たような絵。「『ハイロー』[※2]の向こうをはって」とは言ったけど、**「ハイロー」のアクションがあるわけじゃないんで、あくまでも「ふり」だけの一大クライマックスだ。**予定調和の結末で誰が誰に勝つのかは別に見なくても皆わかっているだろうからとくに説明もしません。すっかり不良アクションみたいになっているが、視点人物的存在のサトルが最後まで臆病で卑怯で意味のない嘘をつき何も反省しないダメ人間のままなので、そこは本当にイライラしたな〜。

※1　西森博之
一九六七年東京生まれ。漫画家、小説家。一九八七年に『増刊少年サンデー』（小学館）にてデビュー。『今日から俺は!!』は、一九八八年から一九九三年まで連載された。転校をきっかけに金髪パーマでツッパリデビューした三橋ととんがり頭でマスク姿の伊藤のコンビが繰り広げるツッパリヤンキーギャグ漫画。全三十八巻。累計発行部数四〇〇〇万部以上。

※2　『ハイロー』
EXILE TRIBEがプロデュースする総合エンターテインメントプロジェクト。映画やドラマ、ライブなどさまざまなプロジェクトとして展開中。皆殺し映画通信でこれまでとりあげたハイロー映画は以下のとおり。

『HiGH &LOW THE MOVIE』……『皆殺し映画通信　地獄旅』一五一ページ参照。

『HiGH &LOW THE MOVIE2　END　OF　SKY』……『皆殺し映画通信　骨までしゃぶれ』一三五ページ参照。

『HiGH &LOW THE MOVIE3　FINAL MISSION』……『皆殺し映画通信　骨までしゃぶれ』一七三ページ参照。

舞台挨拶によって俳優のファンを劇場に集める2・5次元系イケメン映画だが、
コロナ禍でリクープできず一気に死滅さえ……

『縁側ラヴァーズ』

監督・脚本＝今野恭成　撮影＝葛西幸祐　音楽＝pachi
出演＝松田岳、三山凌輝、笹翼、秋葉友佑、岡野陽一、咲希、樋谷怜穏、温水洋一

監督・脚本（今野恭成）、主演（**岡野陽一、松田岳**）の座組が『岡野教授』シリーズ（本書七三〜七八ページ）そのままで、すなわちまたぞろ2[※1]・5次元俳優を集めてイケメンたちがイチャイチャする映画である。今回はゲスト出演的に登場する**温水洋一**すらゲイで男性と同棲中という設定で、男しか出てこない（岡野の娘として少女が一人だけ登場する）徹底ぶり。ただ、問題はリクープ（回収）のほうである。この手の2・5次元系イケメン映画では、舞台挨拶によって俳優のファンを劇場に集めるのが常道なのだが、コロナ禍のせいで舞台挨拶が困難な現状ではほぼ回収のすべがない。本作では上映前にイケメンたちのメッセージビデオがついていたが焼け石に水。正直、現今の情勢でいちばん苦しいのはこの手の2・5次元系映画だろう。去年から今年にかけて絶頂を迎えるかに見えたこのジャンルだが、思わぬ障害の発生で、一気に死滅さえ考えられる。**コロナ禍が映画界にもたらした最初のインパクトはここなのかもしれない。**

海に近い田舎町のどこか。佐々木（松田岳）と多井（**三山凌輝**）は東京から引っ越してきた。ブラック企業でエンジニアとして働いていた多井は体をこわして退職、友人佐々木と一緒に静養をかねて田舎に引っ越すことにしたのである。大家の岡野（岡野陽一）はいいかげんな性格で、隣人の藤

原（温水洋一）とその恋人島田（**樋谷怜穏**）ともども、なにかあると（なくとも）酒をもって集まってきて昼から酒盛りをしている。根は真面目な多井だけはいまいちそのノリになじめないまま……。

ところで多井はこれからは「エンジニアではなくインベンター」と発明家にジョブチェンジし、自前のハードウェアまで製作している。「スマートウィンク」と名づけたガジェットは、眼鏡型で片目に映像を投影するスマートグラス式VRデバイス[※2]なのだが、耳から脳波を計測して「見たいと思っているものを見せてくれる」。なんと脳を刺激して本人がいちばん見たがっている記憶を再生してくれるデバイスだというのだ。すごいこれは売れる。**というかこの人ノーベル賞くらい楽勝でもらえる大発明してない？** この時点ですでに「田舎でのんびり」みたいな前提がすべて崩れてしまっているんですがどういうことなんですかねえ。

そんなわけでみんなで楽しく田舎暮らしして二年がたった。

田舎での発明家暮らしでも目が出なかった多井、そろそろ焦りだし、東京で再就職しようと考えはじめる。家を退去することを決め、引っ越しの準備をしている。これ、映画の前半が引っ越してきてダンボール箱を積んだまま、後半が引越し準備で段ボール箱を積んでる、ということで最初から最後までダンボール箱出しっぱなしというのがひどい。例によってみなが縁側で酒盛りしている中、翌日に最終面接をひかえた多井は履歴書を睨んでうんうん唸っている。ていうか、最終面接前に履歴書を見てたってどうしようもなくない？

そこに東京から佐々木の友人白鳥（**笹翼**）がやってくる。原宿の有名アパレルショップにつとめていた白鳥だが、会社に騙されたのでやめてやったとうそぶいて佐々木のところに転がりこんできたのだ。ところがすぐにそのあとを追って上司の滝沢（**秋葉友佑**）がやってきたので真実があかるみに出る。要するにきつい仕事に嫌気のさした白鳥が、在庫の服をもってトンズラ……犯罪じゃねえかよ！　まあそこらへんはなあなあになって、みんなで縁日で真っ昼間から酒のんでまったり……。

「こんなに楽しそうな人、はじめて見ましたよ」

という滝沢。

「まるで小学生の夏休みですね」

と微妙にディスってくる。こんなのんきな生活、ここでしかできないみたいな雰囲気を漂わせるのだが、こちとらは毎日東京のど真ん中で平日真っ昼間から友達で集まって朝酒昼酒してるよ！ **それができないのは土地じゃなくておまえさんの生き方の問題だよ！** まあそんなわけで適当にハッピーになってる彼ら。帰るはずだった滝沢と白鳥が「終電乗り過ごしちゃった」とか言って浜焼きの屋台だかなんかで飲んでるところに合流した岡野、たまたま多井の作ったデバイスをつけてるところにテレビ局から取材を受け、佐々木がテレビに向かって、

「これはぼくの友人が作った『見たいと思っているものを見せてくれる』デバイスなんです。特許取得済みです。ご興味のある方は電話番号……」

と言うとたちまち多井のところに電話が殺到。もともと多井が売りこみをかけて無視されていた会社からも電話がじゃんじゃん……多井は感激して佐々木のところに駆けつけ、きみのおかげだ引っ越しもやめるここでやっていく……みたいに盛り上がってるんだが、そもそもノーベル賞級の発明に、ローカルテレビで一言宣伝するまで誰も注目しなかったって、どんだけおまえの売りこみが酷かったんだよ！というだけの話のような。そして盛り上がったはいいが、「あーもう次の人決まってるから」とあっさりしている大家・岡野からは家を追いだされてしまうのでした！（以下次ページのパート2に続く）

※1　2・5次元
本書五一ページ参照。
※2　スマートグラス
眼鏡のかたちで、網膜投射などの方法で実際の景色に重ねて情報を投射する拡張現実（AR）デバイス。二〇一三年にGoogle 社が Google Glass を発表して注目された。

ますます終末感ただよう2・5次元業界。今度も若いイケメンが縁側でイチャイチャします……って在庫一斉セールかよ！

『縁側ラヴァーズ2』

監督・脚本＝今野恭成　撮影＝葛西幸祐　音楽＝pachi
出演＝日向野祥、瀬戸啓太、中尾拳也、岡野陽一、咲希、樋谷怜穏、日向丈、温水洋一、堤もね

……というわけで前作から間を置かずに登場したのが『縁側ラヴァーズ』（本書一三二ページ）の続編。今度も若いイケメンが縁側でイチャイチャします……って在庫一斉セールかよ！　ますます終末感ただよう[※1]2・5次元業界。『縁側ラヴァーズ』の続編ではあるが物語的なつながりはとくになし。要は『縁側ラヴァーズ』の佐々木たちが引っ越していったあと、新たに入ってきたイケメンたちが繰り広げるドタバタというわけだ。てことはこれ永遠に続けられるんじゃね!?と恐怖に駆られたがもちろんそんなことはなく、たまたま一軒家を（一週間ばかり？）借りられることになったので二本撮りでシリーズをでっちあげてみたって感じか。

さて、今回岡野の家にやってくるのは映画監督の萩原（**日向野祥**）、ホテルマンの石橋（**瀬戸啓太**）、無職の朝倉（**中尾拳也**）の三人。萩原はアイドル主演でモンスター・パニック映画『キング・ジュゴン』（「汚染水と魚たちの恨みと港町の少女の悲しみがひとつになって……」）を作る予定ですでに着ぐるみまでこしらえていたのだが、当のアイドルが「怪獣映画なんてダサい。Jホラーじゃないと」と言いだし、プロデューサーに因果を含まされて二週間でホラー映画の脚本を書くことになる。タイトルは『禁句・呪言』と変え、舞台は……そうだ日本家屋があるじゃないか！というわけ

で港町のホテルで働くことになった友人・石橋が借りた家に居候を決めこむ。

一方、石橋はさっそく引っ越した家で「ここ俺の部屋な」と部屋を確保。障子に「ノックすること」と書いて個室にしようとするのだが、無視してズカズカ通り抜ける朝倉に怒り心頭……って日本家屋で個室は無理だっつーの。そんなにプライバシー確保にうるさい人間がなんでシェアハウスなんかしようと思いたったのか。実は後半で明かされるのだが石橋は人に触れられるのが嫌いなのだという（「潔癖症」という言葉はなぜか使われない）。ならなおさら共同生活とか嫌いそうなんですけど？

そんな三人が引っ越してきたところ、たまたま外国人と話していた隣人藤原（**温水洋一**）は、「外国人はこういう日本家屋が好きだから」と大家の岡野（**岡野陽一**）に売却を持ちかける。三億円で売れると聞いて色めきたつ岡野だが、それには三人が邪魔になる。立ち退き料を払うのも業腹なので嫌がらせして追いだしてしまえ……。

まずは水道の元栓を締めて水を使わせない。そばを茹でたい朝倉とシャワーを浴びたい石橋は困惑。しょうがないんで岡野の娘（**咲希**）に教えられて公園までリアカーをひいて出かけ、野外シャワーをあびる。だがしかし、これはあとでわかるんだがロケ地が温泉地（白子温泉）なんだよ！じゃあどこでも日帰り入浴くらいできるだろ！　そして三人が出かけているあいだに、届けられた引っ越し荷物（なぜかトラックではなく数十箱のダンボール宅急便という世にも不思議なかたちで送られてくる）をすべて受けとり、隠してしまうのだ。着替えも届かない！と困惑する三人。とりわけ出社をひかえる石橋は大パニック。

一方、二階で缶詰になって脚本執筆中の萩原。そこにどこからともなく少女の声が聞こえ、驚いてふりむくと着物を着て髪を振り乱した女幽霊が立っている。ぎゃーっと悲鳴をあげる萩原。もちろんこれは岡野たちが何も知らない居候（岡野が色気を出して泊めている家出中の女子）の恵子（**堤もね**）を参加させて脅かそうとしたのである。ところが萩原、まったく怯える様子がない。

「インスピレーションがかきたてられる、最高の家だあ！」

そう萩原はもちろんこれが岡野たちによる嫌がらせだと気づいており、だがホラー映画を書くには気分を盛り上げてくれて最高だ！と喜んでいたのである。岡野に向かって「いやー最高ですよ！」と褒めあげると褒められた岡野は当初の目的などすっかり忘れ、喜んでさらにノリノリで脅かしまくる。そんなことは知らない石橋は脅かされて大パニック。一方、接触を嫌う石橋と仲良くしたいと思った朝倉は岡野の娘とその友人小学生女子に友情の結び方を尋ねて、言われたとおりにおやつの交換をしようとするが……いや朝倉、おまえそもそも石橋と友人だからここで同居してるんじゃなかったのか。

まあそんな感じで他愛もないドタバタが繰り広げられるうちにロシア人富豪のことも株で一財産失ったという温水洋一のこともみんな忘れ去ってめでたしめでたしなのだが、本作、『岡野教授』シリーズ（本書七三ページ）から数えること四作目ではじめて、朝倉が縁側でうたたねするときの夢として登場する妄想シーン、**九十九里の浜辺でリアカー引いた男の子たちが右往左往する場面**（物語進行上はまったく不要）で、今野監督はこういうことやりたかったのかもしれない、と思えた。いまいちなんで出演してるのかわからない岡野陽一と2・5次元で稼ぐのもそろそろ終わりかと思うけど、これをよすがに頑張っていただきたい。

※1　**2・5次元**
本書五一ページ参照。

衣装協力はブックオフとユニクロ。ここまで安い映画は画期的。
グラドルたちの労働環境を考えるうちに責める気もうせてしまった

『じょりく！／大きい女の子は好きですか？』

『じょりく！』
監督＝大橋孝史　原作＝活火秀人　脚本＝柳澤誠　脚本監修＝村川康敏　撮影＝丸山正輔　主題歌＝門松良祐　出演＝西葉瑞希、河野竜平、メイリ、COCO、東雲うみ、小森ほたる、設楽エリカ、小野春花、小鳥遊くれあ、青山あいり、滝村剛、新井花菜、松永毅

『大きい女の子は好きですか？』
監督＝大橋孝史　原作＝愛染五郎　脚本＝柳沢亨、又木剛生　脚本監修＝村川康敏　撮影＝福田陽平　主題歌＝ZI-LCONIA
出演＝奈月セナ、武井玲奈、青山健、水池愛香、平林萌愛、来栖うさこ、佐野マリア、藤井美春、林田莉恵

みんな大好き元[※1]ジョリー・ロジャーの末××男こと[※2]大橋孝史の新作が二本もやってきた。[※3]いずれも竹書房のコミック原作で、肌の露出の多い女の子がごちゃごちゃ出てきて主人公に迫りまくるハーレム型ソフト・ポルノ。こういう企画だとグラビアアイドルをたくさん出演する映画が作れて美味しい（誰が？）ということになったのか、竹書房をうまいことだまくらかして金を出させて作った映画がこれである。胸元もあらわなユニフォームの陸上選手やバレー選手が次々に登場し、上から胸元を覗きこみ、下からお尻を見上げるカットが延々とつづき、**どこを切ってもセクハラしかない。**そういう映画なんで、中身についてどうこう文句を言ってもしょうがないのだが、映画の安さに関してはほとほと同情した。**古着を着せられておっぱい寄せたりあげたりしているグラドルたち、きみたちにはこれよりマシな仕事がある。一度マネージャーと話しあったほうがいいよ！**

『じょりく！』は月見大学の女子陸上部のコーチに承認した金田武蔵（**河野竜平**）が主人公。月見

大学はライバル鳳ヵ丘大学との定例戦に九連敗中で、今年負けたら部も廃部！と理事長はいきまいている。金田は元オリンピック代表候補だったアスリートだが、代表選考会で女子選手を見ているうちに勃起してしまって走りに専念できず代表になれなかったという過去をもつ。そんな男が巨乳のせいでうまく走れないのが悩みという美咲（**西葉瑞希**）を筆頭にムチムチぞろいの陸上部であんなことやこんなこと（セクハラやらセクハラやら）……。

この映画、登場するキャラクターはほぼ着替えをしない。最初から最後まで緑のビキニスタイルのユニフォームで、ロケ地である群馬県桐生市の陸上競技場で走ったり屈伸したりしてるだけ。ロケは紅葉をみるかぎりほぼ晩秋と思われるので、みなさん相当寒かったのではなかろうか。で、物語の中では陸上部員は最初金田に反発し、鳳ヵ丘大の選手が練習試合にやってきて煽られた上に惨敗し、「秘策がある」という金田の提案で合宿に出かけ、そして最終的に定例戦となる。定例戦、どちらもメンバーが四人ずつなので四百メートルリレー一発対決なんだが、そんなショボいことでいいのか。そして最後の定例戦場面、あきらかに日が落ちた状態で撮ってるんだが、これ**まさか陸上場面は一日撮りとか、そんなことはないよね？　ないと言って！**

まあそのくらい安い映画なんで、驚くことはたくさんある。物語のほとんどが陸上競技場で立ったままの会話で進行するなど序の口、いちばん凄いのは俳優が足踏みしてるところを撮って走ってるふりをするカットである。それ自体はよくあることだが、この映画、背景をボカさないで真正面から撮ってるせいで、本当に足踏みしてるだけなのがわかってしまう！　いやあ、**映画の世界は広い。映画にはいろんな表現がある。**

『大きい女の子は好きですか？』は女子バレーボール部の監督代理をやらされるニート立花草太（**青山健**）が主人公。草太は再婚した父母から子作りに邪魔だと家を追いだされ、しかたなく義姉のところに転がりこむ。北英大学のバレー部で活躍する姉薫（**奈月セナ**）が暮らす女子寮には、草太の初恋の人である長谷川綾乃（**武井玲奈**）をはじめとするバレー部の巨女たちが住んでおり、草太は毎日日替わりで女の子に迫られて桃色な日々を……というこれまたどこにでもありそうなソフトエロ漫画。まあしかし映画にすると洗濯させられたブラジャーを胸につけてウホウホいってるただのセクハラ男にしかならない。

例によって寄せてあげてミルクをこぼして下着姿でせまってベッドインして……と女の子それぞれにセクハラ場面が用意されており、みなが草太を意識して、そこで水着姿で対決するビーチバレー対決という見せ場があって、「ここで決着つける！」と全員が盛り上がって……そのまま決着つけずに終わってしまうのはどうしたものか。いや別に最後がちゃんちゃんでもいいんだけど、一応ここはバレーボール対決をするのが映画としての筋というものではないのか。まあグラドルたちがそんなにバレーボールの練習をしてるようには見えないのだが、せめてね……。

だが、この映画の労働環境を考えるうちに責める気もうせてしまった。この映画、真冬に山中湖畔でロケされている。女子寮のロケセットにホテルを使っているのだが、その場所であるニュー福寿荘、スポーツ合宿向けに体育館も併設されている宿だったのだ。真冬なら安く使えるということだったんだろうが、タンクトップ一枚で真冬にバレーやらされたグラドルさんは本当にお疲れとしかいえない（しかしにもかかわらず唐突にはさみこまれるビーチバレー場面はなんだったのか）。

さらに驚くのはクレジットの最後に出てくる「衣装協力：ブックオフ、ユニクロ」の文字である。**グラドルたち、ブックオフの古着着せられてるのか!?　さすがにここまで安い映画は画期的かもしれない。**ユニクロのTシャツでこれやってんのかと思うと、自前の私服で映画に出演するピンク映画の女優たちのほうがまだマシなんじゃないかとさえ思えてきたよ！

▶『じょりく！／大きい女の子は好きですか？』

※1　ジョリー・ロジャー
二〇〇七〜二〇一八。日本映画の企画・製作・配給・宣伝ほかレコードレーベルやアニメ製作、タレントのマネージメントなどを行っていた会社。

※2　大橋孝史
一九七四年生まれ。プロデューサー。日本映画の企画・製作・配給・宣伝を行う株式会社ジョリー・ロジャー（二〇一六年破産）の元代表取締役、トルネード・フィルム（二〇一〇年に破産）元取締役。大橋自身の代表プロデュース作品は、『父と暮らせば』（黒木和雄監督／二〇〇三年）など。未払いの×評が高いことで有名。詳細はウィキペディアのジョリー・ロジャーの項や『皆殺し映画通信　天下御免』の巻末対談参照。

※3　いずれも竹書房のコミック原作
『じょりく！』は活火秀人による累計十万部超えのコミック。大学の女子陸上部を舞台に女性に不慣れなコーチ金田武蔵と部員が展開する青春陸上部ラブコメディ。WEBコミック『ガンマぷらす』にて連載中。『大きい女の子は好きですか？』は愛染五郎による累計五十万部超えのコミック。大学女子バレーボール部の寮長兼監督となった立花草太と部員たちがくりひろげるセクシーコメディ。月刊『キスカ』にて連載中。

この無名監督のデビュー作になんで世界的巨匠のスコリモフスキがコメントを寄せてるんだ!?
しかしいい映画を配給してるからって、すばらしい映画が作れるわけじゃない

『恋する男』

監督＝村田信男　脚本＝村田信男、佐向大　撮影＝マチェイ・コモロフスキ　編集監修＝イエジー・スコリモフスキ　音楽＝井出泰彰
出演＝小木茂光、佐々木心音、出口亜梨沙、鵜飼真帆、黒木映莉花、赤松由美、松井勇人、上西雄大、工藤俊作

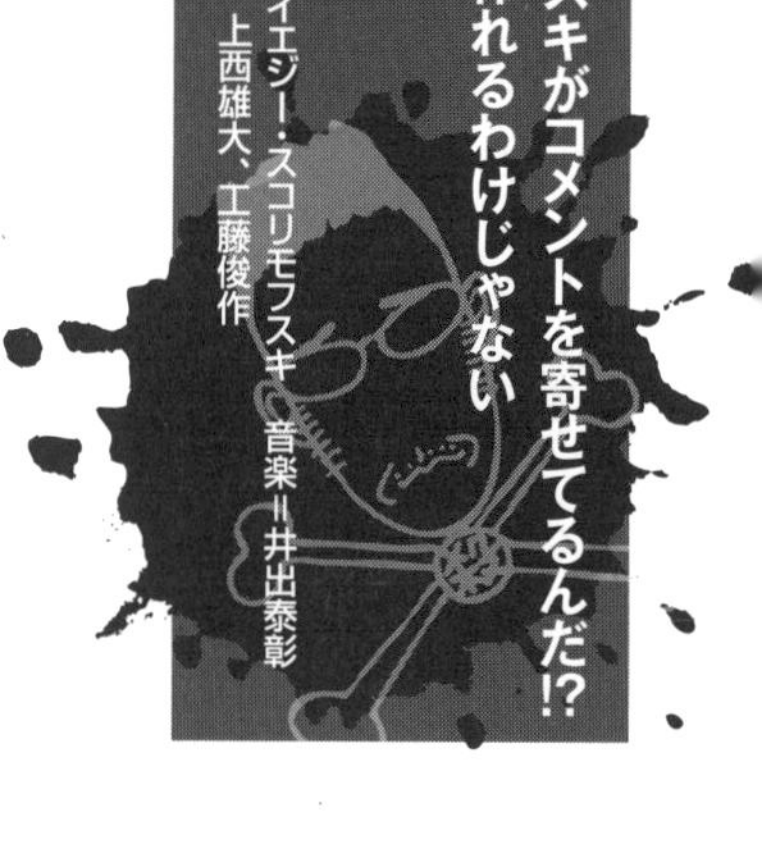

ホームページを見ると、**まずびっくりするのが推薦文を寄せている面々**である。

この作品には誠実さと人の心を動かす力、そして溢れんばかりの情熱がある。
イエジー・スコリモフスキ[※1]

逃れられない孤独から妄想にとりつかれる男を描いたこの処女作は驚きである。
ホセ・ルイス・ゲリン[※2]

村田信男はその優雅で繊細な才能で、ユーモアに富んだ恋する男の肖像を描き出す。
エリーズ・ジラール[※3]

しかもスコリモフスキはなんと「編集監修」という聞き慣れないクレジットで参加している。この無名監督のデビュー作になんで世界的巨匠がコメントを寄せてるんだ!?と思うところだが、この村田信男氏がマーメイドフィルムの代表取締役であることを知れば疑問氷解する。マーメイドフィルムはゴダール、トリュフォー、シャブロルといったヌーベルバーグ[※4]の巨匠からクストリッツァ[※5]、

ゲリン、スコリモフスキとシネフィルなら足を向けては寝られないラインナップを配給している。もちろんぼくも大いにお世話になっている。まあそういうコネをフル動員してコメントを集めたということか。しかしいい映画を配給してるからってすばらしい映画が作れるわけじゃないというのはもちろんのことで……。

妻子に逃げられた挙句、長年勤めた会社のリストラ対象となってしまった男、小田光男。勢いで独立することにした彼が出会ったふたりの女。ひとりは夢を追いかける癒し系ホステス。もうひとりは彼の仕事をサポートする才女。タイプの違うふたりの間で揺れ動き、心ときめき過ぎていろいろやらかしてしまう悲しい性の小田。はたして〝恋する男〟に本当の幸福はやってくるのだろうか……

というあらすじからまあダメ男映画なのね……という読みは正しいのだが、**これ、要するにホン・サンスです！　ホン・サンス風ダメ男映画。**[※6]ホン・サンスはいまひとつ乗れない監督なのだが、こうしてエピゴーネンが出るくらいには人気なのだね。これを見るとホン・サンス作品がなかなか微妙なバランスで出来上がってるのがわかる。普通に見てると主人公へのイライラしか湧いてこず、少しも同情できるところがない。女性への目線が不愉快きわまりないのだ。モテまくるダメ男が失敗する……という世にもナルシスティックな映画である。

主人公、小田光男（**小木茂光**）は妻子に捨てられ、バツイチの中年男（妻がなぜ家を出ていったのかはあきらかにされないのだが、後段の展開を見るかぎり、まあ、女ですな）。会社でも出世コースをはずれて早期退職か千葉の倉庫番かの二択を迫られる。ちょっと考えてきます……とカメラ片手にパワースポット巡りに出かける。といっても駅前にいる美人を隠し撮りしようとして見咎められたりしているくらいで、邪念の塊だ。出かけた先は茨城の御岩神社。ところがそこで先の美人を連れた大学時代の先輩斎門（**工藤俊作**）と出くわす。芸能事務所をやっているという斎門のアドバイスで会社を早期退職した小田、翻訳出版の会社を立ち上げることにする。そのまま斎門に連れられて銀座のクラブに行った小田、ナンバーワンのシノ目当てに一人で店を再訪すると、そこでついたワインソムリエ志願の若い娘瞳（**出口亜梨沙**）[※7]に一目惚れ。すぐ彼女に指名を変えて、以後同伴&アフターでデートを重ねる（おいおい銀座のクラブは永久指名で指名変更はご法度なんじゃなかったのか）。

ってなあ、翻訳出版で銀座のクラブに通えるほど稼げませんから！　とりあえず歌舞伎町のガールズバーくらいにしときなさい！

小田が一人で飲んでいると、たまたま一人で飲んでいる例の美人こと雅美（**佐々木心音**）に遭遇する。すかさず同席して仕事の悩みをこぼすと、みずから手をあげて「わたしが手伝います！」とカモがネギ背負って飛びこんでくる状態。たちまち英語もできて営業もこなす雅美に頼りっきりの状態になってしまう。

なのだが実はこれには前段があり、もともと斎門の愛人だったらしい彼女に、斎門が「小田の仕事を手伝ってやれよ。ああいう生き方もありかもしれないし」と無理矢理振っていたのである。つまり雅美は小田の行きつけの店を調べて罠をはっていたということに。なぜそんなことをするのだろう？　斎門は「オレは小田が抱いた女とセックスしたいんだよ〜」とホモソーシャリティの極みみたいな気持ち悪いことを言う人間なので、愛人の厄介払いと小田との友情、一石二鳥みたいなことを考えてたのかもしれない。いずれにせよこういう**理解不能なくせに生々しい設定をはっきり語ってしまうからおフランスな恋愛遊戯じゃなくて気持ち悪い男尊女卑ドラマになってしまう**のだ。（こんなのはほのめかし程度にしておけばいい……てかホン・サンスならそうするだろ！）

瞳に「好きだよ」と言っても微妙にかわされていることに気づいているのか見ないふりをしてるのか、延々と口説きつづける小田、プールに誘うとアクションカメラを持ちこんで水着姿を延々撮影。カメラで撮ってるだけでも気分悪いのに、それが水中で延々とビキニのバストを追いかけているだけなのだ。本当に女性の体にしか興味のない男なんだなこいつ。で、部屋取ってるから行こうよ、と誘うももちろん玉砕。店でそのビデオを見せて自慢してるとママから「強引さが足りないんじゃない？」とハッパをかけられ……もうどいつもこいつも。

ちなみにお店では雅美のおかげで完成したという翻訳書『イケてるイギリス女性はなぜレギンスしかはかないのか』を配ってご満悦。この本も斎門のプロダクションにいる女の子がテレビで紹介して売れたとか言ってるんだけど、基本的に翻訳出版業をなめてるよな……マーメイドフィルムという会社、シネフィルから絞り上げた金で銀座で豪遊してんじゃねえか?といろいろ黒い考えが……。

銀座で遊びすぎて金がなくなった小田、しかたないのでパワースポット本を作ることになって雅美と一緒にパワースポットめぐりをすることになる。テキパキと目的地をまわり、夜、じゃあおやすみ……と寝ようとすると雅美からいきなりキス！

「ずっとこうしたかった……好き……」

だからなんでだよ！　斎門の指令なのかよ！　まったく説得力のないまま恋人関係になって、「好きだよ」とか言ってるいい気な小田である。と思いきや、ソムリエ資格を取れた瞳から連絡があると、すぐ「じゃあお祝いしよう」といい気になって出かける。斎門たちと部屋を借り切ってのパーティ、たけなわというところで斎門が気を利かして小田と瞳を二人残して帰ってしまう。まったく懲りない小田、またしても「好きだよ……」と迫るのだが、「小田さんを嫌いになりたくないんです」と例によってかわされてしまう。じゃあせめて……とツーショット写真を撮って帰るのだが、後日、その写真を雅美に見られてしまう。

「なんでベッドでツーショットなんか撮ってるのよ！」

「いや写真撮っただけで何もしてないんだよなんせ銀座の女はガードが固いから最後の一線は越えさせないんだ……」

ってそれは言い訳のつもりなのかと問い詰めたくなる正直さで「やれたらやってた」と白状する小田。雅美もうんざりして、

「イギリスに留学するから！」

と会社をやめると宣言する。今更のように雅美を口説く小田だが、そこに急報。なんと斎門が急死してしまったのだった。どさくさで雅美とは仲直りしたものの、留学の決意は変わらないまま雅美は旅立つ。以後、ｓｋｙｐｅで「一緒に暮らそうよ～」などとメッセージする関係が続く。ようやく落ち着いたか……というところで斎門の部下から連絡がある。なんと瞳は斎門の子供を妊娠しているのだという。なんで自分の知らないところでそんなことに……と憤る小田だが、すべてはあとのまつり。女性を介して小田とセックスをしたいという斎門の変態的性癖がまたしても発揮されてしまったのだった。しかし逆にチャンスでは？と思った小田、「きみの面倒をみさせてくれないか。部屋も借りるから……」と瞳を口説くのだったが……。

まあ最終的には小田は瞳にも雅美にもあっさり振られて終わるわけだけど、相手の身体しか見ていない男には当然の結末としか思えない。気になるのはスコリモフスキの「編集監修」だが、説明カットを飛ばしていくところが幾分影響を与えているかもしれない。ただ、それだけではダメ中年男のナルシシズム映画を救うにはいたらず。ちなみにスコリモフスキのコメント、後半は**「ただあまりに正直すぎて、監督の品性が多少疑われるかもしれないが」とこれまたかなり正直な……**。

※1　イエジー・スコリモフスキ
一九三八年ポーランド生まれ。ポーランド映画界の新しい波を代表する監督のひとり。ロマン・ポランスキー監督のデビュー作『水の中のナイフ』（一九六二）ではポランスキーと共同で脚本を執筆。現在も友人として、また同世代の監督としてパラレルなキャリアを築きあっている。反体制的な姿勢を貫いたため、一九六〇年代なかばから母国を離れ、西側諸国を流浪しつつ映画製作をつづけた。『早春』（一九七〇）は代表作のひとつ。アメリカに滞在中の一九八〇年代なかばから、俳優として『白夜』（一九八五）や『マーズ・アタック！』（一九九六）などさまざまな映画に出演。二〇〇八年以降は俳優業と並行してふたたび監督作品を発表するようになる。世界三大映画祭すべてにおいて受賞歴がある。

※2　ホセ・ルイス・ゲリン
一九六〇年スペイン、バルセロナ生まれ。十五歳の頃から映画を撮りはじめる。バルセロナのスラム街にある集合住宅の解体作業と高級住宅が建設される様子を撮ったドキュメンタリー『工事中』（二〇〇一）で、ゴヤ賞など数々の賞を受賞。また二〇〇一年にスペインの映画に貢献した人物に与えられるスペイン国民映画賞を受賞。ヴィクトル・エリセに今のスペインでもっとも優れた映像作家と言わしめた。

※3　エリーズ・ジラール
一九七六年フランス生まれ。ヌーベルバーグ映画の再来といわれる作風で注目を浴びている新進気鋭の監督。フランスのジム・ジャームッシュとも称されている。日本では二〇一三年に『ベルヴィル・トーキョー』、二〇一七年に『静かなふたり』が公開された。

※4　ヌーベルバーグの巨匠
ヌーベルバーグとは、一九五〇年代から六〇年代にかけてはじまったフランスの若手監督たちによる映画の革新運動。シネフィルであった彼らは、一九五一年に創刊された映画批評誌『カイエ・デュ・シネマ』に拠り、商業性に縛られることなく自由に映画を制作することを提唱、実際に資金をもちよって映画製作を始める。作品は世界的に評価されるようになり、各国の映画界や後世に多大な影響を与えた。ゴダール、トリュフォー、シャブロルをはじめ、エリック・ロメール、ジャック・リヴェットなど、『カイエ・デュ・シネマ』から生まれた映画監督たちが中心だが、彼らと交流のあったアラン・レネやアニエス・ヴァルダ、ジャック・ドゥミ、クリス・マルケルらもヌーベルバーグとみなされることもある。

※5　クストリッツァ
一九四五年旧ユーゴスラビアのサラエヴォ生まれのエミール・クストリッツァ。初長編作『ドリー・ベルを憶えてる?』（一九八一）でヴェネツィア映画祭新人監督賞、その後もカンヌでパルム・ドール、監督賞などを次々に受賞。アメリカに在住していたときにボスニア紛争が勃発。自宅や父を失ったクストリッツァは、ユーゴ内戦を寓話的に撮った『アンダーグラウンド』（一九九五）を撮影、二度目のパルム・ドールを受賞したが政治闘争に巻きこまれ、監督引退を宣言するもほどなくして復活。現在ではエミール・クストリッツァ&ノー・スモーキング・オーケストラバンドの活動にも邁進、世界ツアーなども行っている。世界三大映画祭すべてにおいて受賞歴がある。

※6　ホン・サンス
一九六〇年ソウル生まれ。初長編『豚が井戸に落ちた日』（一九九六）、つづけて撮った『カンウォンドの恋』（一九九八）の二作品で、各国の映画祭にて注目を浴び、アジアでもっとも注目される監督となった。『正しい日 間違えた日』（二〇一五年）がロカルノ国際映画祭グランプリと主演男優賞をW受賞し、キム・ミニ主演『夜の浜辺でひとり』（二〇一七）では、ベルリン国際映画祭主演女優賞（銀熊賞）を受賞した。

※7　銀座のクラブ
『皆殺し映画通信　天下御免』一八四ページの『銀座並木通り　クラブアンダルシア』参照。

すべての汚れを肉体で受け止めて男たちを救ってくれる聖娼婦とかとっても気持ちわるいんだけど、それが昭和の娼婦観というやつですかね

『悲しき天使』

監督・脚本＝森岡利行　原作＝山之内幸夫　撮影＝吉田淳志　音楽＝Les.R-Yuka
出演＝和田瞳、水野勝、川上奈々美、重松隆志、森田亜紀、円谷優希、山田奈保、那波隆史、お宮の松、三浦浩一、木下ほうか

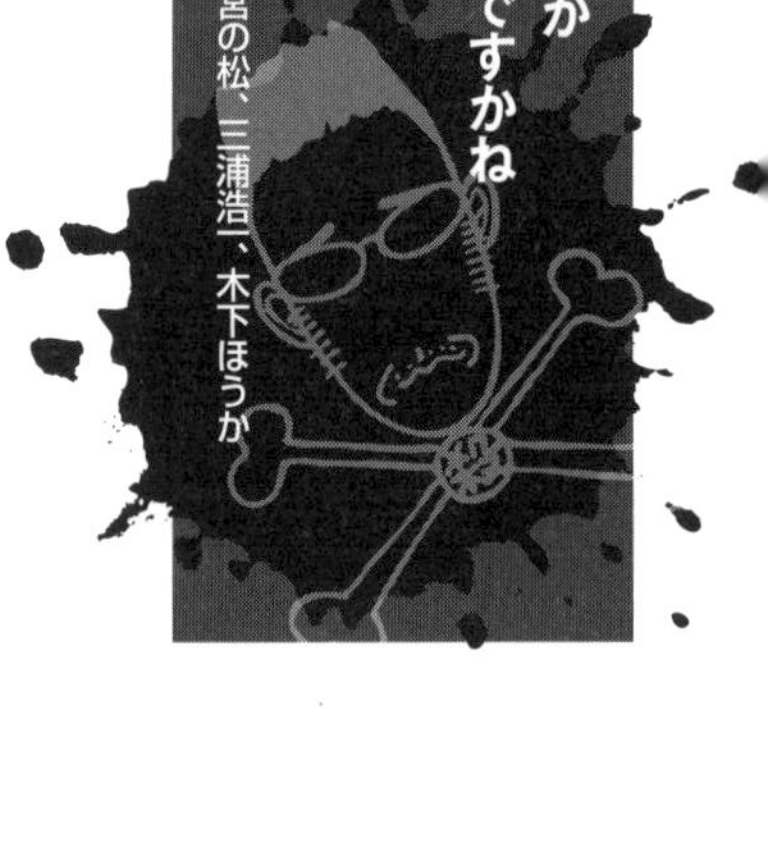

大阪には今も遊郭が残っている。うん、残っていることはみな知っている。だけど、それは口に出してはならない公然の秘密で、映画になったりしたら誰かが大阪湾に浮かぶようなところである……と思っていたのだが時代は変わる。[※1]**飛田遊廓を舞台にした映画が作られる時代がやってきた。**もちろん映画の中では飛田とは呼んでおらず、ロケ地も微妙に飛田ではなかったりするようで、そこらへんはぼかされているのだが、いずれにせよこの世界が映画に写されるというのは画期的なことだといえよう。興味のある人にはとりあえず一見をお勧めしておく。

[※2]元山口組顧問弁護士として知られる山之内幸夫が書いた原作を『純平、考え直せ』などを撮っている[※3]森岡利行が舞台にかけていたのだが、それを満を持して映画化という流れ。製作はキングレコードだが、やはり山之内氏のコネクションがものを言ったのか……と思われてしまうのは無理からぬところ。某新地の遊郭に集う女達の色模様……という設定だが、脱いでいるのはヒロインの**和田瞳**と脱ぎ役の**川上奈々美**だけなので、ここらへんはもう一考の余地あり。というか、この人間模様とかいうあたりはやっぱり[※4]『赤線玉の井ぬけられます』あたりを意識してるんですかねえ。そう考えるといろいろとさびしい……。

さて、物語の主人公は茂（**水野勝**）。よく喋るバーテン（**木下ほうか**）相手に過去を語る。トラック運転手をしていた茂だが、事故を起こして大借金を背負い、ふらふらと色街に流れてきた。そこで「吉野屋」の看板女郎である一美（和田瞳）と出会い、「女師」として生きていくことになる。この「女師」、茂は「ヒモみたいに甲斐甲斐しく世話するんでもなく、ホストみたいに嘘をつくんでもない。あくまでも真心で〝心〟をケアするんだ」というんだが、それ料理も作らないダメなヒモじゃなくてなんなのか。そんな茂、一美を刺して刑務所から帰ってきたところだという。二人のあいだにいったい何があったのか……。

回想がはじまる。行き場をなくした男、茂は「鶴舞新地」にやってきた。たまたま見かけた一美の美しさに魅せられて店にあがる。ところがベッドインはしたもののイチモツが言うことを聞かず合体は完遂できない。そんな感じで何度か通っているうちに、一美から「送り迎えをやってよ」と言われて無事「女師」の立場をゲット。

店には他にも女がいる。軽い知的障害で言葉がまともにしゃべれないサユリ（川上奈々美）は客に体中キスマークをつけられてくるので、ヒモならぬ「女師」から無理矢理タトゥーを入れられてしまう。タトゥーがあればヤクザの女だと思われて客もおとなしくするだろう、というんだがいつの時代の話だよ！　しかもそういうこと言うから和彫りかと思いきや、太腿にツバキの花だかなんか入れさせるだけなのだ。そんなタトゥー、今どき誰だって入れてるってーの！

このヒモ、泣きながら「おまえのためなんや」と折檻するといういちばん嫌なタイプ。軽い精神遅滞を患っている娘にはここしか居場所がない＝売春宿が一種のセーフティネットとして機能しているという描き方、ヒモと共依存的に結ばれているという関係性まで、もろもろ昭和感ぬぐえぬ売春観である。もとが舞台向けの戯曲だというせいもあるのだろうが、こういうのを見るかぎり現実の売春宿に取材した意味はどこにあるのだろうかと思わずにはいられない。川上奈々美も芝居どころをもらってよかったで済ませていいのだろうか。

元中学教師のハルコのところにはかつての教え子青木くんが訪ねてくる。障害者でいじめられていた教え子は、たった一人かばってくれた先生のことが好きで、「大人になったら結婚してあげる」の言葉を頼りに店までやってきたのである。青木くんの思いに打たれながらも、彼のためにはならない……と愛想尽かしをするハルコ。泣きながら帰っていく青木くん……。

ところで送り迎えをするうちにすっかり一美に惚れてしまった茂、「こんな仕事はやめてくれ。きみの分は自分が働いて稼ぐ」と一美に懇願する。だが彼の求愛を拒絶する一美。ついに茂は一美の事情を知る。彼女は親子ほども年の違う武闘派ヤクザ（**三浦浩一**）の妻だったのだ。十六歳のときからヤクザの囲われ者だった一美は、夫が抗争で刑務所に入ってから、新地で働いていたのだった。ヤクザの旦那、とうとう出所するという。

「でも……でも、うちはあんたを愛してるんや！」

と言いおいて去る一美。いやしかしここまでこいつら一度もやってないんだよ！　その純愛、何かの勘違いじゃないのか。もう一度再考すべき。ヤクザに連れ去られそうになった一美にすがりつき、ヤクザの部下たちにプロレス技（なぜか腕ひしぎ逆十字などかけられる）でボコられる茂。全身ボロボロになった茂を看病するうちに発情した一美がまたがり、二人はついに結ばれる。まあ、ここからわかることは娼婦を落としたければ大事にして手を出さないこと、そしてそういう気持ち悪い男に勘違いして恋したりしてはいけない、ということだろうか。

その後問題のヤクザがまた刃傷事件を起こして再収監、きれいに問題が片付いたかと思われたところで、その舎弟分という男がお客としてやってくる。

「あんた、わしのおかんや。近親相姦や」

なんと舎弟分、獄中でヤクザと養子縁組を結んだので、義父のかみさん＝母親ということらしい。無理矢理一美をレイプする舎弟。そこに出刃包丁を持った茂が乗りこんでくる。包丁を手に舎弟に飛びかかる茂！の前に飛びだす一美！

ってなんでこの舎弟分を救うんだよ！　舎弟分のかわりに自分が刺されて、茂が殺人犯にならないわけでもないし！　そんなわけでようやっと冒頭に戻るわけだが、気になるのはこの物語の登場人物、**どいつもこいつも娼婦に母性を見ること。すべての汚れを肉体で受け止めて男たちを救ってくれる聖娼婦とかとっても気持ちわるい**んだけど、それが昭和の娼婦観というやつですかね。

※1　飛田遊廓
大正時代に発展した、日本最大の遊郭街。現在では日本最後の遊郭街とも言われている。戦後は赤線であったが、一九五八（昭和三十三）年の売春防止法施行以後は、料亭街『飛田料理組合』となっている。だが、実質は本番行為のある売春街であり、通称「飛田新地」（大阪市西成区山王三丁目エリア）と呼ばれている。一階に顔見せをしながら女性が座っており、曳き子（年配の女性）がついていて客引きをする。交渉が成立すると布団が敷いてある二階にいくというちょんの間スタイルで営業。取材、撮影一切お断りの禁断の土地。

※2　元山口組顧問弁護士として知られる山之内幸夫
一九四九年生まれ。三代目山口組本部長だった小田秀臣組長の顧問弁護士になったことがきっかけで、一九八四年から山口組の顧問弁護士となった。一九八七年には弁護士会から暴力団の顧問は弁護士の品位が下がるとして懲戒処分を受けたが、翌年『悲しきヒットマン』（徳間書店、一九八八）を上梓、映画化されて話題にもなった。二〇一五年建造物損壊教唆罪で弁護士資格を失ったが、現在も執筆活動を行っている。

※3　森岡利行
一九六〇年生まれ。脚本家、演出家、映画監督。一九九三年に劇団「ストレイドッグ」結成。映画『新・悲しきヒットマン』（一九九五）で脚本デビュー。『クラヤミノレクイエム』（二〇〇〇）で監督デビューした。『純平、考え直せ』（二〇一八）は、奥田英朗の直木賞受賞作品の映画化。

※4　『赤線玉の井ぬけられます』
神代辰巳監督／一九七四年。昭和三十三年の新春、四月に施行されることとなった売春防止法が東京の特殊飲食店街玉の井にも迫っていた。その玉の井のある売春宿で働く娼婦たちとまわりのひとびとを描く。宮下純子、芹明香、中島葵、絵沢萌子、蟹江敬三などが出演。

「リモート映画」を劇場公開しようというからには、それなりのことはやってるはずだ、とちょっとは期待しながら出かけたんだけど……

『8日で死んだ怪獣の12日の物語―劇場版―』

監督・脚本＝岩井俊二　原案＝樋口真嗣
出演＝斎藤工、のん、武井壮、穂志もえか、樋口真嗣

リモート映画である。コロナ禍による自主自宅待機が続く中、実際に会って密な撮影ができないならリモートで映画を撮ろうというわけだ。誰もが考えることかもしれないが、それを劇場用映画として公開するからには、それなりの手は打っているはずだ。誰もが見飽きた四角いウィンドウの中に顔が浮かぶ画面じゃあ、どんなにスクリーンサイズをでかくしたって映画にはなるまい。何かしら工夫はあるんだろうな……とちょっとは期待しながら出かけたんだけど、いやはやなんとも。

物語はほぼ**斎藤工**、**のん**、**樋口真嗣**らによるzoom会議で進行する。当然相互の絡みなどないので、すべてが説明ゼリフのやりとりだけ。さすがにそれだけでは間が持たないと思ったか、あいだにドローンで撮影した人影のない渋谷の風景や、怪獣の仮面をつけたダンサーが踊る場面が映像詩的に挟みこまれるという……こういう映画が作られてしまった二〇二〇年という年のドキュメントと、その鎮魂の詩というかたちでまとめられている。**およそコロナ映画、リモート映画としては、考えうるかぎりもっとも安易な、最悪の選択だといえる。**のんが見えない「宇宙人」相手に一人芝居してみたりするのがおもしろいと思える人は見ればいいんじゃないかな……。

サトウタクミ（斎藤工）は通販サイトで「カプセル怪獣」を購入する。紙粘土で作ったようなま

んまるの白い球。これが何になるんでしょーか……と配信している。以下誰に向けているのかわからない一人芝居が延々と続くのだが、これはそういうものと思って見るより仕方ない。「カプセル怪獣」は日々変化し、成長してゆく。タクミが紙粘土怪獣の変化を（zoomで）樋口真嗣に報告すると「三つになるってことはミクラス、アギラ、ウィンダムだよ。[※1]〃カプセル怪獣〃といえば[※2]ウルトラセブンだから」「おっ、それは[※3]グドンじゃない？　グドンは強い怪獣だよ〜」てな調子で怪獣博士の本領を発揮、ウルトラ怪獣薀蓄を語ってくれるのである。まあこれが原案ということで。

　樋口真嗣以外に登場するのはタクミの後輩である俳優のん、先輩俳優役の**武井壮**、YouTuber「もえかす」役の**穂志もえか**という面々だが、ほぼパブリック・イメージ通りで、本人役を演じているようにしか見えない。のんはタクミには見えない「宇宙人」（通販サイトで購入した）と対話する不思議ちゃん。穂志もえかはタクミと同様にカプセル怪獣を購入したYouTuberなのだが、こちらはどんどん大きく素敵に育って、タクミを焦らせる。

　三つに分裂した怪獣はひとつになって、やがて嘴の生えた鳥のような顔になる。これは……と樋口怪獣番長に相談すると、

「それ……[※4]ガッツ星人じゃない？　ガッツ星人は強いよ〜」

　だが、いかなる戦いにも負けたことのない無敵のガッツ星人はさすがにまずい……コロナ以上の災厄をもたらすやもしれぬ。そう考えたタクミは心を鬼にしてカッターナイフを手に、カプセル怪獣の首を……（以下モザイク）だが、その残骸をプランターに植えてみたら……てな調子で楽しいリモート小芝居が続くわけですが、お遊びでやってもらう分にはなんでもいいんだけど、正直映画館で金を取ってみせるものかって言うとなあ。**リモート映画への偏見ばかりが積み重なる結果となった。**なお、映画のオチは、成長したカプセル怪獣が小さなマスクになって、タクミが「……そうか！　怪獣はぼくを守ってくれようとしてたんだね！」と見ているこっちの心も温かく……なるかそんなもん！と心にどす黒いものが残っておしまい。

※1　カプセル怪獣
モロボシダンがウルトラセブンに変身できないときにかわりに敵に立ち向かう正義の怪獣。ふだんはダンが携帯するカプセルのなかに小型化されおさめられている。カプセルは色分けされ全部で五種類あるが登場したカプセル怪獣は、ミクラス、アギラ、ウィンダムの三体のみである。

ミクラスは四本の太い角と太い腕と重量のある体を持つ怪獣。特技は力で踏みつけることだが、口から赤い光線を吐くこともできる。対エレキング戦では数万ボルトの電気ショックを受け、体が燃えた。M78星雲のバッファロー星出身。

アギラは、鼻先の角を使って攻撃するトリケラトプスに近い姿をしている怪獣。光線などはださないが好戦的。やや暢気な面もある。特技は動きがすばやいこと。M78星雲のアニマル星出身。

ウィンダムは全身が金属で蔽われているロボットのような姿をしている。特技は額からだすレーザーショット。ウルトラセブンの必殺技エメリウム光線でパワーを補填することができる。M78星雲のメタル星出身。
※2　ウルトラセブン
地球侵略を企む宇宙人から地球を守るためにM78星雲から飛来したヒーロー。地球の観測に来た恒点観測員三四〇号は、モロボシダンとしてウルトラ警備隊に入隊する。警備隊の力が及ばないときは、ウルトラアイで本来の宇宙人の姿に変身し、超能力を駆使して侵略者と戦う。ちなみに、ウルトラセブンとは、危機におちいったときに救いにくる宇宙人姿の三四〇号にウルトラ警備隊がつけた名前である。
※3　グドン
別名地底海獣。ジュラ紀の古代生物の一種。全身が棘で蔽われており、長い鞭状の両手で、敵を絞め殺したり攻撃できる。好物であるツインテールの卵が工事現場で孵化したのにつられて地底からあらわれた。最期はウルトラマンにスペシウム光線で倒された。
※4　ガッツ星人
別名分身宇宙人。いかなる戦いにも負けたことがない無敵の星人と名乗る。分身、瞬間移動、目から光線を発射したりなどができる。ウルトラセブンを暗殺するため地球にやってきた。ウィンダムの電子頭脳を破壊し、ウルトラセブンに勝利し十字架に磔にし処刑直前までいったが、最後はパニックに陥って敗北した。残念。

さまざまな「安易な映画作り」をあげつらってきたが、「安易なクラウドファンディング」はその最たるもの

『劇場版 忍者じゃじゃ丸くん』

監督＝柴田愛之助　脚本＝平谷悦郎、柴田愛之助　撮影＝関将史　主題歌＝MOOMIN
出演＝杉原勇武、川連廣明、倉持由香、コウメ太夫、新田匡章、虎牙光揮、島津健太郎、富田麻帆、遊木康剛、高橋良輔、辻本一樹、亜紗美、坂口拓

一九八五年に発売されたファミコンのレトロゲー『忍者じゃじゃ丸くん』[※1]シリーズが発売三十五周年記念で映画化。いやそれにしてもこれおかしくない？　**亜紗美**（とっくに引退済み）が出演してるって、そうとう昔に作ってないか？と思って調べたら、実に二〇一四年に主要撮影は終えた状態で完成のためのクラウドファンディングを募集していた。それから完成までに六年かかってようやく公開にこぎつけたという顚末である。**この連載をやっていく中でさまざまな「安易な映画作り」をあげつらってきたわけだが、「安易なクラウドファンディング」はその最たるものといわざるを得ない。**この点だけでも大方いいかげんにしろという話だが、そもそもなんでそんな昔のゲームを映画化しようと思ったのか。そうしたらクラウドファンディングページに監督のコメントがあった。

　それからアメリカ製のニンジャ映画に傾向していき僕の夢はショー・コスギさんやメナハムゴーラン率いるキャノンフィルムズ[※2]の様な【ニンジャ映画】を撮りたいと思う様になりました。

あー冒頭に出る製作会社GUILDのカンパニーロゴがキャノン風で、これじゃまるでショー[※3]・

コスギのニンジャ映画だな、と思ったのは間違いではなかったのか。ぼくはいまだにこの映画の原作ゲームがどんなものか知らないので、それをどう脚色した結果こうなったのかはわからないが、映画のキャラクターが忍者でもなんでもなく、これがたんなるクンフー・アクションでしかないということだけは断言できる。この雑なアメリカン・ニンジャ観、舞台を秋葉原にしているところも、遅れてきたクールジャパン映画そのものである。残念ながら思っていたような金額では海外に売れなかったせいで製作難航したようで、そういう安易なところがまたクールジャパン……。

監督の柴田愛之助、どこかで聞いた名前だと思ったら渋谷を生きるストリートのリアルを描いた『HO〜欲望の爪痕〜』[※4]という謎映画の監督だった（キャストも一部かぶっている）。実はこの映画の直後に撮っていたものがようやくいまごろ公開ということになったのか。長いような短いような。

日本のどこかにある忍者の里、長《おさ》の命を受け、次期当主の座をめぐってじゃじゃ丸（**杉原勇武**）と影丸（**新田匡章**）が激しい格闘を繰り広げる……てこれが完全なクンフー対決で、映画がはじまった瞬間に「……忍者ってなに？」となってしまい、以後、それが解消されることはなかった。

というわけでクールジャパンなインチキ日本らしきヌンチャク、トンファーを使った激しいアクションについてはこれ以上は突っこまないことにするものの、このあとの「激しいアクション」を見るたびに、毎回「まあ、頑張ってはいるけど、カット割りすぎだよな。あと忍者の意味はどこに……」の思いが延々とフラッシュバックしていたことをお伝えしておきます。

以後、とくに意味のない幼年期の回想がフラッシュバックしながらの激しい戦いのあと、影丸がじゃじゃ丸を圧倒、ボコボコにする。

「それまで！」

勝敗ついた。では？

「次期当主はじゃじゃ丸とする！」

えっちょっと待てよ勝ったのオレなんだけど！　と食い下がる影丸に、

「勝敗以外のところも見ていた……本当の強さとはなにか、もう一度考えてみよ」と告げる長だが、これは影丸でなくとも納得できない。しかもじゃじゃ丸は長の実の息子だというではないか。えこひいきかよ！とグレる影丸を誰が責められよう。じゃじゃ丸のほうも納得がいかず、長から与えられた秘伝書も投げ捨て、「兄者がいてくれたら……」とこぼすと、そこにあらわれたのが世にも軽い男であるじゃじゃ丸の兄（**川連廣明**）。忍者修行が嫌で里を出た兄者「脱走じゃなくて卒業だよ」と言い張り、そのままじゃじゃ丸を拘束して抱えながら逃げる。

舞台変わって秋葉原。忍者の里で育ったせいでまるで世間知らずなじゃじゃ丸を、兄は秋葉原のオタクTシャツ屋につれてゆき、服を変えさせる。全然オシャレじゃない格好に変身したじゃじゃ丸ともども、友人である渡辺（**コウメ太夫**）の家に押しかけてそのまま居候になる。渡辺の娘さくら（**倉持由香**）を一目見て「姫！」とのぼせあがるじゃじゃ丸……とおなじみの展開が続く。さくら役の倉持由香、あんだけ尻尻言ってるんだから、少しはヒップを強調する撮り方してもバチは当たらないと思うぞ。渡辺とじゃじゃ丸の兄は『忍闘士アレクサンダー龍』という忍者もの特撮ドラマのファンとして知り合ったのだという。

さて、そんな感じで楽しく日々を過ごしていたじゃじゃ丸。だがある日、ヤクザ愚朗会のチンピラたちがやってくる。「家の権利書をよこせ！」と渡辺とさくらに迫るチンピラたちを、たちまちクンフーで叩きのめすじゃじゃ丸。

逃げ帰ったヤクザ、愚朗会の組長（**島津健太郎**）に、

「おそらく忍者かと」（なんで「クンフー使い」じゃないいんだ！）

「よし、忍者には忍者だ！」

というわけで流しの悪の忍者を雇うと、それはもちろん里から脱走してきた影丸とナマズ大夫（**虎牙光輝**）なのであった。ナマズ大夫が里への反逆者たちの墓で禁断の呪文を唱えると、墓から次々にゾンビが出てきて、おゆき（**富田麻帆**）、くろべえ（**遊木康剛**）らクンフー使い四人衆が蘇って

きてじゃじゃ丸を襲う……キャラクターの名前とかはオリジナル・ゲームからの引用のようですが、だからどうしたとしか。延々と続く「激しいアクション」は、家の中から気がつくと表に出て河原とか森の中とかに展開している。**低予算映画では、格闘がはじまるとなぜかキャラクターが森に入っていくの法則**はここでも健在である。で、時間伸ばしとしか思えない戦いで四人を倒したあと、帰ってくるとナマズ大夫と影丸がさくらを誘拐してヤクザの事務所に拉致し、「返してほしかったら家の権利書をもってこい」と……。

しかしこいつらなんでそんなに権利書に固執してるのか、そこがさっぱりわからないんだけど。でまあ当然のように乗りこんだじゃじゃ丸と影丸の一騎打ちが「激しいアクション」で延々と続く。その舞台がなぜか「忍者」とか「臨兵闘者皆陣烈在前」とか書きなぐった横断幕が貼ってある倉庫。戦いがはじまると倉庫に入っていくのは低予算映画ではよくあることなので別に驚かないが、なんであんな横断幕を張ってあるのか、最後までずっと考えていた。そしてその場でなぜか二人とも上半身をはだけると小刀をふるって切り合い、ギリギリのせめぎあいを続けるうち、目と目があって、うなずきあい、お互い自分の胸に刀心と刻んで、最後の一刀でじゃじゃ丸が影丸の胸に切りこんで相手の胸に「忍」の字を完成させて勝利するんだけど、**あまりのかっこよさに失神してしまってそのあとは覚えていません！**

※1　忍者じゃじゃ丸くんシリーズ
『忍者じゃじゃ丸くん』は一九八五年、ジャレコから発売された任天堂ファミリーコンピュータ向け横スクロールゲーム。プレイヤーは「じゃじゃ丸」を操作して妖怪軍団と戦い、「なまず太夫」にさらわれた「さくら姫」を助ける。アーケード版を含め多くのゲーム機に移植され、その後続編『じゃじゃ丸の大冒険』をはじめとするシリーズが作られた。

※2　キャノンフィルムズ

一九六七〜一九九四年に活動していたアメリカの映画製作、配給会社。一九七九年、アメリカにやってきたイスラエル人の映画プロデューサー、映画監督メナヘム（メナハム）・ゴーランと資金調達の天才ヨーラム・グローバスは、前身のキャノンフィルムズを買収。チャック・ノリスの主演映画やショー・コスギのニンジャ映画、『ブレイクダンス』（一九八四）『グレート・バーバリアン』（一九八七）など、低予算ジャンルムービーを量産、ヒットさせ会社を急成長させた。それにつれて文芸系映画の製作に手をのばし、アルトマンやゴダール、カサヴェテス、コンチャロフスキーといった監督たちとも仕事を始めるが、巨額の製作資金に圧迫されるようになり、ゴールデンコンビであったメナヘムとヨーラムの関係が終わると同時に会社も破綻した。キャノンフィルムズの興亡を追ったドキュメンタリーに『キャノンフィルムズ爆走風雲録』（ヒラ・メダリア監督／二〇一四年）、『Electric Boogaloo: The Wild, Untold Story of Cannon Films』（マーク・ハートレイ監督／二〇一四年、日本未公開）などがある。

※3　ショー・コスギのニンジャ映画

キャノンのニンジャ映画第一作『燃えよNINJA』（一九八一）にて準主役のブラックニンジャハセガワを熱演。その高評価を受け、コスギ主演で『ニンジャⅡ・修羅ノ章』（一九八三）が製作された。東洋武術全般をゴッタ煮にしたような破天荒で濃厚なアクションが大ウケしその後も続編は次々とヒット、全米でニンジャブームを巻き起こした。

※4　『HO〜欲望の爪痕〜』

『皆殺し映画通信　天下御免』一五ページ参照。

平成元年に生まれた二人の三十三年間を描く #ありがとう平成映画。
予定調和のストーリーを真面目な瀬々敬久監督がクソ真面目に撮るとどうなるか

『糸』

監督＝瀬々敬久　原案＝平野隆　脚本＝林民夫　音楽＝亀田誠治　主題歌＝中島みゆき
出演＝菅田将暉、小松菜奈、山本美月、高杉真宙、馬場ふみか、倍賞美津子、永島敏行、竹原ピストル、二階堂ふみ、松重豊、田中美佐子、山口紗弥加、成田凌、斎藤工、榮倉奈々、石崎ひゅーい、片寄涼太

平成元年一月八日、高橋漣（**菅田将暉**）は北海道に生まれた。というわけでこの物語は漣と園田葵（**小松菜奈**）、平成元年に生まれた二人の三十三年間を描く #ありがとう平成映画。『弥生、三月―君を愛した30年』（本書八五ページ参照）と同じジャンルである。**コロナ禍のせいで色々狂ってしまったが、どうやらこれが本来の二〇二〇年邦画トレンドになるはずだったものらしい。**ただ『弥生、三月』みたいに平成元年に出会うことにしてしまうと、二人が結ばれるときには五十近いなんてことになっちゃうわけで、今回は平成前半のトピックはすっ飛ばして後半のみにフォーカスを当てることになった。

もうひとつのテーマは「糸」[※1]。主題歌でもある中島みゆきの曲である。最近流行りの名曲の映画化というやつ。まあ中島みゆきなら誰もが知ってるし、「たーてのいとはあーなーたー、よーこのいとはわたしー」だから平成を彩るメロドラマのテーマソングとしてもぴったりじゃないか。ただ、こういう設定でこの話にしたとたん、問題が生じる。それはつまり、このすれちがいメロドラマが解決するのは平成三十一年、そこで二人が巡りあって結ばれるのであれば、それまでのストーリーはすべて単なる引き伸ばしでしかない、ということである。**榮倉奈々**も噛ませ犬としてはよく頑張

っていたとはいえ、彼女が難病になるのは登場したときからすでに明らかなのである。そんな予定調和のストーリーを、真面目な瀬々敬久監督がクソ真面目に撮るとどうなるかという……そういう意味では一種のプログラムピクチャーとしての#ありがとう平成映画の中で、頑張ってる人もいたしいい場面もあった、というところで落ち着きそう……。

さて、平成十三年（二〇〇一年）、中学一年生の漣と竹原は、美瑛町の花火大会に出かける。花火大会には間に合わなかったものの、そこに遊びに来ていた同学年の少女二人組、葵と弓と知りあう。すぐに仲良くなった漣と葵、漣のサッカー試合に葵が手作り弁当持参で応援に行くアツアツぶりに、竹原と弓も顔を見あわせる。だがある日、「家に帰りたくない」とぽつんともらした翌日、葵の一家は夜逃げのようにいなくなる。弓から葵は育児放棄されており、近所のおばさん（**倍賞美津子**）のところでときおりご飯を食べさせてもらっていたことを知る。

平成二十年（二〇〇八年）、漣は竹原（**成田凌**）から弓（**馬場ふみか**）と結婚すると伝えられる。平成二十一年（二〇〇九年）、結婚式に葵も来る（たまたま道でばったり会ったらしい）と聞かされて驚愕し、昔のことを思いだす漣。実は平成十三年、あのあと漣は札幌に引っ越した葵に会いに行っていたのだった。

これ、物語の順番で時間が飛ぶたびに律儀に年号が表示され、説明していくとおりに話が進んでいくんだが、律儀というかバカ正直というか……『弥生、三月』はそこを見せなかったせいで逆にピーター・グリーナウェイみたいになっちゃったわけだが、これはこれでどうにも説明過多で余白がまったくない感じ。人の出入りとかいちいち説明してゆくんで映画が長くなる（この文章も長くなる！）のだが、映画ってそういうものじゃないんじゃないかな……。

ともかく平成十三年、母子家庭の葵が、母の恋人にＤＶを受けていると知った漣。「あと二年我慢すればいいから」とすっかり暴力に心折れて諦めてしまっている葵を救おうと手を引いて逃げ、別荘に不法侵入して夜を明かす。ラジオから流れてくる中島みゆき「糸」に聞き入る二人、函館から青森に逃げようと約束する。だが翌朝、二人は警察に保護され、上辺だけとりつくろう葵の母親によって引き裂かれてしまう。

……ということがあったので、そわそわと葵が来るのを待つ漣なのである。だが、八年ぶりに会った葵は「逢えてよかった」というだけで、とくに感慨も見せぬままケータイで呼びだされてそっけなく帰ってしまう。ここからまた過去の事情説明がはじまる。葵は家を出るために年齢をごまかしてキャバクラで働いていたところ、若いイケメン金融王水島（**斎藤工**）に見初められ、彼の恋人として同棲しながら大学に通っていたのである。そういうわけでもはや中学時代の淡い恋などどうでもよくなっている大人な葵なのだった。

（ここから平成二十一年）ところが順風満帆と思われた生活が、リーマン・ショックのあおりをくらった水島ファンド倒産で暗転。水島は葵を放りだしていずこかへ逃げてしまう。だがそこは小松菜奈なので慌てず騒がず沖縄の地に向かう。そう、水島はお気に入りの釣りスポットに逃げだしてきていたのである。

「今度は私があなたの面倒を見るから」

そのまま平和に沖縄のどっかで二人で暮らしていたが、そのうちに水島は金だけ置いてぷいと姿を消してしまう。

そもそも漣は、実は葵が帰ってくるかと思って美瑛で仕事先を探し、チーズ工房ＮＥＥＤＳ[※2]で働いていたのだが、そんなこんなであっさり振られてしまったわけである。ちょうどそんなときに職場の先輩桐野香（榮倉奈々）が、中学のころから付き合っていた相手に振られた旨をもらす。二人はあぶれた同士で付き合うことになる。

平成二十二年（二〇一〇年）、弓とスピード離婚した竹原、後輩のおとなしく万事に控え目な利子（**二階堂ふみ！**）と再婚するという。漣と香と四人で食事し、香がカラオケで中島みゆきの「ファイト！」をやけくそ気味に熱唱する一幕がある。弓との結婚とか離婚とかいうあたり、いかにも物語の都合で人を出入りさせる心無い脚本になってしまっている。

というわけで美瑛町の役場に婚姻届を出しに来た漣、ふと横を見るとそこに葵がいるではないか。葵は絶縁した母の行方を確かめるため美瑛を訪れていたのである。成り行きで葵を車に乗せて昔の家へ、そこにいないとなると函館の伯父さんの家まで車を走らせる。何時間かかるんだ？と思ったがグーグルマップでは約六時間と出ました……そこで母の遺灰と再会をはたし、葵も心残りはなくなった。婚姻届の提出という一大イベントをすっぽかしてここまで葵を乗せてきた漣もようやく踏ん切りがついて、

「オレ結婚するんだ。オレはずっと北海道で生きていく」

「わたしは世界中、どこでも生きていける」

男のほうが待つ男で、女が夢を追いかけて世界へって新しいパターンだが、このキャスティングだとそうならざるを得ないのかもしれない。そういうわけでようやく第一部完！

舞台変わってそこはシンガポール（！）葵はキャバクラ時代の先輩玲子（**山本美月**）に誘われてネイリストとしてこの地で働くことにしたのである。とくにネイリストの経験などないのだが、「日本人は手先が器用だから」と……あまりに安易に働きはじめた葵、玲子が客からの理不尽なクレームで解雇されたことをきっかけに、ネイリスト派遣業の起業を決意。そのためにホテルの掃除婦からはじめて肉体労働でのしあがる二人。いやここらへんのシンガポール女一代記的展開、いったいどこへ向かうのかわからない爽快感があって、とりあえず楽しかった。**物語に回収されない部分の野放図な自由があるのだが、残念ながらこれは最終的におさまるべきところにおさまってしまうのだ。**

一方、北海道では婚姻届提出をサボったことなどすっかり忘れ、それなりの幸せを摑みつつあった漣と香のカップルである。第一子を妊娠して幸せの絶頂、というところで平成二十三年三月十一日、東日本大震災発生。その日、病院で検査を受けた香、妊娠は順調だったものの癌に罹患してい

たことが判明する。榮倉奈々ならやはりこうこなくっちゃ！と思ったが、実は難病映画って『余命[※4]1ヶ月の花嫁』くらいだったか？　難病慣れした榮倉奈々だけに、治療は子供を生んでから、と言い張る……そして平成二十六年（二〇一四年）、可愛ざかりの娘を連れて買い物に来ながら一人立ち止まって嗚咽をはじめる漣。そう、もちろん香の癌が再発したのである。泣いている漣に黙って近寄り、抱きつく娘。母から「泣いている人がいたら抱きしめてあげる人になりなさい」と言われたためである。大減量で痩せた榮倉奈々、難病もののプロの矜持を見せる泣かせの大芝居。

「運命の糸って、あたしはあると思う……でもその糸はほつれることもあるし切れることもある……でも生きてれば必ず何かにつながるの」

　意味わかんないよ！　そういうわけで予定通り香は退場となった。

　一方シンガポールでは、順風満帆なネイリスト派遣業で、盛大に創業七周年記念パーティを催す葵&玲子。ところがある日いきなり玲子が失踪。なんと勝手に会社の金を不動産投資に注ぎこんで大穴を開け、逐電したのである。人は裏切るのね……と一人シンガポールのフードコートで泣きながらカツ丼を食う小松菜奈。そこで有線放送から流れだす中島みゆき。「♪たーてのいとはあーなーたー」

　というわけで身一つで日本に帰国、一介のネイリストとして働く葵。平成三十一年、シンガポールに戻るきっかけができたところでふとネットニュースで北海道美瑛町でおばあさんがやってる子ども食堂の存在を知る。その店のきっかけを作ったのは一人の少女であるという。というわけで北海道に飛んで、おばあさんの作ってくれた定食を「美味しい……」と泣きながら食べていると**（飯を食うときはいつも泣く！）**、そこにいた少女が黙ってぎゅっと抱きしめる。そうそれは！　♪たーてのいとはあーなーたー……となればきれいにおさまったのに、そのあと函館まで引っ張るのは蛇足中の蛇足。瀬々監督にはちょっと反省していただきたい。

　なお、見せ場としては榮倉奈々の難病演技と、香の死後残りの三人で集まってカラオケ・パーティをするシーンで、震災の被害で性格が百八十度変わってしまった利子が再登場し、二階堂ふみがこんな役をやってた理由を教えてくれる気持ちよさげな芝居がおもしろかったくらいかな。

※1 『糸』
一九九八年に「命の別名／糸」の一曲としてリリースされた中島みゆきの歌。もとは一九九二年に天理教の現真柱（四代目）中山善治の結婚式を祝って作られたものである。CMや番組の主題歌によく使われており、多くのアーティストによるカバーバージョンがある人気曲。

※2 チーズ工房NEEDS
北海道中川郡幕別町にあるナチュラルチーズ工場。二〇〇三年創業。一〇〇年以上の歴史をもつ新田牧場に隣接し、その新鮮な牛乳を使ってチーズを製造販売している。屋号そのままで映画に協力した。

※3 『余命1ヶ月の花嫁』
廣木隆一監督／二〇〇九年。二十四歳で若年性乳がんに冒され余命一か月とされた女性のテレビドキュメンタリーをもとにつくられた実話映画。書籍化や舞台化もされた。遺族関係者は現在も亡くなった女性の意思を受け継いで、若年性乳がんの危険性を訴える活動にとりくんでいる。

▶『糸』

実写化したら主人公がベラになって萌え女子高生になってしまった。
利権の匂いしかしない現代的プロジェクト。現代映画の病理が全部入り

『妖怪人間ベラ』

監督＝英勉　原作＝ADKエモーションズ　脚本＝保坂大輔　撮影＝川島周　音楽＝野崎美波　主題歌＝BREAKERZ
出演＝森崎ウィン、emma、堀田茜、吉田奏佑、吉田凜音、桜田ひより、清水尋也、六角精児

[※1]「妖怪人間ベム五十周年プロジェクト」で実写化したら主人公がベラになって女子高生になってしまった。「ベラの鞭は痛いよ」どころか到底鞭なんか振りそうもない魔少女である。**自立した性的な女性であったベラが萌え女子高生になってしまうのがいろんな意味で現代を象徴している**気がするのだ。製作・配給はＤＬＥ。[※2]『ＤＣスーパーヒーローズvs鷹の爪団』や[※3]『サブイボマスク』でおなじみの映像利権ビジネス会社である。『妖怪人間ベム』の製作会社である第一動画が解散しているため、その権利を活用しようと考えた連中が「五十周年プロジェクト」をたちあげ、そこで活躍したのがＤＬＥというわけだ。こんな利権の匂いしかしない現代的プロジェクトを監督したのが英勉。この人のフィルモグラフィーを見ていると本当にいろんなことを思わされる。第二の堤幸彦と呼べばいいのか、利権案件ばかりを一手に引き受けて年に数本映画を撮っている。全部は見ていないのだが、レビュウを書いていない映画も含め、どれもこれも……とくに今年は派手な活躍で、英勉研究でもすべきではないかと思われる勢い。そんな現代日本映画の病理が全部入りの映画、池袋のシネコンでは観客三人でした……。

某広告代理店の窓際社員新田康介（**森崎ウィン**）は、「妖怪人間ベム五十周年プロジェクト」の

担当で、オリジナルアニメのＤＶＤ化を進めているがやる気も能力もなく、後輩篠原（**清水尋也**）からさえ見下されている。ところがＤＶＤ製作の過程で、アニメには封印された「幻の最終回」があるという話を聞く。当初作られた最終回が放送を拒否され、新たに最終回が作られなおしたのだという。まあここらへんは『妖怪人間ベム』が当初の予定から短縮され、曖昧なエンディングで終わっていることから生まれたアイデアなのだろう。ついに発見された「幻の最終回」のフィルムを上映してみる新田。それは警官隊に囲まれた中、ベロが火炎放射器で焼き殺され、ベラが撃たれて生死不明のまま終わるという衝撃的なものだった。

一方、都内某所。さる女子高に百合ヶ崎ベラ（**emma**）が転入してくる。もの静かな美少女ベラはスポーツも万能で、読モもやってるクラスの女王様綾瀬（**吉田凜音**）の影も薄くなる。すると彼女を襲いくるいじめの嵐。制服を滅多斬りにされるとかランチのスパゲティがミミズスパゲティになっているとか創意工夫に富んだいじめが登場する。しかしこれだけやられてもまったく無表情・無感動なベラ。決してｅｍｍａが大根だからではないぞ！　そんなベラに一人だけ親切にするのがカメラ女子の沙織（**桜田ひより**）であった。

ところがその沙織、実は綾瀬の盲目的信者であり、ベラと綾瀬が親しくしているのを見て逆上、ベラを暗室に閉じこめて放置しようとする。「人間は光も音もないところにいたら気が狂うんですって。じゃあね。キャハハハ」そう実はこれまでのいじめもすべて沙織がキャハハハとやっており、表では二重人格的にいい顔をしていたというわけである。英演出ではすべての狂気はキャハハハ笑いで表現され、例外は認められない。ところが家に帰って綾瀬の写真を眺めてるんるんしている沙織の前にベラが忽然とあらわれ、立場が反転して逆に沙織が暗室に閉じこめられてしまうのだった。暗室で発狂した沙織、屋上で「やーみーの、なーかーでーいーきる」とつぶやいているベラをいきなり出刃包丁でぶっ刺してキャハハハと突き落とす。さらには綾瀬にもコンビニのビニール傘をぶっ刺して殺害……いやこれは笑うところなのかな？　突き落とされても無感動なベラは「……人間になんて、なりたくない……」とつぶやくのだった。

一方「幻の最終回」にとりつかれた新田は、音声の入っていないフィルムで、ベラが最後に言っていたセリフがなんなのかわからず、ついには老人ホームに入っているオリジナル脚本家をたずねあて「何を言ってるんですか？」と問い詰める。いや観客のほうはもうとっくに知ってるわけですがね。脚本家老人は、

「わたしは見た……彼らは強い、傷つかない……」

と叫ぶのだった。

クライアントでもあった綾瀬の葬式に出かけた新田。そこでばったりベラと出会う！ そうかこういうかたちで接点を作ったのかそのための読モ設定か！って感心するわけねーだろ！ **なんで代理店連中ってこう内輪ネタが好きなのかねえ。本当に謎である。**

ベラから無表情に「人はなぜ泣くの……」と問われ、「あなたは強い人よ……」と根拠もなく言われた新田、すっかり妖怪人間に狂ってしまって以下「キャハハハ」と優しい顔を自在に使い分ける狂人となって息子と妻（**堀田茜**）を恐怖に陥れるのであった。ともかくこの映画、妖怪人間は強い、痛みも感じない、死なないといいことづくめという考えなので、別に「早く人間になりたい」とも思ってないし、むしろ人間が妖怪人間に憧れてたりする。ベムの悩みなどどこへやらだ。

新田が会社にも行かず、目を血走らせて道を車で走っていると道端にベラが立っている。あっ！ と思うとキャハハハと走ってきた沙織が後ろからどーん！ 飛びだしたベラを跳ねちゃってバーン！ ショックの新田！ キャハハハ〜と走っていく沙織。っていいかげん捕まえろよ！ 沙織、映画が終わるまでキャハハハと走りまわっているのであった。でも別に死にもしないし無感動に立ち上がり去ってゆくベラ。

そんなわけで以下は狂った新田がキャハハハと狂気剥きだしてキレながら妖怪人間の真実を追い求めるストーリーとなる。脚本家が漏らした「ハスイケ」の一言から、たいへん有能な後輩が、旧

日本軍の秘密研究所のことを調べ上げてくる。新田がその廃墟に潜入すると、もちろんそここそが秘密実験による妖怪人間誕生の場所。そして「幻の最終回」に描かれた妖怪人間の最期が起こった場所なのである。新田が勝手に幻視してくれるので、ベロが焼却炉で焼き殺され、ベラが日本軍の射撃を受けて倒れたという話はわかるのだ。

以下、延々とキャハハハ新田が会社でキレたり、子供のサッカー教室で暴れたりしたあげく、子供を連れて廃墟に戻り、「これを飲めば強くなれるぞ！」とベロの血清を飲まそうとし、そこへ新田を診ていた精神科医霧島（**六角精児**）があらわれ、そうもちろんこいつがベムなんだよ！と思ったら一瞬で新田に焼き殺されるのには本当にいいかげんにしろと思ったな。結局五十年前のアニメなんて、代理店連中にとっちゃ「古臭いプロパティ」を「今風のコンテンツ」に変えて一儲けでしかないってことなんだなあ。

※1　妖怪人間ベム
一九六八年から一九六九年にフジテレビで毎週月曜日のゴールデンタイムに放送されたテレビアニメ。原作・脚本は足立昭。人間になりそこなった人造人間ベム、ベラ、ベロは、毎回「はやく人間になりたーい！」と叫びながら妖怪を退治しつつ各地を放浪する。人間社会にとけこんで人間のように暮らすことを夢見つつも、一度正体がばれると人間社会からも途端に掌を返され迫害されてしまう。人間の恐ろしさと異端異形の哀しみを描いた佳作。

※2　『DCスーパーヒーローズvs鷹の爪団』
『皆殺し映画通信　骨までしゃぶれ』一六三ページ参照。

※3　『サブイボマスク』
『皆殺し映画通信　地獄旅』一三〇ページ参照。

運転士が悪霊に乗り移られて電車が暴走するけど、それじゃ「電車を止めろ!」じゃないか!
あの銚子電鉄製作によるプロモーション映画の登場

『電車を止めるな!～のろいの6・4km』

監督＝赤井宏次　原作＝寺井広樹　脚本＝赤井宏次、竹本勝紀、寺井広樹、吉村みやこ
出演＝コウガシノブ、末永百合恵、H－NA、松本倖大、道井良樹、池上恵、相馬絵美、手塚涼大、秦野豪、村井美樹、木村裕子、谷口礼子、柏木亮、ぶっちゃあ、泣石家霊照、鉄平、五十嵐はるみ、志月かなで、光益公映、佐野明子、小嶋みつみ、中田敦彦、日野日出志

銚子電鉄は千葉県の端にある長さ六・四キロのローカル鉄道。平成十八年、破産の危機に瀕した際にぬれ煎餅の売り上げでそのピンチを脱したという逸話を持つ。現在もぬれ煎餅の売り上げのほうが鉄道の営業収入よりも多いとか、あいかわらず綱渡りの経営が続いている。自虐ネタが好きらしいのは『トモシビ～銚子電鉄六・四キロの軌跡』[※1]で鉄道vs高校生の衝撃の駅伝対決が描かれたことですでにおなじみ。というわけで満を持して銚子電鉄製作によるプロモーション映画の登場なのである。銚子電鉄社長蔵本（**コウガシノブ**）は経営危機打開の一策として「心霊電車」を走らせることを決める。だが、その列車には本当の心霊現象が発生したのだ。列車は無事に終点までたどり着けるのか!?

　とまあそういう話になるわけだが、こういうタイトルなんだから当然さまざまな障害をくぐり抜けてなんとしても終点にたどり着くのだ!という話になるべきだと思うんだが、違うんだよ! **運転士が悪霊に乗り移られて電車が暴走するんで、それじゃ「電車を止めろ!」じゃないか!** そこはちょっとくらいは考えてほしかった……さらにいえばこのタイトルなんだから嘘でもいいからワンカット撮影の場面作らないのか。銚子―外川間わずか二十分だからフィルム撮影でもワンカット

で撮れるぞ！　まあそういう試みをしない時点で、タイトル以上のパロディは考えていないのは明白なのであった。

銚子電鉄の危機を救うための方策を考えているアイデアマンの蔵本社長は真夜中に「心霊列車」を走らせようと思いつく。実際には「お化け屋敷列車」としてイベント列車を走らせていたらしい。変なのは「真夜中」というところ。映画では犬吠駅スタートで仲ノ町駅で折り返し、外川駅まで戻ってくるコースなのだが、これ真夜中に出発するまでと列車到着後、どうするつもりなんだよ！犬吠駅前がどんな繁華街なのか知らないが……根本的な設定にだねえ……。

社長が企画をテレビ局に売りこんだりするスポンサーやらクラウドファンディングやらへの義理を済ませる場面のあと、いよいよそれぞれに訳アリの乗客が集まってくる……と言いたいところだが、実は映画の最初に女子高生が痴漢に追われた拍子に祠を壊して悪霊の封印が解かれる場面があるので、あの祠をなんとかすればいいのね……と観客全員にはとっくにわかっている親切設計だ。

心霊列車に乗りこむことになる一癖も二癖もある面々。売れない怪談家・蓑毛よだつ（**道井良樹**）、アイドルオタク（**松本倖大**）、インチキ霊媒師の広瀬じゅず（**池上恵**）、〝心霊アイドル〟として売りだし中の地下アイドルめむたん（**末永百合恵**）はマネージャーに送りこまれる。一人で放りだされて行くところがないめむたん、観光案内所で銚子電鉄沿線の名物を聞き、「銚子電鉄のうた」（作曲新垣隆！）に合わせて観光名所をまわる。途中、温泉ホテルに寄る場面で入浴シーンのサービスまで！というほぼ完璧な観光要素の入れこみっぷり。ここに関してだけは満点を差し上げられる。

そんな凸凹な面子が揃ってついに列車が発進！　駅ごとに銚子電鉄の従業員がしょぼい感じで脅かそうとするのだが、もちろん誰も脅かされたりせずせせら笑っている。ところがそこに子供の幽霊と本物の悪霊があらわれ、運転士がとりつかれてノンストップで爆走をはじめる。列車を止めろ！いや止めるな！　さらにはめむたんも悪霊にとりつかれ、中継されているニコ生では「悪霊アイドル」として新たな人気を得る！

そのとき一人冷静に立ち上がったのが背広姿の地味な男龍宮司一馬（**秦野豪**）。実はこの事態を一足早く察知して心霊列車に乗りこんできた陰陽師だったのである。龍宮司は祠が壊されたことにより負のエネルギーが銚子近辺にあふれ、それに「どうしても電車を止めたくない社長の激しい怨念」が加わってこの事態が発生したのだと見抜く。いやたしかに取り憑かれてるようだとはみな思っていたが「怨念」とは。

そこで立ち上がったのが霊感女子高生ＨＩＮＡ（**HINA**）。夜中に社長と二人走りまわって壊された祠の場所を見つけ、仏像をもとに戻すと負のエネルギーは解消してすべて消えさっておしまい。列車も無事終着駅に到着した良かったね社長これで成仏できるね。

え？

そう実は子供をなくした悲しみ（子供の幽霊！）を癒やすために銚子電鉄に精魂を注いだ社長、激務のあまりついに倒れて帰らぬ人となっていたのだった。本人はそのことに気づかずこの世に迷っていたというオチ。最後未亡人が「ありがとうございました。あの人の願いも叶ったでしょう……」と従業員にお礼を言うのだが、**これじゃあ銚子電鉄不幸しか招いてない！「なんで社長が死ぬ話になんかしたんですか！」ってラストに得意の自虐オチがつくんだけど、笑えないよ……**。

※**1**　**『トモシビ～銚子電鉄六・四キロの軌跡』**
『皆殺し映画通信　骨までしゃぶれ』九八ページ参照。

全出演者VTuber。もちろん演技なんてものはなく、手をふらふら振りまわして口をパクパクするだけの地獄のような映像。よくもこれで一八〇〇円取れるな賞を差し上げたい

『白爪草』

監督＝西垣匡基　脚本＝我人祥太　主題歌＝SIRO
出演＝電脳少女シロ、花京院ちえり、神楽すず、カルロ・ピノ、もこ田めめ、ヤマト イオリ

　全出演者VTuber[※1]。いやあすごい時代が来たものである。だがそもそもVTuberって3Dの美少女アバターをかぶったおっさんがゲーム実況やったり毒舌でおしゃべりしたりとかってコンテンツなわけでしょ？　それが映画に「出演」ってどういう意味なのか。単に解像度の低いキャラが突っ立って合成音声で喋るだけのアニメなんじゃないのそれは？と思ったら本当にそうなんだよ！　しかも全出演者とか言ってるけどほとんどのメンバーは声だけ。間違い電話かけてくるとかそのレベル。メインキャストは「**電脳少女シロ**[※2]」ただ一人。これが一人二役で双子の姉妹を演じて、同じ顔の二人がお互いに両親を殺したのはおまえだいやおまえだと同じ声で言い合いを続けるという地獄のような映像が続く。**もちろん演技なんてものはなく、手をふらふら振りまわして口をパクパクするだけ。よくもこれで一八〇〇円取れるな賞を差し上げたい。**なお、「電脳少女シロ」をはじめとする登場VTuberはすべてアップランドが製作・運営する商業キャラである由。
　フラワーショップ「花組」で働く白椿蒼（アオ）は、心に悩みをかかえてカウンセラー桔梗（**カルロ・ピノ**）に相談している。今日は意を決し、その根幹である姉との対決を決意する。お店が閉じたあと、バックヤードで片付け中に姉の紅（ベニ）が訪れる。演じるのはどちらも「電脳少女シ

ロ」、ってこの場合の「演技」ってなんなの？　「演出」ってなんなの？　「監督」の仕事はどこからどこまでなの？　まあ「中の人」次第ということなんだろうなあ。そこらへんを突き詰めればいろいろ興味ぶかい議論になりそうな気もするのだが、もちろんそんなことを気にしている人はどこにもいないのだった。

さて、そういうわけで登場した紅。同じ顔で同じ声の人が二人並べば魅力も二倍！　探り合いの茫洋とした会話（上映時間延ばし）が続くのだが、やがて意を決したアオがなぜあんなことをやったのかと訊ねると、ベニは「何も覚えてない」と答える。なんですって？　両親を殺しておきながら何も覚えてないとか、そんなことがあるの？　それに対してベニは、本当は両親を殺したのはアオであるにもかかわらず、その罪を自分になすりつけたのだと言い返す。真っ向対立するベニとアオの言い分、どちらが真実なのか？

どっちだっていいじゃんよ、というのは観客の意見である。ベニがまくしたてるのにアオはとくに反論もせず、そのうちにベニに飲まされた薬が効いてきて意識を失う。気がつくと椅子に縛りつけられていた。ベニは意識のないあいだにアオと服をとりかえており、このまま人生もとりかえるのだという。本当は自分は殺人犯ではなかったが、警察に尋問されたときついやったと言ってしまった（そんな言い訳あるのか？）。だがアオはすっかり罪を自分に着せ、本当に自分が罪をおかしたと信じこみのびのびと暮らしている。前科者として差別される暮らしにはあきあきした。アオを殺してアオになりかわり、花屋としてひっそり生きていくのだ。

そう言われたアオ、「でもさー、人殺すのって結構たいへんだよ。死体どこに捨てるつもりなの？　バラバラにして花壇に捨てる？　血もドバドバ出るけどどこに捨てる？　そう簡単じゃないのよ？」といきなりグロ趣味をむきだして逆襲の問い。するとそこまで考えていなかったベニ、「もういやだ〜」と泣き崩れる。なんなんだこいつは！　で、泣いてるベニをなぐさめるアオ、入れ替わりに協力すると言いだす。自分はもともと精神の悩みを感じ、死のうかと思いつめていたところだった。ちょうどいいのでベニと入れ替わり、ベニとして人知れず自殺する。そしたらベニはクリーンなアオとして生きていけるじゃないか。ベニも殺人と死体処理の面倒さをやらなくていいならそれでよい、とその話に乗るのである。

三か月後。

アオになりかわって花屋として第二の人生を満喫しているベニ。アオも言葉通りベニとして自殺してくれて万々歳である。なんといっても両親に毒を盛って殺したのは本当にベニだったのだから。これ延々と地獄だなんだと言ってるけど、両親との生活がどう地獄だったのか、なんで親を殺そうとか自殺しようとか思いつめてたのかまったく語られないいんだよな。まあそういうディテールは一切ないまま、ただ残酷さのイメージだけを弄ぶあたりが今風である。まあそんなわけでこういう映画にはつきもののやたら一人でべらべら喋って犯行を吹聴する犯人らしく、カウンセラー桔梗との会話でキャハハハと笑いながら恐るべき企みを説明してくれる。

桔梗は獄中のベニを診察し、彼女の心の悩み＝両親を殺したことを解消することにした。それにはアオに両親を殺したという偽の記憶を植えつければいい！　というわけで偶然を装ってアオに近づいた桔梗、診察と称してアオを洗脳して自分が両親を殺したと思いこませたのである。その良心の呵責ゆえ、アオはベニの無茶な計画を素直に受け入れて自殺したのだった。

てなあ！　そんな医者がいるか！　というか何も解決してないじゃないかそれ！！！

で、めでたしめでたしねー！　とか言ってたベニ、アオの日記帳を見つけて読む。するとそこには桔梗によって植えつけられた偽の記憶のせいで精神に異常をきたしたアオが、ベニに押しつけた二件の殺人のかわりにもう二人殺さなければならないと思いこみ（この理屈、何度聞いても意味がわからない）、以後殺人をくりかえして死体を処理していたのだった。「死体処理は簡単じゃない」と言ったのは実体験に基づく忠告だったのである！　「わたしの人生も、そんなにいいもんじゃないかもしれないよ」とアオが言い残したのは、そういう意味だったのか！　ギャアアアアと絶望するベニとともに映画は終わる。この映画、結構客が入っていたというのがびっくりなのだが、本当に七十万人いるという「電脳少女シロ」のフォロワーたちはこれに満足しているのでしょうか。何よりもそれがいちばんのホラーだな。

※1　VTuber
外見がCGやイラストのYouTuberを指す。現在一万人以上のVTuberがいるとされる。自らの外見や性的アイデンティティなどに拘束されずなりたい自分になれるのが特徴。美少女のアバターを特化して使う成年男性は「バ美肉（バーチャル美少女受肉）おじさん」と呼ばれていたり。手や頭にセンサーを付け、キャラを連動して動かすことも可能で、VTuberとのリアルな対話も可能。デジタルサイボーグとしてさまざまな可能性が模索されている。

※2　「電脳少女シロ」
株式会社アップランドが運営するVTuber。二〇一七年から活動。イルカのような笑い声が特徴的でアイドルとして武道館でコンサートをすることが夢。現在チャンネル登録者数約七十万人。テレビやラジオへの出演、配信限定のシングルリリースや書籍の出版、企業とのタイアップなどマルチに活躍中。

2・5次元系映画として企画されたとおぼしいが、それと原宿の銭湯を舞台にすることがどうつながるのか？ 入浴シーンを盛りこめるとか？

『HARAJUKU ~天使がくれた七日間』

監督・脚本・撮影＝松田圭太　音楽＝加藤崇、三留章嗣　主題歌＝テジュ
出演＝馬場良馬、椎名鯛造、平野良、テジュ、坂ノ上茜、高城亜樹、東さと

原作[※1]は朗読劇。舞台は若者の町原宿。特別協力に吉野石膏がクレジットされ、上映前にCMも流れるので出資もしているのだろうが、建材メーカーがこんな映画に金を出してなんのメリットがあるのかまったく想像がつかない。**製作は怪しい利権案件には定評のあるアイエス・フィールド。アイエス・フィールド研究もしたいものですね。**主演の三人はいずれも2・5次元俳優[※2]ということなので、2・5次元系映画として企画されたとおぼしいのだが、それと原宿の銭湯を舞台にすることがどうつながるのか？　あっひょっとして入浴シーンを盛りこめるとかそういう理由？　しかしその割にはとくにサービスシーンもなかったような。とはいえ舞台を原宿にしたおかげで最初と最後に取り壊されてしまったエレガントなJR[※3]原宿駅旧駅舎が登場しているので、記念としての意味はあったかもしれない。

ある日、銭湯・明治湯の開店準備をしているヒデオ（**馬場良馬**）の前に白づくめの男（**椎名鯛造**）があらわれる。

「お客さん、まだ開店前ですんで」

「風呂に用はない。お前の魂抜きに来たから」

「殺し屋か!?」

「いや、天使」

こんな健康な自分がなんで？　本当は三日前に来るはずだったが、原宿の人出に見とれてすっかり遅刻してしまったんだと天使は説明する。ゆるいなー。なんでこんなに人がいるの？

「原宿は若者のファッションの中心地だからね！　明治神宮もあるから外国人も来るし！」

魂を抜かれそうになったヒデオ、必死で原宿名物の話をする。パンケーキ店が人気だと言われた天使、

「天使のままだと味がわからないから人間になろうかな。ただ一度人間になると一週間戻れないんだよね～」

ここにも原宿のパンケーキ大好きおじさんが！　ここで人間になれば一週間魂を抜かれることはない！　つまり天使からもらった時間、人生のロスタイムというわけだ。で、人間の血を一滴垂らした水に全身浸かるとかいう銭湯あてがきみたいな設定で人間になり、ヒデオからツバサという名前をもらった天使である。それにしてもここまで銭湯推しだもんでてっきり実際の原宿銭湯ロケなのかと思ったんだけど、原宿に銭湯なんかとっくになくなっているのである。本当、なんでこんな設定にしたのか……。

以下「あとX日」とカウントダウンされながら話が続いていく。ヒデオには引きこもりの弟シュウタ（**平野良**）がいた。実業団の野球選手として将来を嘱望されていたシュウタだったが、一年前、家族旅行に出かけた際に交通事故を起こして両親は死亡、シュウタは両目を失明してしまったのだ。以後世をはかなんですべてを諦めたシュウタ、恋人のアイコ（**坂ノ上茜**）にも一方的に別れを告げて引きこもっている。ヒデオはつとめていた会社をやめて銭湯を継いだのだが、それも「自分を同情し、蔑んでいるんだ」とシュウタにはおもしろくない。なんとも面倒くさい奴なのである。で、翌日ヒデオと元天使ツバサはRAINBOW PANCAKE[※4]に出かけ、パンケーキを食べている

とちょうどアイコに出くわし、頭をさげるはめになる。ちなみに何を味わうのもはじめてなツバサはほっといても「このパンケーキ、うめー！」と絶叫してくれるので、ステマ案件にはたいへん便利なキャラクターだ。ツバサが明治湯の従業員である小夜**（高城亜樹）**のことを気にすると、これ以降「ツバサ、小夜のこと好きなんだろ？」「ちげーよ！」というやりとりが繰り返されるんだが、七日後には天使に戻る予定のツバサにこれ言ってなんの意味があるのか本当に謎としかいいようがなくて、ひたすら頭がいたい。

以後、カウントダウンは続くのだがそれほど日付に意味があるわけでもないのでだらだらっと説明する。いずれデレることが最初からわかっているシュウタだが、ツバサから「生きている時間を大切にしろよ」と一言かけられただけですぐに改心。ヒデオ、ツバサと三人野球にいそしむ。ツバサが投げ、ヒデオが受け、シュウタが打つ。**いやシュウタ目が見えないんじゃないの？　だが心眼で見事にホームランをかっとばす！**っていやいやいや。

そしてかっ飛ばしたボールを誰が拾いに行くつもりなのか？　まあそんな具合にシュウタが心を開いてくれたので、翌日にはお好み焼き屋でアイコと和解させようとする。最初ぶすっとした顔で食事し、「俺のことを哀れんでるんだろ」とあいかわらず拗ねていたシュウタだが、アイコが泣きながら「理由を言え！」と絶叫するにいたって「きみを幸せにする自信がなかったんだ」と泣きだして一件落着。翌日には再婚約して、「こんなことに一年もかかるなんて、人間ってやつは」とツバサに呆れられる始末。

一方、すったもんだをやってるあいだに、全身黒尽くめで両手に刃物を持った中二病スタイルのクンフー少女があらわれる。ツバサは「やはり来たか」と慌てず騒がず全身白の天使ファッションに戻って、棒術で対抗。はげしい戦いの末に撃退する。

その夜、襲撃者のことをヒデオに話すツバサ。

「フリーランスというか、まあ死神だね」

ツバサがヒデオの魂を持っていかなかったので、仕事を放棄した状態とみなされ、フリー契約可能なヒデオの魂を取ろうと死神がやってきたのだという。通常、天使は天国行きの魂を、死神は地獄行きの魂を担当する。ただ地獄行きの魂は実入りが少ないので、本来天国行きだった魂をかっぱらえばいっぺんに死神は浄化される（＝天使になれる）。

「え、でもその場合ぼくの魂は？」

「当然地獄へ行くことになるねえ」

！？！

「だって延ばしてくれって言ったのはきみだろ？　まあ撃退しといたから問題ないって」

だがしかし、いろいろと人間関係が解決し、あと二日で天に召されるというタイミングで死神が再度襲来。今度はツバサを圧倒して叩きのめす。ダメじゃん……そのままヒデオの魂を奪おうとするが、そこでツバサがニ人のあいだに割ってはいる。

「勝てなくても、負けなければいいんだ！」

で、死神がヒデオのかわりにツバサの魂を持っていく……のかと思いきやヒデオが「今すぐ俺の魂を持っていってくれ！」と頼んでそのまま死んでゆくのであった（結局魂がどうなって、誰が天国に行って誰が地獄に行ったのかは不明のまま）。

で、それから数か月後、銭湯でアイコと結婚式をあげるシュウタの両目が開いている！　**ヒデオの遺言で「目を移植した」というんだが、どんな移植手術なんだよそれは！**

なお、銭湯では韓国から日本映画を勉強に来たヨンギ（**テジュ**）も働いている。彼が言う「家族の映画を作りたい……映画は人を幸せにできるもの」という言葉はおそらく本作の監督の思いなのだろうが、その結果がこの映画なのであれば、やはり韓国で映画作りを学んだほうがよかったのではなかろうか。

※1　**原作は朗読劇**

映画と同じく松田圭太が手がける同名の朗読劇で、たびたび公演を行っている。

※2　**2.5次元**

本書五一ページ参照。

※3　**JR原宿駅旧駅舎**

東京都内に残っていたもっとも古い木造駅舎。三角屋根や風見鶏が特徴的な西欧建築様式の建物で、一九二四年に開業した。第二次世界大戦の空襲をまぬがれ、九十年以上親しまれてきたが二〇二〇年八月に老朽化を理由に解体された。大晦日から元旦かけてのみ使用される臨時ホーム、皇室のみが使用できる宮廷ホームがあることでも有名。現在旧駅舎の素材も利用しつつ、新駅舎を建築中。

※4　**RAINBOW PANCAKE**

原宿にある行列のできる人気パンケーキ店。ハワイ好きのオーナー夫妻が二〇一一年に開業。ハワイ発祥のパンケーキ店激戦区原宿のなかで、日本発祥、オリジナルパンケーキを提供する。もっちりとした厚みのある生地が特徴。

地方映画の巨匠のスタッフだった監督が、持てる電通コネクションをフル動員して、
故郷である河内長野を舞台に地方創生映画を作った結果……

『鬼ガール!!』

監督＝瀧川元気　原作＝中村航　脚本＝中村航、作道雄、瀧川元気　音楽プロデューサー＝梶原徹也　撮影＝岡田賢三
出演＝井頭愛海、板垣瑞生、上村海成、桜田ひより、吉田美月喜、曽野舜太、深尾あむ、末次寿樹、テイ龍進、六平直政、山口智充、吉村洋文

奥河内、すなわち大阪府の河内長野市とか千早赤阪村あたりを舞台にしたご当地町おこし映画なのか……と思って見にいってみたら配給はSDP（スターダストピクチャーズ）だわ電通や読売新聞が製作委員会にはいってタイアップしてるわ特別協賛にはごっつい会社がたくさん並んでるわイタリアロケはあるわ、**しまいに吉村洋文大阪府知事が友情出演してるわでいろいろとんでもない映画だった**。なんでこんなすごいのか。監督の瀧川元気は地方映画の巨匠瀬木直貴のスタッフで、電通製作の広島日本酒映画『恋のしずく』[※1]でプロデューサーをつとめた経験がある。今回は自分の故郷である河内長野を舞台に地方創生映画を作ることになり、持てる電通コネクションをフル動員して頑張ってみた結果ということなんですかね。原作は『100回泣くこと』[※2]とか『MIRACLE デビクロくんの恋と魔法』[※3]とか、母さん野間文芸新人賞ってなんだったんでしょうねでおなじみ中村航。

舞台は奥河内の神ガ丘。かつては鬼住という地名だったこの地に、鬼の末裔である鬼瓦一家が住んでいた。男やもめの父（**山口智充**）、中学生の妹（**深尾あむ**）と小学生の弟と四人暮らしの鬼瓦ももか（**井頭愛海**）は今日から高校生である。鬼とはいっても頭から角が生えていて運動能力抜群

という以外は人間と変わりない。頭の角は集中すれば引っこめることができる。「鬼バレ」せずに青春を謳歌するぞと意気ごむももかである。鬼だとバレてはならないとももかは怯えているのだが、この程度なら別に困らなさそう。ラムちゃん[※4]コスプレで大人気という方向性だってあると思うのだが。現に中学生の妹はガールズバンド「鬼ビート」のボーカルとしてザ・ブルーハーツ[※5]をカバーして大暴れしている。「鬼バレするの怖くない？」と姉にきかれても「鬼である自分も含めて肯定できなかったら自分を嫌いになってしまう」と断言。妹のほうが断然大人なのである。

そういうわけで自転車で延々走って学校まで行くものの、校門前に立っていた謎のフランス人に気を取られて転倒。そこで爽やかに声をかけてくれたのがイケメンの神宮寺岬先輩（**上村海成**）である。映画部で撮った映画が高く評価されているというナルシスト先輩がさっそくの口説き。

「きみ、かわいいね……ぼくの映画のヒロインにならないか？　一緒にレッドカーペットを歩こうよ」

これが青春だ！　昔「怪力女」と豆をぶつけてくるいじめをしかけてきた蒼月蓮（**板垣瑞生**）と同じクラスになってしまったことも気にならない。放課後いさんで映画部室に出かけるとそこには女・女・女・女が大集合！　愕然とするももか。そう岬先輩はめぼしい女の子を片っ端から口説く人だったのである。

「みんな、ぼくの映画のために集まってくれてありがとう！　ぼくはみんなのことが大好きだよ♥！」

女の子たち「キャーッ！」

この映画がすごいのは「ワー」とか「キャー」とか言う場面で、俳優が本当に「ワー」とか「キャー」とか言うことである。ジタバタするときには本当にジタバタと暴れる。そして俳優はすべてを腹の底からの大声で叫ぶ。ももかは鬼なのでつねに全力なのかもしれないが、図書館で大声でセリフを言い合うのにはさすがにどんな言い訳も通じず見ているこっちがハラハラものだ。図書館ではお静かに！

ライバルに負けまいとオーディションに望んだももかだったが、鬼ならではの力みかえった演技が抜けずにあえなく落選してしまう。失望で引きこもり、学校に来なくなってしまうももか。幼馴染の蕎麦屋の娘、美雪（**吉田美月喜**）が様子を見に家までやってくる。鬼であることの悩みを打ち明けようとするももかだが、そこで美雪は、

「人間誰だって隠してることのひとつやふたつくらいあるわよ」

と告白を遮ってしまうのだ。なんでだよ！　いやこれ当然カムアウトを最後のクライマックスに持ってくるためなんだけど、別に親友に告白したからって最後の場面のインパクトが薄れるわけじゃないと思うんだけどね。

あらためて鬼について知識を得ようと図書館に出かけたももか、そこでばったり蓮と出くわす。蓮は世界的な映画監督である父親蒼月忍（**テイ龍進**）が、かつて同じ高校の映画部にいたのだと明かす。父には、そのころ作ろうとして果たせなかった「幻の脚本」があるという。蓮は八方手を尽くしてその「幻の脚本」を探そうと映画部に入部していたのだった。一方、ももかは図書館で借りた本から母の手書きとおぼしき役作りメモを見つける。これはいったい？　父を問い詰めると、掛け額の裏から紙に包んだ手書きの脚本を出してくる。題して『桃連鎖』。

「実は（蒼月）忍と俺と母さんは同級生で、忍は母さんをヒロインにしてこの映画を作るはずだったんだ。だけど、脚本が難しすぎて映画は実現せず、これは『幻の脚本』になってしまったんだ」

なんなんだそれは。てかなんでわざわざ隠してるんだよ！　ちなみになぜ難しかったというとこれが「連鎖劇」※6だから。「連鎖劇」とは映画草創期にあった特殊な上映形態で、映画上映と実演の演劇を交互に上演して物語を進める劇である。なんでいまごろそんなものを復活させようと思ったのかまったくわからないのだが、これの「実現が難しい」ってたんにおおがかりな上演になるだけで、脚本が難しいわけでもないし映画監督としての能力とも関係ないような（むしろプロデューサー、あるいは舞台演出家のスキルが必要なのでは）。ともかくこれだ！　と蓮に見せると「こんな

脚本読んだことない！」（そりゃそうだろう）と大絶賛。
「ぼくはこれを作って親父を越える！」
「わたしもお母さんがやるはずだった役、やってみたい！　やったるで、わたし（たち）の青春！」
というわけで妹のバンドとか美雪が関わってる和太鼓隊とかもろもろ寄せ集めて連鎖劇の実現に走りだすのだった！

映画には途中、蓮の父親である世界的映画監督蒼月忍が世界を旅して映画を作っているシーンが脈絡もなくはさまってくる。ところがそれがイタリアでワイン農園を取材する旅番組とか、中国語で撮影しているところとか。忍役のテイ龍進が多言語で喋れるところを見せたかったのだろうが、イタリアロケしたかった以外の理由が何ひとつ見つからない謎な場面なのである。

蓮はももかをヒロインにして映画を撮りはじめるが、主演男優が見つからない（岬先輩は映画に飽きてテニス部に行ってしまった）。しかも映画祭からエントリーを拒否されてしまう。「連鎖劇の実現の可能性は低い」からだというんだが、そもそも通常枠の映画で上映できるものじゃないんだから、特別な交渉がいるような。もう駄目だ中止する……といきなりしょげて雨にずぶ濡れで泣いている蓮（だから極端なんだよおまえら！）とももかに「風邪を引きますよ」と声をかけるのは名刹観心寺の住職（**六平直政**）。住職は毎朝発声練習をしているももかのことを覚えていたのであった。「お二人の話は聞きました。そういうことでしたらうちの講堂を使ってください」と六平直政がこんな役をやってる時点で当然そうなるだろう展開で上映会場が決まった。これで映画を作れる！

以下妹やら和太鼓隊やら（和太鼓とドラムを組み合わせた不思議なリズム隊が登場するのが不思議だったのだが、音楽プロデューサーが元ザ・ブルーハーツの梶原徹也であった）、ももかを鬼族ではないかと疑ってイジメに余念がない同級生星愛姫《てぃあら》（**桜田ひより**）やら、テニス部もたちまち征服してやる気をなくした岬先輩やらを美雪の実家「蕎麦博」特製のそば団子で手なづけてついに映画製作に乗りだす。

そこらへんのドタバタはあっさり流してついに映画が完成。やってきた翌年春、奥河内ふるさと映画祭でついにお披露目である。って一年かかってるのかよ！　映画と違って連鎖劇だからこれスタッフ全員一年間拘束ってことじゃないか！　まあともかく吉村洋文大阪府知事の挨拶も無事あって、観心寺講堂で映画祭参加作品として上映されることになる。

はじまった連鎖劇はももかが演じる鬼族の姫と岬先輩演じる鬼討伐の武士との悲恋もの時代劇というとっても「劇団☆新感線」[※7]臭のするチャンバラミュージカルアクション。新感線といえばゲキ×シネとかいって映画として芝居を上映してるくらいで、なるほどこれが現代の連鎖劇ということになるのかもしれない。いずれにしてもこれに必要なのは映画監督ではなく演出家なんだが。映画のクライマックスでは姫が武士に自分が鬼だとカムアウトする場面に重ねて、ももかも自分が本当は鬼（実はここまで青春ごっこで盛り上がってるあいだはすっかり忘れていた設定）であることを、舞台上からなぜか稽古でもないのに客席にいる演出家（兼監督）蓮に向かって告白する。ここまで引っ張った告白、舞台から客席に向かって真正面を向いて喋るので、映画観客へのメッセージも重ねられ、しかも愛の告白でもあるという名場面、になるはず……だったんだが。そもそもの問題として、これ映画／舞台を自分のものとして私物化してしまうこと自体、映画を馬鹿にしている。**こいつ自分で告白場面を作るためにコンセント引っこ抜いて映画の上映ストップしちゃうしな！**　それに舞台上でいきなり、（映画の観客はともかく蓮のほうは）すっかり忘れている鬼の設定をぶちまけても、その意味が蓮に伝わるのかすらわからないし、愛の告白と混ざっていてはなおさらだ。だいたいおまえ幼少期のイジメの件はどうなってるのか。蓮は忘れてるのかもしれないが映画見てる観客は覚えてるんだからそこケリつけないとだめだろ！

ちなみに映画内映画の結末は姫が亡くなったあとそこには桃の木が生えてきて、その木になった実が落ちて川をどんぶらこと流れていくとおばあさんに拾われて……と桃太郎に続くみたいな落ちがつくのだが、桃太郎伝説は岡山だし、退魔の桃から鬼が生まれるっていうのも筋違いだし、だいたい鬼姫の子孫が鬼退治っていろいろひどくないですか？

※1 『恋のしずく』
『皆殺し映画通信　お命戴きます』二〇二ページ参照。
※2 『100回泣くこと』
『皆殺し映画通信』二〇〇ページ参照。
※3 『MIRACLE デビクロくんの恋と魔法』
『皆殺し映画通信　天下御免』二六〇ページ参照。
※4 ラムちゃん
だっちゃ!でおなじみ高橋留美子『うる星やつら』のヒロインキャラ。青緑のロングヘアに二本の角、トラ柄のビキニがトレードマーク。浮気者の高校生諸星あたるに一途に恋している。
※5 ザ・ブルーハーツ
一九八五年に結成されたパンクロックバンド。一九九五年に解散。誰にでもわかるストレートな表現で書かれた歌詞と熱い演奏スタイルで若者を魅了。一九八八年に発表したアルバム「TRAIN-TRAIN」が五十万枚を超えるヒットとなり、時代の寵児となった。ほかの代表曲に「リンダリンダ」「情熱の薔薇」「人にやさしく」など。解散した現在でもファンが多い。解散三十五周年の今年はテレビで特番『THE BLUE HEARTS 結成三十五周年 WOWOWスペシャル』が放送された。
※6 連鎖劇
明治末期に誕生し大正初期に流行した映画の上映形態。舞台上にスクリーンを貼り、実演の芝居の合間に撮影された映画場面を上映する形式である。芝居で屋内の場面を演じ、屋外に転じて追っかけや乱闘などのアクション場面になると映画を上映するという使い分けが一般的だったようである。
※7 「劇団☆新感線」
一九八〇年に大阪芸術大学の学生たちによって結成された劇団。当初はつかこうへいの演劇を上演することが目的だったが、一九八四年からオリジナル作品の上演を開始。舞台は評判となり、チケットがなかなかとれない大人気劇団となった。そのため、より多くのひとに舞台を楽しんでもらおうと演劇の映像を映画館で上映する〈ゲキ×シネ〉を二〇〇四年からスタートさせた。

歌も踊りも冴えない「アイドル」たちがへっぴり腰で銃をかまえ、刀をふりまわし、
CGの銃弾がひょろひょろ飛んでゆくのを見たい人がいるというのか？

『アイドルスナイパー THE MOVIE』

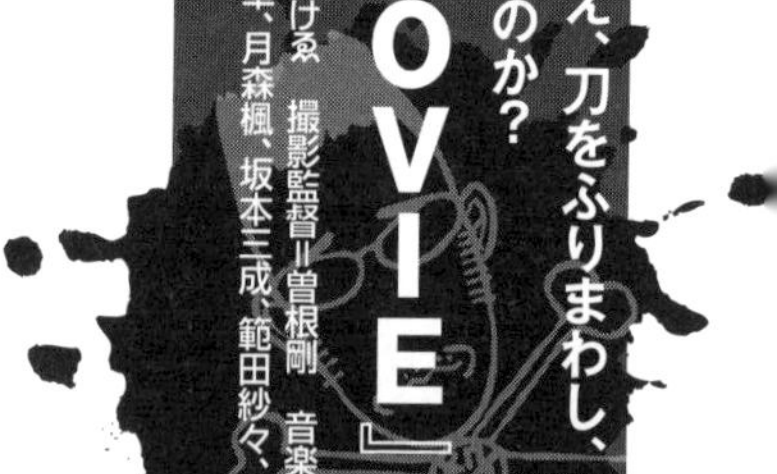

監督・原作＝稲葉司　脚本＝高橋祐太　製作総指揮＝前田けゑ　ストーリーデザイン＝稲葉司、前田けゑ　撮影監督＝曽根剛　音楽＝堀田陽一
出演＝遠藤三貴、瀬野ユリエ、前田けゑ、福山理子、稲森美優、鳥住奈央、矢吹穂乃香、西川路瑠璃華、月森楓、坂本三成、範田紗々、若林美保、星乃まおり、トニー大木、ひと：みちゃん、長谷川悟

「表の顔は人気アイドル、裏の顔は凄腕のスナイパー」という歌って踊って銃を撃つ「アイドル」が十把一絡げに登場するアイドル・アクション。まいどまいど繰り返している文句だが、これいったい誰のために作ってるのか？　名前もまったく知らず（おそらく出演者の中でもっとも一般的知名度が高いのは熟女水着アイドル「バナクサ」の一員を演じる**範田紗々**[※1]だと思われる）、歌も踊りも冴えない「アイドル」たちがへっぴり腰で銃をかまえ、ポン刀をふりまわし、CGの銃弾がひょろひょろ飛んでゆくのを見たい人がどれだけいるというのか？　ほぼ商業的に成立しているとは思えないのだが、クレジットを見ると出演者一人ひとりに「XX様ご支援」として一名から数名の名前が並んでいたので、あるいはスポンサーをもってきた人が出演させてもらえるシステムなのかもしれない。それであんなにわけのわからないキャラクターが出てくるのか。しかしそれにしたって三秒で殺される「けん玉スナイパー」として出演させてもらって嬉しいものなのか？

　この謎の映画のキーマンとなるのが闇組織シガラの幹部で、顔を半分隠すマスクをかぶっている中二病の権化みたいな風間リョウを演じている**前田けゑ**。「血のつながらない相手から遺産十五億円をもらった芸人」として有名なカスタネットパフォーマーだそうである。世の中にはいろんな人

がいる。現在はK-Network Family代表取締役として本作を製作しつつ、上映ではイベントの司会をつとめて盛り上げ役にも余念がない。**十五億円もっている人が、こんなとうてい儲かるとも思えない映画を作っているんだから、これは完全に愛の仕事、純粋なる映画愛のたまものと言わざるを得まい。**

で、ストーリーのほうだがとくになし！　いや本当にないのである。一応拳銃をふりまわすアイドル集団ディスティニーと、殺し屋組織シガラが送りこむスナイパーたちとの戦いを描いてはいるのだが、そもそもこの二つの組織が何を目的としてなぜ殺し合いをしているのか、組織の規模も資金源もそもそもこれがこの世界のできごとなのかパラレルワールドのSFなのかもまったく何もわからない。なんのためにやっているのかさっぱりわからないまま、下着姿で若い女の子が銃を撃ちあう（なぜなら「五感が研ぎ澄まされるから、撃つときには水着になる」のである）姿だけが延々と続く。映画の退廃の極地というべきか。

映画がはじまるといきなり登場人物が顔つきで紹介されるのだが、この時点で十人以上の名前を次々並べられても覚えきれない！　今日はディスティニーのリーダー、香坂瑠璃（**稲森美優**）の卒業公演。だというのにダラダラと無能マネージャー（**片上響**）をからかって遊んでいるメンバーたち。公演がはじまると瑠璃はいきなりステージ上でヤンキーキャラの紅レイ（**遠藤三貴**）を新リーダーに指名する。驚くレイと不満顔の他のメンバーたち。なぜか公安委員長が公演を見たがっているのだが、場内にスナイパーが潜んでいるとの情報がある、と廊下で待たされている。だからなんで！

そのうちにディスティニーのボスJ・スミス（**坂本三成**）の元に「アタッカーはコスプレの人間です！」と情報が入る。なんでわざわざ目立つ格好してるんだよ！　そういうわけですぐに判明した女装コスプレ暗殺者とディスティニーメンバーの銃撃戦が繰り広げられる。で、**犯人をとっつかまえたとなった途端、いきなり射殺してしまうレイ。**おいおい尋問しないで殺すのか！ってまわりからも突っこまれるが、いやもうひとりいるじゃん！と平然としてる冷酷非情なレイ。こいつ主人公なんだよ！！！　そしたらそのもうひとり、暗殺グループのリーダー格が自殺してしまうのだった。だめじゃん！　ともかく話がひとつ進むごとにひとつ突っこみが入るうえに、そんだけ突っこんでも事情が何ひとつわからない。ここまで適当な映画もなかなかないよ。

　調べた結果、公安委員長はダミーのターゲットで、実際にはディスティニー自体が狙われていたことが判明する。なぜ……？　映画の登場人物にわからないことが観客にわかるわけがない。わからないまま次の仕事に向かうディスティニー、それは水着撮影会だった。例によって無能マネージャーをシバキあげるディスティニーのメンバーたち、瑠璃が激励に来てくれても水着に文句を言うばかりであまり盛り上がらない。そこにやってきたのが対バンの熟女お色気ユニット「バナクサ」（バナナは腐りかけがいちばんうまい、というひどいにもほどがある名前）で、ポンポン脱いでオタクたち大喜び。というところでいきなり銃を取りだしたバナクサメンバー、気前よく銃弾をばらまき、同じく水着姿で応戦するディスティニーの射線に入ったオタクたちはバタバタと死んでゆく。もう突っこみませんよ。バナクサ、どこかで見たことあるロケット[※2]ブラとかも着用してバカバカ派手にやっております。屋上に逃げながら応戦し、熟女三人組を倒すも最後の一人は「ふはははは罠にかかったな！　計画通り……」と三流映画の悪役にふさわしい捨て台詞を吐いて消えてゆく。

　は？　実はディスティニーのメンバーたちが三人組を始末しているあいだに、ひとり控室に残っていた瑠璃をシガラの風間リョウ（前田けゑ）とその秘蔵っ子である殺人マシーン五条みゆき（**瀬野ユリエ**）が襲ったのだ。たいへん腰の入ってないかたちで日本刀をふりまわす五条に瑠璃は惨殺されてしまう。しかしだね、瑠璃はサプライズ訪問だったんじゃないのか！　なんで「計画」たてられるんだよ！　そもそも元リーダーを暗殺するために殺し屋何人も犠牲にする意味あるのか？悪役が言いそうなセリフならなんでも言わせとけばいいってもんじゃないよ！

　で、実は五条みゆきは両親を何者かに殺されて風間に育てられた殺人マシーンであり、シガラのボス信楽玄子（**福山理子**）は実はシガラできゃっきゃ張り合ってる中ボスたちを従え、自分の親と五条みゆきの父親を殺して組織をのっとった大悪人だったり、その実行犯は実は風間だったり、撃たれたと思ったらブラの中に防弾パッドが入っていて助かったり、シガラが育ててきたシャンソン歌手スナイパー（**ひと：みちゃん**）をはじめとするおもろいスナイパー（ここでいうスナイパーとはなんなのか）軍団が登場して一瞬で消え去るクソおもしろくも、本当にクソおもしろくもないギャグが展開したりするのだが、最後までなぜシガラとディスティニーが抗争を繰り広げているのかもさっぱりわからず、そんなことを気にしているのは上映会場でもぼく一人で、みなさんこのご時世[※3]にもかかわらず普通に舞台挨拶して呑気にチェキ撮っていらっしゃいました。

※1　範田紗々
一九八五年生まれ。二〇〇二年にグラビアアイドルとしてデビュー。その後、SODクリエイトの専属AV女優に転身、人気女優となったが現在は引退し、映画や舞台、テレビやラジオなどで活躍中。

※2　どこかで見たことあるロケットブラ
おっぱいをミサイルにするといえば、『マジンガーZ』にでてくる女性型ロボット、アフロダイA。大型光子量ミサイル（通称おっぱいミサイル）を胸から発射する姿は、おっぱいが飛ぶという衝撃を視聴者に与えた。実写では井口昇監督の『電人ザボーガー』（二〇一一）にて、敵の女サイボーグ・ミスボーグがこれを装備している。

※3　このご時世
二〇二〇年春から全世界はコロナによるパンデミックに見舞われた（二〇二一年現在も継続中）。東京にも感染の波がやってきたため、不要不急の外出、マスク着用、ソーシャルディスタンスをとることなどが推奨されている。映画の舞台挨拶、チェキ撮影などの中止が続いた。

ちょっと待ってほしい。映像研の三人はアニメを作りたいのである。実写ってどうなのよ?
それでどうしたかというと主演三人に乃木坂46のメンバーを揃えて……

『映像研には手を出すな!』

監督＝英勉　原作＝大童澄瞳　脚本＝英勉、高野水登　撮影＝川島周、古長真也　音楽＝佐藤望　主題歌＝乃木坂46
出演＝齋藤飛鳥、山下美月、梅澤美波、小西桜子、グレイス・エマ、福本莉子、松崎亮、桜田ひより、板垣瑞生、赤楚衛二、鈴之助、出合正幸、松本若菜、山中聡、浜辺美波、高嶋政宏、安倍乙

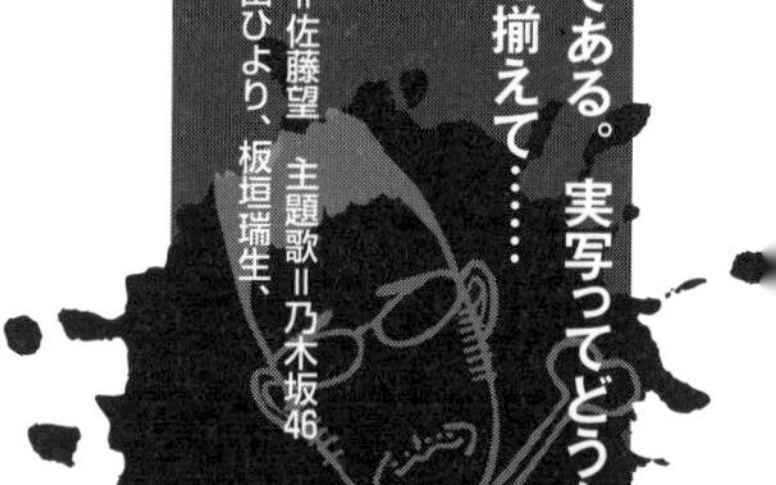

手を出すなと言われてるんだから出さなきゃよさそうなものをわざわざ手を出して番犬に嚙まれる馬鹿な子供みたいなことをやっている毎日。しかし出すなと言われてもそこに山があったら登らざるを得ないではないか。たとえ地雷が埋められているとわかっていようとも。そんなわけで原作は大童澄瞳[※1]による同名コミック。アニメを作りたくてしょうがない女子高生三人組が大暴れするコミックは、あふれるアニメ愛で大いに注目され、満を持してテレビアニメ化。そしてついに実写化となったわけである。

　だがちょっと待ってほしい。「映像研」の三人はアニメを作りたいのである。主人公の浅草は「最強の世界」を描きたいと願っている。だから彼女は自分の描いた世界＝アニメの中に入りこむのだし、それがアニメとして動きだす瞬間が恍惚なのである。だから、この漫画がアニメ化されるのは必然、というよりもアニメこそがあるべき真のメディアであり、それを目指して描かれた漫画なのだと言ってもいいかもしれない。でも、でもだよ。なら実写ってどうなのよ?

　実写ではもちろんアニメの世界に入ることはできないので、どうなるかというとCGで特撮をおこしてその特撮メカに主人公たちが乗りこむことになる。それなら特撮愛を訴えろって話だし（し

かし特撮愛だとどうしたって着ぐるみかストップモーションアニメにならざるを得ないわけだが）、アニメの世界に入るという意味がまるでなくなってしまう。特撮は世界を作るのではなく、むしろ特撮のほうがこの世界に侵入してくるものだろう。じゃあどうするかというと主演の三人に乃木坂46のメンバーを揃えて……いやいや、だからそれはキャラクターが可愛すぎるとか、絶叫芝居しかない演技がどうだとか、そういうこと以前の問題なのであって、つまり乃木坂の人気者をあてとけばいいだろう（あるいは逆に、乃木坂にあてがう映像企画を探していた秋元康の毒牙にかかったのかもしれないが）という[※2]「こんなもんでよかんべイズム」、それこそが真の悪なのであり、そしてかぎりなく「アニメ的なるもの」にこだわりつづける偏愛に真っ向から対立するものではないか。**「手を出すな」って言われてるのはおまえらだよ！　英勉と秋元康とソニーミュージック！**　そういうわけなので、もちろんアニメ的こだわりも偏愛も何もなくて、学校の規律を重んじる生徒会とゲリラ女子高生との戦いを描く女子高生ドタバタを描く映画となったのだった。

マンモス高校芝浜高校には四百十三の部活、七十二の同好会が存在し、その活動は混迷を極めている。道頓堀生徒会長（**小西桜子**）率いる大生徒会は彼らの勝手気ままな活動を監視し、部活動のコントロールをはかっている。目下のところ目の上のたんこぶなのが映像研。「学園の揉め事はもっぱら映像研が引き起こす」と言われているんだが、これが本当に「と言われている」と言われるだけなのが悲しい。映像研は「最強の世界を作りたい」とアニメの世界観にこだわる浅草みどり（**齋藤飛鳥**）と俳優夫妻の娘でカリスマ読者モデルでありながらアニメーター志願の水崎ツバメ（**山下美月**）、それにアニメには興味はないが金勘定に強いプロデューサー気質の金森さやか（**梅澤美波**）の三人組。アニメ研の上映会に潜入した水崎と二人が出会って云々というあたりの話は（テレビシリーズでやったので）ざっくり流して、金森が取り付けてきたロボット研究会とのコラボ作品を作ろうとするのがメインストーリー。

部活動を整理したい大生徒会は映像研をアニメ研と、ロボ研をぬいぐるみ研と合併させようとする。それを切り抜けるためには部活動の実績をあげねばならぬ！というわけでロボ研の誇る巨大ロボ、タロースを主人公にして、ロボットのプロモーション用に「ロボット対怪獣」のアニメを製作することになった映像研である。さっそく打ち合わせとなるものの「映像研は危険だ！」と考えるロボット研部員が映像研への対策マニュアルを作ってきて、「おまえらにはロボットの真の魅力はわからない」と難渋する。

「リアルなロボットの良さが……」

「リアルっていうと（ボストン・ダイナミクス[※3]の犬ロボ）？」

「ちがーう！　人間が乗って……」

「つまり（パワーショベル）みたいな？」

「なんでそうなるんだ！」

「つまり、リアルは人間のかたちを求めていないわけですね」

……図星をつかれてロボ研どよーん。リアルロボじゃなきゃいけないとか、でもスーパーロボットの魅力が、とかあからさまに矛盾したことを言っているロボット研にうんざり顔の金森だが、浅草と水崎は「毎日波動拳の練習してる（のに出せない）」と泣きだし、いきなりロボ研のオタクたちと和解してしまう。金森は「あー、クリエイターってやつはめんどくさーい！」とぼやく。このぼやき、このあとも何度も金森のセリフとして繰り返され、彼女の決め台詞として使われる。どうも**オタク的なこだわりと「クリエイター」の仕事とをごっちゃにしている**気がしてしまうわけですが。

　浅草はテッポウエビ[※4]からヒントを得て、タロースの対戦相手としてハサミを鳴らして高熱を発する「テッポウガニ」という怪獣を考案、ロボットにはチェンソーをはじめとする武器や高速移動のギミックをつけてロボ研を納得させ、というかどうせこいつらオタク同士なんだし、ロボ研だってロボットアニメのロボットに憧れてるだけなんだから最初から同じ方向しか向いていないわけで、揉め事とかすべて茶番なのだよ。

　そういうわけでさっそくアニメ製作に取り組む浅草と水崎。アニメのほうは五分くらいの短編で、ロボと怪獣の動きを見せるだけでとくにストーリーもないものなので（なんせ世界設定好きとアニメーターしかいないので、語りたいストーリーがないのである）、残念ながら特筆すべきものはない。しかも実際のアニメとして見せてもらえるわけでもない（あくまでもCG特撮なのである）。なので以下の見せ場は芝浜高校のいろいろな変人との絡みのみ。

　活動費が欲しくなった浅草と水崎は大生徒会から音響部の立ち退きという仕事を請け負う。勇んで出かけるとそこにはありとあらゆる自然音を録音した大量のオープンリールテープを抱えたたった一人の音響部員百目鬼（**桜田ひより**）がいる。素晴らしい音響コレクションに感動した二人、さっそく百目鬼を取りこんでロボvs怪獣に音響をつけさせる。その他、次から次へと登場する芝浜高校のおもしろ部活動、伝令部とか身代わり部とか謎の革命家ゲバラとか、どれもこれもとりあえず出てくるだけの完全な出落ち案件。冒頭で取り締まられる気象部が作っていた「人工台風ピューマ子」が成長して戻ってくるみたいな展開があって、てっきり何か恩返しでもするのかと思ったが、雨降らすだけのお仕事でした（気象部員として**浜辺美波**を出したかっただけのようだ）。

　いよいよ迫りくる文化祭。学園の規律を守る大生徒会は文化祭前日の徹夜を厳しく取り締まる。「我らの手に、勝利をつかみましょう！」の号令のもと治安維持部隊が各所で取り締まりをおこない次々に校則違反の生徒を逮捕する……という完全に漫画な描写だけどまあ漫画だから……とはいえいったい誰に対して勝つつもりなんだこの生徒会は……当然最大のターゲットは映像研。だが部室に近づく様子はない。

「いったいどこへ行ったというの？　アニメ作ってて徹夜しないわけがない！」

　夜闇にまぎれて近づく存在が……運河をあがる謎の影をキャッチする。そこだ！と思いきや、残念それは身代わり部だ！　見事な伏線回収！って誰が思うんだこれ。焦る道頓堀を尻目に、そのころ三人は巨大な生徒会作戦本部の隅にまぎれ、生徒会のパソコンでアニメをせっせと描いていたのだった。いやーやっぱり早いコンピュータだと仕事はかどるなーとか言ってさー。

というわけで見事生徒会の目をかわし、アニメを完成させた映像研。文化祭での上映イベントに臨む。水崎の人気で客寄せしたまではよかったが、なんと俳優夫婦である水崎の両親の共演作の撮影が飛び、二人が娘の学園祭に来るというのである。水崎は親からアニメ研入りを禁じられており、だから映像研が生まれたという経緯がある。アニメを作っているとバレたら映像研を辞めさせられてしまうかもしれない……というところでもともとコミュ障で人前に出るのが得意でない浅草が水崎に変わって舞台に立ち、死にそうな声で、

「『ヒョウモンリクガメの動き』1から6です」

とまさかのアニメではない映像を上映しようとする。「浅草氏、それでいいんですか？」と問いかける金森。そこでもちろん舞台に飛びだした水崎が当初の予定どおりのアニメを上映するように求め、見にきていた水崎パパ＆ママも娘の頑張りを認めてよかったよかったとなるんだが、その**茶番劇を見ているほうは「問題が感情で解決する人間が一番嫌いだ」という金森のセリフをかみしめていたのだった。**

※**1　大童澄瞳**
一九九三年生まれ。『映像研には手を出すな！』がデビュー作にして現在唯一の商業作品。『月刊！スピリッツ』（小学館）にて、二〇一六年より連載中。テレビアニメ、実写ドラマ、実写映画化と次々とメディアミックス展開された。現在コミックは累計発行部数一〇〇万部突破。

※**2　「こんなもんでよかんべイズム」**
本書四三ページ参照。

※**3　ボストン・ダイナミクスの犬ロボ**
ロボット開発企業ボストン・ダイナミクスが開発した四脚歩行ロボット「SPOT」のこと。別名ロボット犬。犬のような動きができ、さまざまなセンサーやカメラをつけることで幅広く応用が可能。二〇二〇年初夏、ついに市場販売がはじまった。値段は約八〇〇万円とか。

※4　テッポウエビ
日本を含む東アジアの浅瀬の砂地に生息する。片方のハサミだけが肥大化しており、これを打ち合わせると大きな破裂音を出すことができる。キャビテーションの原理により、これはプラズマ閃光と四四〇〇℃もの高熱を発し、敵を威嚇したり、獲物を気絶させるために使用される。

ストリッパーがレディオヘッドの「クリープ」に合わせて青春の思い出とともに踊る。
ストリップ劇場を舞台にしたこの広島映画を、ぼくは嫌いになれない

『彼女は夢で踊る』

監督・脚本・編集＝時川英之　企画＝横山雄二　撮影＝アイバン・コバック、ジェレミー・ルビアー　音楽＝佐藤礼央
音楽プロデューサー＝鯨永知生　挿入歌＝レディオヘッド、松山千春
出演＝加藤雅也、犬飼貴丈、岡村いずみ、横山雄二、矢沢ようこ、末武太、高尾六平、松本裕見子、糸永直美

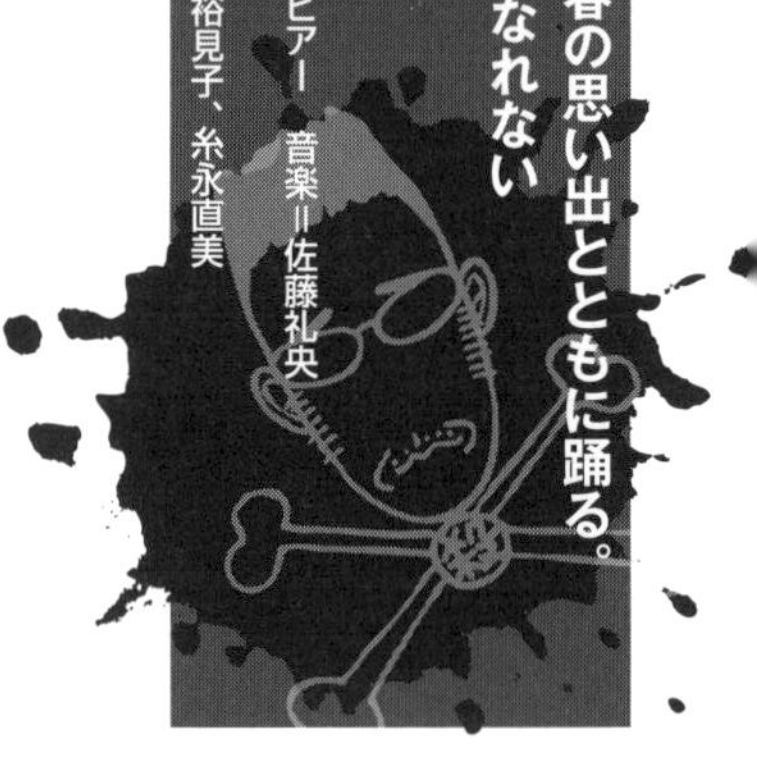

最初に言っておくが、さまざまな欠点にもかかわらず、ぼくはこの映画を嫌いになれないでいる。なぜなのか……というところにあるいは映画の秘密があるのかもしれない。本作は広島県広島市内に建つストリップ劇場、広島第一劇場[※1]を舞台にしたドラマである。監督は広島映画の雄、時川英之[※2]。『シネマの天使』[※3]は福山市の映画館大黒座閉館記念の映画。『鯉のはなシアター』は広島の架空の映画館の閉館話にカープのリーグ制覇をひっかけた広島カープ版『2番目のキス』[※4]という野心作。で、**本作は広島第一劇場の閉館にまつわるドラマ……ってなんなんだ、閉館マニアか！**

さらに驚くのは挿入歌としてレディオヘッド[※5]の「クリープ」がかかること。ストリッパーがこれに合わせて踊るわけだが、さすがにこの規模の映画でこんな洋楽のヒット曲を使うのは珍しかろう。かなり頑張ったと言わざるを得ない。金払ったからには……と三回もかかるのには笑ったが。さらに衝撃だったのはこれが青春の思い出の曲としてかかること。もう九〇年代も青春の傷みとともに思いだす時代なのね……。

広島第一劇場に閉館の日が来る。客も減り、建物も老朽化し、もはやストリップ劇場の時代も終わろうとしている。ついに閉館を決意した館主・木下（**加藤雅也**）は最終公演となってもいつもど

おりの日々である。ヨーコ（**矢沢ようこ**）をはじめとする旅回りのストリッパーたちを出迎えると、開場中は表で新聞を読んでいる。従業員から「最後なんですから」と言われても、かたくなに踊りは見ようとしないのだ。

信太郎（**犬飼貴丈**）は広島市内のバーで飲んだくれている。失恋の痛みにひたすら浸っているダメ男。見苦しい飲み方を見ていた隣で飲んでいた美人、ショットを一緒に飲もうと誘い、一緒に飲むとセクシーに腰をくねらせて帰っていく（金は払わないのか！）。バーテンが「エロい踊りやったなー」ともらすのでエロいことになってるんだが、店も狭いしカメラ・アングルに制限もあるしで、体くねらせてるだけなんだよな。ともかく彼女が旅回りのストリッパーだと知った信太郎、さっそく広島第一劇場に踊りを見に行く。

踊り（かかる曲はレディオヘッドの「クリープ」）に感動した信太郎、失恋の悩みもからりと消える。さっそくダンサーのサラ（**岡村いずみ**）を出待ちして「昨日一緒に飲んだんですけど……」と声をかけるが、サラは「キモっ！」（そりゃそうだ）。「キモ」ですべてのナンパをかわされてしまった信太郎だったが、「外では会えないけど、劇場に来れば会えるよ」の言葉に、翌日さっそく第一劇場に戻ってくる（キモっ！）。「働かせてください！」かくして広島第一劇場で働くことになった信太郎であった……。

……となるわけだが、こんなの五秒で木下＝信太郎だって丸わかりだろ！　昭和の時代のまま変わっていないストリップ劇場だから、現代と九〇年代をいったりきたりしても一見違和感はないのだが、こんな話にしたら伏線をほどく間もないじゃないか。さらに木下のところに「遅れてすいませーん」と金髪のストリッパー、メロディがやってきて、木下は「どこかで見たことあるんやけどな……」と首をかしげるのであった……ってもうオチまでわかってるよ！

これ、問題はわかってしまうほうじゃない。館主をキモい童貞青年にしてしまったことですらない。木下の話と信太郎の話を対比させせようとして過去と現在で同じ話を繰り返すせいで、時間が倍かかってしまうところにある。かつて信太郎が下働きとして働いたときに言われたのと同じことを木下が従業員に向かって言うとか。わかりきった構成だけにさすがにくどく、これをやってるせいで話がまったく進まない。まあ話を進めるといって、信太郎とサラはその後も手すら握らない童貞っぷりなので、進める話もないのだが……。

信太郎の恋心はつのり、ヒモの金ちゃん**（横山雄二）**にけしかけられて告白したりするがもちろん玉砕。二人は夜明け前の海に行き、サラは堤防でストリップして踊る。ポルノ映画的にはいちばんの見せ場で大いに頑張っているのだが、信太郎がどう見ても冬の格好をしてるのが気になって……。サラはそのまま流れて、二人は二度と会うことはなかった。

その後、ヨーコと大人の男女の関係である木下に、ヨーコが寝物語で、

「サラさんは男と逃げて……その男とも別れて、一人で暮らして死んだって……」

あっさり告げるかたちで消息が知らされる。青春ドラマにしては中身がなさすぎるし、加藤雅也と矢沢ようこが二人並んだ背中はこれでなかなか味があったりするし、せっかくだからあふれるおっさん愛を生かしてもっとちゃんと大人の恋愛を描いたほうがよかったんじゃないかなあ。

木下も別にあっさり諦めるわけでもなく、お金を集めてストリップを続けようとあがいてみたりもする。だがそれもこれも終わり、ついに最終日がやってくる。矢沢ようこの万感の舞（曲は松山千春の「恋」）。残念なことに本作、ストリップ映画であるわりにはあまり踊りの魅力が描かれない。センチメンタルに女々しい泣き言を言ってるくらいなら、爆発的な踊りの魅力で見せてくれ……と思うのだが、どうもそっちに行かないのだよな。踊りは細かくカットを割ってしまうんでグルーブもないし。ここは森崎東路線[※6]でやってほしかったところである。結局、踊りの場面はここと最初の岡村いずみの踊りの二曲だけ。もう少しストリップの良さを見せてくれてもバチは当たるまい。

そんなわけで観客もいなくなり、スタッフも打ち上げに行って空っぽの劇場。一人たたずむ加藤雅也の前にメロディ／サラがあらわれる。

「あなたは本当はわたしのことなんか好きじゃなかった……あなたが本当に愛してるのはこの場所なのよ」

やっぱり閉館マニアなんじゃないか！　そのまま**夢のような快楽につつまれた加藤雅也の死に顔には幸せな笑みが浮かんでいた**……と終わるのかと思いきや、なぜか最後は「クリープ」に合わせての加藤雅也の踊りがはじまり、なんだかわからない説得力に感動させられてしまった。どのダンサーよりも加藤雅也の踊りがいちばん愛されてるじゃないか！　やっぱり映画を（ついでに劇場も）救うのは、予定調和の物語ではなく妙なダンスのエネルギーなのだな。なお、映画の最後には「閉める閉める詐欺を繰り返した広島第一劇場だが、二〇一九年ついに地権者から引導を渡され取り壊された」とテロップが出るのだが、実際にはコロナにも負けず二〇二〇年十月現在なおも元気に営業中とのことで、この映画がいちばん見事な「閉める詐欺」になってしまいましたとさ。

※1　広島第一劇場
広島市のストリップ劇場。一九七五年に開館。二〇一七年一月末に閉館したが、同年四月より再開した。その後も地権者との契約により、何度か閉館のアナウンスを経ては再開を繰り返していたが、現在は営業期間未定として営業中。

※2　時川英之
一九七二年広島生まれ、広島育ちの映画監督。バンクーバー・フィルムスクールで映画作りを本格的に学び、岩井俊二に師事した。地縁のある広島を舞台にした映画を何本も撮っている。

※3　『シネマの天使』
『皆殺し映画通信　冥府魔道』二六四ページ参照。

※4　『2番目のキス』
ピーター&ボブ・ファレリー監督／二〇〇五年／アメリカ。MLBボストン・レッドソックスの熱狂的ファンの主人公と恋人の波乱万丈の関係と、二〇〇四年ワールドシリーズにおけるレッドソックスの戦いぶりとが重ね合わされる。原作は英プレミアリーグアーセナル・ファンの作家ニック・ホーンビイが、一九八八・九八シーズンのアーセナルの戦いぶりを自分の人生に重ね合わせた自伝的エッセイ『ぼくのプレミア・ライフ』だが、アメリカで映画化するにあたってサッカーを野球にとりかえた。

※5　レディオヘッドの「クリープ」

トム・ヨークが率いるレディオヘッドは一九九二年にデビューしたイギリスのロック・バンド。ポスト・パンクの前衛性を持ちつつポップな音楽により九〇年代を代表するバンドになる。「クリープ」は一九九二年にシングルとしてリリースされ、世界的に大ヒットした。当初は放送禁止用語が歌詞に含まれていたため、のちにさしかえられたという。九〇年代オルタナロックの代表曲。

※6　森崎東路線

森崎東映画にはたびたびストリッパーやストリップが登場する。社会からはぐれた女性たちがストリッパーとしてたくましくショーを演じ、それを見る客たちも日々巷間を生きる力を得る。森崎東映画においてストリップは、生の発露の祝祭なのである。作品としては、ストリップ斡旋所で暮らすストリッパーたちを描く喜劇「女」シリーズや『喜劇 特出しヒモ天国』（芹明香主演、一九七五）、ストリッパーや流れ者たちを描いた『生きてるうちが花なのよ死んだらそれまでよ党宣言』（倍賞美津子主演、一九八五）などがある。

「白人の金髪美女が怖くてやってられるか〜♪」と、大川隆法作詞作曲の聞くに耐えない珍曲がかかりまくる大川隆法総裁の自伝的ストーリー……ってこの話知ってるぞ！

『夜明けを信じて。』

監督＝赤羽博　原作・製作総指揮＝大川隆法　脚本＝大川咲也加　撮影＝木村弘一　音楽＝水澤有一　挿入歌＝千眼美子
出演＝田中宏明、千眼美子、長谷川奈央、並樹史朗、窪塚俊介、芳本美代子、芦川よしみ、石橋保、柳憂怜

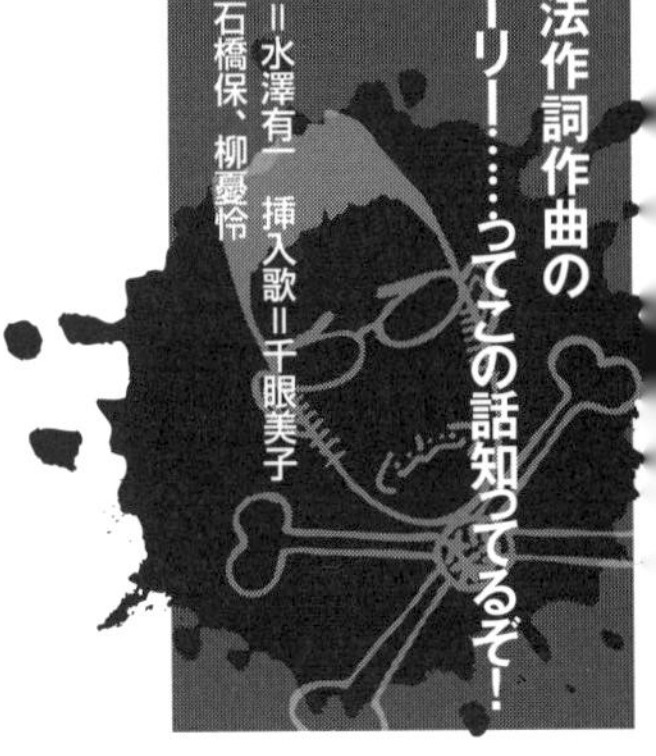

一九九一年七月十五日、太陽会の巨大イベントが東京ドームでにぎにぎしく開催され、一条悟（**田中宏明**）の言葉を聞こうと日本中から多くの人が集まった。イベントが報じられると、そのニュースを聞いた人々はそれぞれに「一条くんは、やはり我々とは違う人間だった……」と昔を回想する。そんな形式で語られるのは徳島の片田舎から東京の名門大学に入学、そして商社で社長候補となるもあえて出世の道を捨てて衆生《しゅじょう》を救うために退社し……ってこの話知ってるぞ！　そう、もちろんこの大川隆法総裁の自伝的ストーリーは、二年前、二〇一八年の『さらば青春、されど青春。』[※1]で語られている。**なんでたった二年前の映画と同じ話をもう一度聞かされなければならんのだ？**　実質的に二年前の映画のリメイク、違いといっては大川隆法作詞作曲の聞くに耐えない曲がかかりまくることぐらいだ。なんでまた……というところではたと気づいたんだが、これひょっとして『さらば青春〜』で、大川隆法役を破門されたオタク息子こと大川宏洋[※2]が演じていたから？　バカ息子が自分の分身を演じているのが気に入らないから映画を作りなおし、場合によっては過去作を抹殺するところまで行くのかも？　いやー、あまりにバカバカしい理由だが、たぶんそれだけの問題で、この世にも退屈なリメイク作品を見せられることになって、いやまったくもって実に徒労感がたま

らなかったですよ……。

太陽会の東京ドームイベントの日、裁判官の水瀬千晶（**長谷川奈央**）、関東テレビアナウンサーの立花美穂（**千眼美子**）、東鳳商事の日向（**窪塚俊介**）らはそれぞれの場所で、一条悟のことを思いだす。徳島の高校生一条悟は文武両道、勉強もできるうえに人望もある優等生で（ここらへんでもう歯がふわふわ宙を舞いだしますが頑張って押さえこんで！）、猛勉強のすえ見事「東名大」文化一類に合格する。同級生では法曹一家の娘であるマドンナ水瀬千晶に「彼女はぼくの理想の象徴なんだ」と唱える異様にキモい恋愛感情をいだき、ラブレターで詩を書き送るが振られる……というあたりの展開は『さらば青春～』とまったく同じなので、ここでは繰り返さない。むしろここで見るべきは、二度繰り返されたなかでディテールがどう変化しているかだろう。あきらかに同じ証言を繰り返すうちに話がスムーズになってしまう証言者効果は働いている。だが、それでも隠しきれないほころびは、大川隆法作詞作曲の珍曲以外にもあらわれている。

ヒロインは二人、大学時代の同級生千晶と、東鳳商事名古屋支店の支店長秘書でマドンナ的存在の美穂である。二人とも、人格高潔な一条に惹かれているが、千晶とのあいだはとくに進展することもなく自然消滅。美穂は「自分が支えたいと思う人のためなら、自分の夢を諦めてもいい」と露骨に秋波を送るのだが、一条は「衆生を救う仕事に邁進する自分には、彼女と幸せな家庭を作ることなどできない」と振ってしまう。この二人、どちらも『さらば青春～』にも登場するので、おそらくこれに相当する女性は実際にいたのだろうと推測される。大学時代の同窓生のほうは、「きみよ、この風の声を聞かないか」

というよくわからないポエムの恋文まで共通してるので、この詩を送って、そして玉砕したのはまちがいなかろう。『さらば青春～』のほうではいかにもエリート優等生然としている彼女が、本作ではロングスカートのお嬢様イメージになっているあたり、大川隆法の好みが如実にあらわれていて興味深い（ちなみに演じてるのは同じ長谷川奈央。よっぽどイメージなのか……と思うが母親役の**芦川よしみ**、名古屋の女役の千眼美子も同じであることを鑑みると、たんに幸福の科学映画の人材不足ゆえなのかも）。本作では二人の出会いは、図書館で同じ本に同時に手を伸ばしてはっと顔を赤らめる……みたいな少女漫画風味になっており、これまた総裁の趣味が……。

一方、美穂との関係は『さらば青春～』よりもいくらか整理されている。美穂は秘書職に飽きたらぬものを感じており、ジャーナリストに転身したいと願っている。その足がかりとしてミスコンに出ることを勧める一条。「きみなら、ミスか準ミスにはなれるよ」。その言葉通り準ミスになった美穂だが、一条はデートはしてもそこから踏みこんでこない。一条はもっと大きな使命を抱いている、と彼女もまた気づいていた。一条は霊能力の持ち主だったが、もっぱら社員寮のおばちゃん（**芳本美代子**）をイジメから救う――「頑張れ」って声かけるだけだが――ことぐらいしかしていなかった。美穂から未来を見てくれと頼まれて、「この女性の未来をお見せください」と霊に祈ると、ニュースキャスター姿の美穂の姿が見える。「きみはテレビに行くと思うよ」とそっけなく告げる一条。「俺についてこい」の言葉を期待していた美穂は振られたと思って……。

いや実際冷淡な一条と美穂との温度差はあきらかである。このヒロイン、名古屋支店時代につきあっていた相手というのもたぶん実在したのだろう。やはり煮え切らない関係のまま自然消滅……を結婚を迫られて振ったというかたちにしたかったのかもしれない。総裁の手にかかればすべてい い話になってしまうのだから問題ない。

ニューヨーク支店時代のメインバンク背信融資問題も含め、総じて杓子定規で朴念仁な正義感の持ち主で世間に合わず失敗する（司法試験では論文で現行法の不備をあげつらったせいで落とされた……みたいな話になっていて驚愕）が、**監督、さぞかし浮かぶ歯を押さえるために竹でも噛み締めながら撮ったんだろうなあ。**

なお、そのニューヨーク赴任に行くときにかかる曲で「あいらぶにゅーよーく、あいらぶにゅうよおくっ！……野心に燃えた野獣のような心の人たちがこの都会のジャングルで戦いを繰り広げている……白人の金髪美女が怖くてやってられるか！……タイガー、それがおまえの使命だ、ジャパニーズ・タイガー！」（竹内久顕「I love New York」作詞／作曲大川隆法）と歌われた日にはどんな信仰も醒めるわと思うんだが、そのへん、千眼美子さんはどうお考えですか？

※1 『さらば青春、されど青春。』
『皆殺し映画通信　お命戴きます』八五ページ参照。

※2 大川宏洋
一九八九年生まれ。大川隆法の長男。二〇一七年に、大川宏洋が制作監督脚本出演した『君のまなざし』については『皆殺し映画通信　骨までしゃぶれ』八七ページを参照のこと。二〇一八年にはYouTubeの自分のチャンネルにて幸福の科学との決別を発表し、教団を脱退したため、取り仕切っていた幸福の科学映画やニュースタープロダクション（幸福の科学系芸能プロダクション）といった事業とも関わりがなくなった。現在は個人事務所「宏洋企画室株式会社」をたちあげて活動している。

イオンモールの中を、お友達と走りまわって、
おっぱいボールやらまずいドリンクやらで遊ぶのが、守りたい「サブカル」なのか？

『リトル・サブカル・ウォーズ　ヴィレヴァン！の逆襲』

監督＝後藤庸介　脚本＝いながききよたか　音楽＝出羽良彰
出演＝岡山天音、森川葵、最上もが、本多力、柏木ひなた、水橋研二、落合福嗣、萩原聖人、安達祐実、平田満、滝藤賢一、天野ひろゆき、小林豊、大場美奈

♪ちゃーん！ちゃちゃちゃららららというおなじみのファンファーレ（風）の音楽に合わせて、宇宙空間に例の文字で、

Episode III
THE VILLAGE VANGUARD STRIKES BACK

『サブカルチャー』……、略してサブカルとは、社会を支配する主要な文化『メインカルチャー』に対して生まれた少数派の文化であった。

支配階級が好む高等な文化に対して、中産階級、またはマイノリティが生み出す抵抗の文化として存在したサブカルは、いつしか、マンガやアニメ、アイドルなどの新興文化と融合し、市民権を得るまでになった。

そんな『サブカル』が消滅の危機に瀕する事態が勃発した。ヴィレヴァンの店員達は『サブカル』を救うために立ち上がった……。

うーん、いやここで「サブカル」とは何かという大演説をはじめてしまうとみんな帰ってしまうのでそれはやめておくが、そもそも「支配階級が好む高等な文化」ってなんだよ！「支配文化」の間違いか？ カウンターカルチャー[※1]とポップカルチャーとサブカルチャーとがごっちゃになった出鱈目な説明なのだが、それはもういい。ともかくそういうものが「サブカル」であって、それを守るのが「ヴィレヴァン」つまり名古屋発の雑貨も置いてるおもろい本屋としておなじみVillage Vanguardなのである。そうでしょうそうでしょう。そうなんだろうけど、どうしても一言、二言言っておきたいことがありまして。

そもそも堂々とスター・ウォーズネタではじまるくらいで、この中で語られるものどれもこれも大メジャーな漫画や映画なのであって、どれもこれも大資本による商業主義の産物でしかないものばかり。ミニカーや「王様のアイディア」[※2]みたいなおもしろ雑貨がそんなに必要なのか？ いやこれを言うと**文化の価値に上下をつけると非難されるのかもしれないが、それでもあえて言う。おっぱいボールやらまずいドリンクやらがヴィレヴァンの守りたい「サブカル」なのか？**

というかそもそもなんでヴィレヴァンが、イオンモールに入っている雑貨屋のごときが、そんなものの守護者になっているのか。サブカルが規制されてしまった世界で、主人公は「つげ義春[※3]がない！ 丸尾末広[※4]がない！」とショックを受ける。タコシェ[※5]や青林工藝舎[※6]がそれを言うならともかく、しょせん取り次ぎ通して本を入荷しているチェーン雑貨屋だよ？ なんでそんなものが文化の担い手みたいな顔をしているのか。まあこれ話は『図書館戦争』[※7]とよく似た思想の自由にまつわる寓話だったりするわけだが、あちらだって仮にも図書館だったわけでね、イオンモールの中で走りまわるくらいのことしかできない連中が何を言ってるのかと。これが模索舎[※8]だったら火炎瓶飛ぶよ！（嘘）

舞台：日本のどこかのイオンモールに入ってるヴィレッジヴァンガード。アルバイトの杉下（**岡山天音**）は文学少女小松（**森川葵**）、BLマニアの今中（**最上もが**）、おもしろ雑貨好きの山本（**本多力**）、元アイドルの不思議ちゃん岩瀬（**柏木ひなた**）、めったに出社しない店長川上（**滝藤賢一**）、店に住み着いている謎の店員権藤（**平田満**）ら変人ばかりの職場で、「ヴィレッジらしさ」を追求しながら仲間たちと楽しく働いているのだった……。

ってなんだこの役名！[※9]と思ったがこれ名古屋のメーテレ製作ドラマの劇場版だったんですね。ヴィレッジヴァンガード自体名古屋発の雑貨屋だし、名古屋ご当地映画アピールなのか。

それにしてもこの職場、模様替えと言って徹夜で働かせたり、山本が頭っから馬鹿にしている杉下にガンガン蹴りをいれたりするブラックな職場で、全然楽しそうじゃない！　とりわけ山本の蹴り、ギャグのつもりなのかもしれないが何もおもしろくなくて不快なだけなんですが。なんだろうねこれ。

さて、セールのために徹夜で働き、店でうたた寝していた杉下が目覚めると、店の様子が妙である。ニコリともしない店員たちに、背広姿の男たちが店内からいくつかの商品をピックアップし、通告する。

「残念です。サブカルに感染する可能性のある商品が見つかりました」

（巨大ペヤングとか……そりゃサブカルだな！）

小松は黙ってその商品をサブカル追放の白ポストに入れる。杉下が「売れないかもしれなけど、ヴィレッジ的にはこういうもの置いてないと駄目でしょ！」と無理やり店頭に出したアルバート・アイラー[※10]のLPも白ポストに放りこまれてしまう。そんな馬鹿な！　何が起こったんだ？

「みんなおかしいよ！　俺たちサブカリストじゃないですか！」

「サブカルチャーは違法です！」

そう、そこはサブカルが違法とされる世界。ヴィレッジヴァンガードも無地のTシャツとどこにでもある本を売る個性のない店になっていたのだった。すべては「有害サブカル」取り締まりを推し進めるTCI検閲官平等《たいらひとし》（**萩原聖人**）とその妹平和《たいらやまと》（**安達祐実**）の仕業なのだった……。

……これ、杉下がピンチに陥って意識を失う↓目を覚ますと世界から「サブカル」が消えている、というのを何度か繰り返すのだが、この夢オチにとくに何かロジックがあるわけではないので、いちいちフォローはしません。平等は、平和で平等な世界を作るためにはサブカルはあってはならないと考えている。サブカルは承認をめぐる闘争であり、何かを持ち上げては何かを落とすことで人と差をつけようとする行為だからだ。みながマジョリティを愛するようになれば、争いもなくなるだろう。

もちろん話としては秘かに「検閲されたサブカルグッズ」を隠し持っていた店長の協力を得た杉下が、仲間たちそれぞれの弱点をついてサブカル心を取り戻させて……みたいな展開になるんだが――その弱点っていうのが山本をおっぱいボールの山に押しこもうとするとか、今中の前で杉下と山本がBLを演じてみせるとか、いちいち対象をバカにしてる感じで不快なわけだが――これがどうにも妙なのは、杉下は「仲間たちと一緒に楽しく働く」のが目的で、別に「サブカル」をそんなに好きなわけでもなさそうなところである。一方で文学少女小松は率先して平等の手先になり、進んでサブカルを捨ててしまう。なぜかというと誰よりも仲間を大事にする子だったから！

「わたしは永遠にこの仲間たちと一緒にいたい。平和な世界じゃなきゃみんなと一緒にいられないから」

これに対して杉下は「この世界は間違ってるから駄目なんだ！」と言い張るだけで、平等の主張をまったく論破できないのである。映画の最後にはもちろん店員たちがみんな自分の好きなものを絶叫し、どの「好き」もみんな平等に尊い、てなメッセージに映画はおさまる。もちろんそれ自体は正しいメッセージで、なんら異論を唱えるべきものではない。でもそれが正しいなら、ヴィレヴァンごときで楽しく仲間ごっこなどやってられないんじゃないか？

こういう話になると、みうらじゅん[※11]が言うところの最先端＝山のてっぺんに一人だけ突っ立っている人のことを思いだしてしまうのだが、そんな最先端じゃなくったって、**本当に何かを好きになるというのは他人から理解できない領域に足を踏み入れるということではないのか？** 杉下の「好き」にはそういう覚悟がまったく感じられない。ぼくがこの映画の「サブカル」にいちばん違和感を感じるのはそこであって、**「サブカル」はお友達どうしでつながるためのツールなんかじゃなく、むしろ人を過酷に峻別させてしまうものではないのか？** そんな趣味はよろしくなくてみんなで雑貨で遊ぶのが「サブカル」なんだよ、ということであれば、みなさんヴィレヴァンで楽しくお友達ごっこしてらっしゃればよろしいね、としか。

※1　カウンターカルチャーとポップカルチャーとサブカルチャー
かぶることもあるが、それぞれ異なる別の概念である。ざっくりと説明すると……。

カウンターカルチャーは対抗文化のこと。既成文化に対する反発から生まれた文化のことを指す。一九六〇年代の後半、アメリカで生まれ、ベトナム反戦運動とともに世界に広がった。ロックやフォーク、ドラッグ肯定文学、アメリカンニューシネマ、ヒッピー文化、物質主義への反発などが挙げられる。

ポップカルチャーは大衆文化のこと。高度な教育や専門知識などの文化資本がなくても楽しめる文化のことを指す。二〇世紀大衆社会とともに台頭した。映画やテレビ、大衆・娯楽小説、コミック、ジャズやロック、ポップミュージックなどが挙げられる。

サブカルチャーは、特定の小集団によって形成される文化のこと。若者のサブカルチャーがもっぱら「サブカルチャー」と呼ばれるようになった。

※2　「王様のアイディア」
ロフトやハンズ以前から、アイデア商品、エッジの効いた商品、珍商品など遊び心満載の雑貨を販売していたショップ。一九六五年、八重洲に開店。その後全国の地下街やショッピングモールに次々と進出したが、二〇〇七年に全店舗が閉店した。

※3　つげ義春
一九三七年生まれ。漫画家、随筆家。貸本雑誌で活躍し、その後『ガロ』にて作品を発表するようになる。『ねじ式』『紅い花』『ゲンセンカン主人』『無能の人』などで世間に衝撃を与えた。ひなびた旅や日常の随筆でも評価が高い。「メメクラゲ」や「実はまだ二階にいるのです」などは、ミームとなっている。近年、海外でも高く評価され、続々と翻訳刊行が進んでいる。

※4　丸尾末広
一九五六年生まれ。漫画家、イラストレーター。劇画誌で活躍し、初の単行本『薔薇色ノ怪物』を青林堂から刊行。夢野久作・小栗虫太郎・江戸川乱歩などの影響下にある耽美な作風で人気となった。『少女椿』（一九八四年）は代表作で、舞台化、映像化もされた。役者としても活動していた劇団「東京グランギニョル」の宣伝美術を現在も担当している。海外でも人気が高い。

※5　タコシェ
自主制作の本や同人誌、一般流通にのらない書籍、個性派アーティストグッズ、インディーズ系CD、映像、絵画、雑貨など、サブカルチャー系の自主流通物を取り扱うショップ。東京中野ブロードウェイにて営業中。一九九三年に松沢呉一が『ガロ』のアンテナショップとして開店。当時は西早稲田に店があった。

※6　青林工藝舎
『ガロ』などを出版していた青林堂の社員たちが一九九七年に一斉退社し、設立した会社。商業主義にとらわれないアンダーグラウンドコミックやオルタナティブコミックなどを扱う。一九九八年からガロの精神を継承するコミック誌『アックス』を隔月で刊行中。

※7『図書館戦争』
『皆殺し映画通信』一三六ページ参照。なおその続編『図書館戦争　THE LAST MISSION』は『皆殺し映画通信　冥府魔道』二四九ページ参照のこと。

※8　模索舎
自主流通出版・少流通出版物を取り扱う書店。一九七〇年にベトナム反戦運動の大学生たちによって設立された。新左翼や右翼団体、宗教団体、少人数党派の機関紙やパンフレット等も扱う。ここでしか入手できないものも多く、ミニコミの聖地とも呼ばれる。二〇二〇年には設立五十周年の記念イベントが催された。新宿二丁目にて営業中。

※9　この役名
登場人物の役名はすべてNPB中日ドラゴンズの往年の名投手から取られている。それぞれ日本で最初にフォークボールを投げた杉下茂、速球王小松辰雄、サウスポーの今中慎二、四十一歳でノーヒットノーランを達成した鉄人山本昌、最多登板と最多セーブ記録を持つ岩瀬仁紀、ノーヒットノーラン投手でアトランタ・ブレーブスでも活躍した川上憲伸、権堂権堂雨権堂でおなじみ権藤博である。

※10　アルバート・アイラー
一九三六～一九七〇。アメリカ人の前衛ジャズ・サックス奏者。六〇年代のフリージャズ界において活躍した。菊地成孔、大谷能生による東大の連続講義が本になった『東京大学のアルバート・アイラー　東大ジャズ講義録・歴史編』（メディア総合研究所）のおかげで日本における知名度が大いにあがった。

※11　**みうらじゅん**
一九五八年京都府生まれ。イラストレーター、漫画家、エッセイスト。マイブームという言葉を生みだした元祖サブカルの人。「よくオシャレな人が言う〝最先端〟って言葉、結局は多数決で決まった安全圏のことでしょ。それを少し早めに取り入れるかだけを問題にしてるわけで…（中略）…でも最先端って最も先の端、数人しか登れない細長い山の頂上ってことでしょ。そういう意味では当然『ザ・ビーチ』より『少林寺十八銅人』のほうが最も最先端なわけよ…（中略）…オレは最先端ムービーを見ながら孤独を味わった。」（『みうらじゅんのゆるゆる映画劇場』（文春文庫）、『少林寺十八銅人』の項）。

わからないのはタイトルの意味だけでなくて、映画の説明がそもそも何ひとつわからない！

『MISSION IN B.A.C. The Movie ～幻想と現実のan interval～』

監督・編集＝山口ヒロキ　脚本＝安江渡　撮影＝曽根剛　音楽＝倉堀正彦
出演＝岸本勇太、上田堪大、稲垣成弥、瀬戸啓太、佐藤友咲、一ノ瀬竜、倉冨尚人、井澤勇貴、セイン・カミュ、鳥居みゆき、津田寛治

だからその不定冠詞はなんだよ！　てわからないのはタイトルの意味だけでなくて、というか映画の説明がそもそも何ひとつわからない！

人気ＬＩＮＥ　ＬＩＶＥ番組「MISSION IN B.A.C.」が驚愕、映画化!!　番組内容からは予測不能な超展開!!　ハードコアシュールＳＦ！　出演者には舞台やドラマ・映画にて活躍中の注目の俳優陣が大集合!!

ＬＩＮＥ[※1]　ＬＩＶＥってなに？　いやそりゃＬＩＮＥの動画サービスだかなんだかってことなんだろうが、そんなものの存在自体知らない。そこで2・5次元系イケメンの出ているバラエティ番組があるとして、**それをいったいこの世で何人の人が見ているというのか。それを映画化していったい誰に見せようというのか。**しかもそれがＳＦだって？　どうやら2・5次元系イケメンがジェスチャー・ゲームなんかをして遊ぶらしい。しかも彼らはタイムスリップしてきた未来人らしい。

「どんな話？」
「えーと、未来人がタイムトラベルして、ジェスチャーゲームとか豆粒つまみみたいな肉体ゲームをすると、それが実は特訓になっていて、謎のゲームで攻撃をすべてかわして勝っちゃうんだ」
「……よくわかんないけど、『TENET』[※2]みたいな感じ？」
「そ、そーだねー！」

　というわけで「よくわかんないけど『TENET』みたい」な手作り映画。あー、本作、コロナ禍に襲われる前は春先の公開予定だった映画なので、もちろん『TENET』を参考にしたようなことはいっさいなく、これはすべて偶然であります。

　未来。荒廃した東京、廃墟と化したビル。全身黒づくめに青いコードをつけた『トロン』[※3]のパチもんみたいな格好した七人。こっちが覚える気なかったせいもあるのだが、七人のどれが誰かまったくわからず、俳優の名前もわからず、唯一おかっぱのやつだけは判別できたけど、別に覚えてなにかいいことがあるとも思えないので、以下すべて「七人のイケメン（のどれか）」で通すことにする。

　ビルの中に隠れていたイケメンたちだが謎の飛行物体B.A.C.（Battle Air Castle）に捕捉され、最後の賭けに出る。それがミッション、MISSION IN B.A.C.だ！

　はっと目覚めるとそれは夢だった（現代）。頭を抱えて苦しむルイト（**岸本勇太**）。それを見て心配していた母親はいずこかへ電話。
「ファントムスリーの記憶が発現しています」
「MHO（メモリー・ハック・オペレーション）が必要になったということか……」

　いかにも頭の悪そうな英語のコードネームやら略号やらまじりの会話をしているのはいかにも悪そうな黒服組織の一員。黒服組織なので間接照明を使った殺風景なオフィスで無機質な会話をする

悪である。報告を受けた悪そうなサイロオメガの本部長（**セイン・カミュ**）は、

「また偽の記憶を植えつけなおさなければならないのですか。しかし、なぜ彼らに偽記憶を植えつける必要があるのですか？」

「それは前本部長の命令で……」

「ふむ、しかし彼らの〝未来の記憶〟を活用しないというのもおかしいですね」

そう、彼らイケメンたちは未来からやってきたのだが、なぜか記憶を抑圧され、平凡な一般人として生活していたのである。だが、令和のノストラダムスこと謎の予言者ムラシネ（**津田寛治**）による二〇一九年地球滅亡予言を聞くと、みなそろって記憶が発現、頭を抱えて苦しみはじめる。そしてそのとき東京上空に謎の巨大な飛行物体B.A.C.があらわれ、〈ファントム・プロジェクト〉の対象者は黒服たちの目の前で宙に浮かびあがり、B.A.C.に吸いこまれるのだった。
B.A.C.（ロケ地は工場内部）ではいつのまにか黒のボディスーツに青線の服に戻っている七人。そのままスピーカーから流れる声にあおられ、さまざまなゲームを強制される（反抗すると電撃ビリビリ）。ミッションはけんけんぱからジェスチャーゲーム、箸で豆をつまむ技、しまいにはカードマニュピレーション（マジックのトリック）まで。理由もわからないまま たった三分でカードマジックを習得させられる七人であった。どうやらわちゃわちゃしながらこういうゲームをやるのがＬＩＮＥ ＬＩＶＥの「MISSION IN B.A.C.」ということなんですかね？　どういうことなんだよ！と文句を言うと、そこにあらわれるのがルイトのホログラム像。
「ぼくは二一三九年のきみだ……人類は異星人の攻撃で滅亡に瀕していたが、ぼくらは決死のミッションでB.A.C.を強奪して異星人を撃退した。だけど文明の崩壊を食い止めることはできなかったので、異星人技術を使ってタイムトラベルで異星人の侵略前に自分たちとB.A.C.を送りこんだんだ。きみたちが異星人と戦うための方法は、ぼくらが作ったミッションで練習してもらった」

要するにここまでのミッションのことね。で、そのころ、これと同じ話を、サイロオメガの百鬼

（井澤勇貴）は、拘束したムラシネから聞きだしている。ムラシネ、実はホームレスだったが、前本部長によりMHOされ情報ストレージとして利用されていたのである（たいがい悪の組織だなあこいつら）。ルイトから「テレパシー電話」による未来からのメールを受けとり、七人のタイムスリップ現場にも立ち会った前本部長は、七人の求めに応じて、地球に潜入している異星人の目を免れるためにMHOで捏造記憶を植え付けていたのだった。だがそこまでやりながら何者かに殺されてしまった前本部長。その黒幕がCIAからやってきた新本部長とその部下**（鳥居みゆき）**だと目星をつけた百鬼だったが……。

一方、B.A.C.には異星人の先発隊たちが侵入し、コントロールを奪おうとする。するとそこでこれまで意味もわからないままやってきたミッションの成果がすべて生かされ、けんけんぱでトラップを抜けるとか、轟音の中でジェスチャーで作戦を伝えるとかといった技が披露される**これぞ『TENET』!!** 最後の最後に人質を取られて絶体絶命の危機に陥るが、そこでカードマニュピレーションを応用し手のひらの中に隠していた小型銃で撃つ!! いやさすがの未来からやってきたTENET人でもそのシチュエーションが予測できるわけはないぞ！ あと、**鳥居みゆきは異星人として正体をあらわすときに変顔をするためだけのキャスティングで、まこと適材適所**ではないかと思いましたよ。

※1 LINE LIVE
ライブ動画を配信できるアプリ。誰でも手軽にライブを配信したり、有名人の配信を見ることができる。
※2 『TENET』
クリストファー・ノーラン監督／二〇二〇年／アメリカ。主人公のミッションは現在から未来へ向かう時間のルールから脱出し、未来人に企まれた人類滅亡の危機を回避すること。秘密を説くキーワードは、「TENET」！ パンデミック下での映画館公開や時間が逆行する様を表現するダイナミックな映像などが話題になった。

※3　『トロン』

スティーブン・リズバーガー監督／一九八二年／アメリカ。アイデアを盗まれた天才プログラマーフリン（ジェフ・ブリッジス）が、電脳空間にとりこまれてライバル会社のプログラムたちと戦う。擬人化したプログラムやフリンが、サイバーに青く光るコードをつけているようにデザインされていた。メビウスやシド・ミードなどの著名デザイナーがコンセプチュアルアーティストとして参加。なおここに登場するライトサイクルは『ＡＫＩＲＡ』のバイクのモデルとなったとされる。のちに続編『トロン：レガシー』（二〇一〇）スピンオフ作品『トロン：ライジング』（二〇一二）が作られた。

また弁当映画！
なんで日本映画はこんなに弁当が好きなのか
『461個のおべんとう』

監督＝兼重淳　原作＝渡辺俊美　脚本＝清水匡、兼重淳　撮影＝向後光徳　主題歌＝井ノ原快彦、道枝駿佑
出演＝井ノ原快彦、道枝駿佑、森七菜、若林時英、工藤遥、阿部純子、野間口徹、映美くらら、KREVA、やついいちろう、坂井真紀、倍賞千恵子、渡辺俊美

『今日も嫌がらせ弁当』[※1]に続き、また弁当映画！　**なんで日本映画はこんなに弁当が好きなのか。**まあ親子の絆を表現するいちばんわかりやすいブツだと思ってるのかもしれないが、基本的に弁当って親のエゴ、子供への一方的な思いの押しつけでしかないからね。本作でも子供に弁当を作るのは子供との約束を守るためでしかなく、別に子供が作って欲しがっているわけじゃない。**ひたすら弁当を作りつづけ、最終的には子供のほうが弁当ファシズムに屈して洗脳されるという筋書きだ。**「おかずは素材から手作り」と冷食等を使わないのが自慢らしい本作の弁当も、手もかかっていて見た目も悪くはないが、味においては——卵焼き、肉巻き、鮭の塩焼き——あまりバリエーションがなさそうだった点は指摘しておきたい。

原作はTOKYO No.1 SOUL SET[※2]の**渡辺俊美**による『461個の弁当は、親父と息子の男の約束』(マガジンハウス)。渡辺俊美、実は二〇一七年に『パパのお弁当は世界一』[※3]という映画に主演している。父子家庭のシングルファーザーが、高校に通う娘のために三年間弁当を作りつづけ、そのエピソードを娘がツイッターに投稿したのが話題になって映画化へ……というのだが、これあまりにも『461個のおべんとう』のストーリーそっくりじゃないか!?　だがもちろんマガ

ジンハウスから渡辺俊美の本が出たのは二〇一四年のことなのでパクれるわけもなく嘘のような偶然の一致、ポニーキャニオンがツイートをふくらませて映画にする際に弁当マニアとして名高かった渡辺俊美を主演に起用した、というようなことかとも思うのだが、それにしては気味悪いほど都合のいい話で、似たようなエピソードも入ってるし、この不思議な事情について誰か詳しい人がいればご教示願いたいところである。

まあそういうわけでいつまで続く渡辺俊美の弁当映画ロード、今度はマガジンハウス／博報堂／ジャニーズのあいのりでお届けする。なお、本作で弁当を作るのは父親役の**井ノ原快彦**、息子に関ジャニJr．の**道枝駿佑**ということでメガネ男子パラダイスでもあるのでその筋の女性陣にはお勧め、ということにしておこう。

「これは弁当についての話だ。それ以上でも、それ以下でもない」

……というナレーションではじまる本作、本当に「それ以上でも、以下でもない」んだよ！　父子家庭で父親が高校生の息子に三年間弁当を作る約束をして、それを果たした、それだけの話である。物語にはとりたてて起伏もないし、事件も起きない。そもそもなぜ弁当を作る約束をしたのかもわからない。これ、映画の中では語られないんだが、息子が不登校でダブったとか、そういう理由があるような気がするんだよな。そうじゃなかったら、こんな押しつけを思いつく理由がそもそもない。別に料理男子とかではなく、それまでロクに料理もしたことない父親が一念発起して調理用具から買いこんで弁当を作りはじめるというのである。だが、映画ではとくに理由が説明されることもなく、主人公は最初から手のこんだ弁当をさくさく作ってしまうので、弁当作りがうまくなっていくおもしろさもやはりないのだった。

人気ミュージシャンTen 4 The Sunsのメンバー、鈴本一樹（井ノ原快彦）は根っからの快楽主義者で先のことを思い煩わない性格。妻（**映美くらら**）との関係が破綻して、二人は離婚することになる。「ママは家を出ていくけれど、パパとママ、どちらについてくるかはあなたが決めていいのよ」と言われた息子の虹輝（道枝駿佑）は父親と一緒に暮らすことを選ぶ。父子家庭になっても放任主義でとくに子供の世話もしない一樹。虹輝が高校受験に失敗して中学浪人することになっても「高校行かなくても別にいいよ。おまえの好きなようにしろ」と突き放す。この親、自主性を尊重するという以上に放置プレイ感が強くて、さすがにどうかと思いましたね。だが虹輝は一念発起して勉強、翌年無事に高校合格。それはいいが一年遅れの入学で年下の同級生との学園生活に不安を吐露する虹輝に、一樹は「さぼらず毎日学校行け。父さんも毎日弁当作るから」ということでさっそく翌日弁当箱から調理用具まで一式買い揃え、弁当作りに取りかかるのであった。

……という筋書きなんだが、これどう考えても虹輝が「学校をさぼる」のが前提になってるんじゃないか。その後も夏休みのあいだ部屋にこもってゲーム三昧でいると「引きこもりになったんじゃないか」と心配したり、やはり父子家庭で子供の世話を放りだしていたら引きこもりの不登校になって中学は卒業したけど高校入試に失敗……みたいな流れだったんじゃないのこれ？　それだったら学校行くなら父さんも頑張ってお弁当作るよ！と言われるのもまだ納得なんだけど。なんかそこらへんの事情がネグられてるような気がするんだよなあ。

で、いざ始まると、弁当初日からちゃんと卵焼きもきっちり作って彩りもよい弁当。失敗らしい失敗も、朝まで飲んで帰ってきてご飯のかわりにパンに梅干しみたいな妙な弁当作るとか、そら豆を入れたら腐って壮絶な悪臭を発し、クラスで笑いものにされるとかその程度。いやそら豆の件、結構深刻ではないかと思われるのだが、一樹は「くっさー！　いやーあんまりひどい臭いだと笑えてくるねー」と笑い飛ばして軽い事故として終わってしまう。何事にも楽観主義といっても、ものには限度があるぞ！

とはいえ**この弁当至上主義世界においては弁当はよい結果しかもたらさない**ので、一歳年上でクラスの中で浮いた存在だった虹輝に同級生の親友ヒロミ（**森七菜**）とアキオ（**若林時英**）ができるのも弁当を通じてだし、一樹の弁当インスタグラム（大量に並ぶと色味がほとんど同じ……）を見ていたレコーディングスタジオのエンジニア（**阿部純子**）も弁当バイスを通じて一樹と仲良くなるのであった。だが、ヒロミやアキオが「うわー美味しーい！」と説明的セリフをつけながらつまみ食いする弁当も、虹輝は「新しいことやるのが好きなだけで、じきに飽きるよ」とそっけないのである。虹輝は母親に向かっては「あの人の言うことなんてだいたいわかるから。どうせ好きなことをとことんやれって言うだけだよ」と非常に突き放した物言いをして、母を心配させる。

まあ映画の上ではとくに大事件が起こるわけでもないので、ほぼ毎日同じような弁当を食べている中で、虹輝が先輩への恋心からダイエットしようとしたり、一樹が福島でのライブにでかけたり、Ten 4 The Suns（**KREVA**、**やついいちろう**がメンバー）のライブがあったり（曲は渡辺俊美によるものなので、ファンにはよろしいかと）、恋い焦がれた先輩にはTen 4 The Sunsのファンの BF がいてあっさり振られたり、そのときに実はヒロミが……なお一樹の実家は福島にあるのだが、母（**倍賞千恵子**）が「食べるってことは大事だから。それさえちゃんとやっとけばうまくいく」と食育思想をぶちあげるあたりに映画の思想の根底がありそう。なお、忘れていたが本作、舞台はおなじみ鎌倉というところに意識の高さを感じる。江ノ電は登場せず。

※**1**　**『今日も嫌がらせ弁当』**
『皆殺し映画通信　御意見無用』二二一ページ参照。
※**2**　**TOKYO No.1 SOUL SET**
一九九〇年代初めに結成されたヒップホップバンド。メンバーはBIKKE（ヴォーカル）、渡辺俊美（ヴォーカル&ギター）、川辺ヒロシ（DJ）。一九九四年にシングル「ロマンティック伝説」でメジャー・デビューした。日本語のメッセージを強く打ちだすスタイルが特徴的なバンド。二〇二〇年に結成三十周年を迎えた。
※**3**　**『パパのお弁当は世界一』**
フカツマサカズ監督／二〇一七年。高校生の娘と、彼女のために毎日お弁当をつくりつづけた父（渡辺俊美）の物語。

駄目人間のび太としずかの共依存カップルが気持ち悪い。
ここまで来たら涙も出てこないよ！

『STAND BY ME ドラえもん2』

監督＝八木竜一　共同監督・脚本＝山崎貴　原作＝藤子・F・不二雄　音楽＝佐藤直紀　主題歌＝菅田将暉
出演＝水田わさび、大原めぐみ、かかずゆみ、宮本信子、妻夫木聡、バカリズム、羽鳥慎一

前作『STAND BY ME ドラえもん』[※1]によって、「『ドラえもん』はのび太がしずかと結婚する話」と総括してしまった山崎貴＋八木竜一コンビ、しょうこりもなく「ドラ泣き」第二弾を発表。今回は……のび太としずかの結婚式。ところが式がはじまらんとしているにもかかわらずのび太は会場に来ない。はたして二人は結婚できるのか……ってまだ結婚問題やってるのかよ!?　正直、なにか妙なコンプレックスに取り憑かれてるんじゃないかと思わずにいられない。そんなに結婚が好きなのか!?　結婚三部作とか作りそうな勢いじゃないか（一応言っとくけど、そんなことやらなくていいからね！）。『ドラゴンクエスト　ユア・ストーリー』[※2]もこの二人のコンビ作だが、あれも結婚騒動だった。どういうコンプレックスなんですかねこれ。で、見てみたら見る前に思ってた以上に最強に気持ち悪くて、「野比しずか」がどうしたとか、泣かせるためにおばあさん出してんじゃねえよとか言っている場合じゃなく、**この共依存カップル早くなんとかしないと……と思わずにいられない大惨事。**

今日も今日とて隠していた零点のテスト答案が見つかり、お母さんから大目玉をくらっているのび太。あまりに叱られるので、「ぼくは実はこの家の本当の子ではないのでは？」と思いはじめる。

まあいかにものび太な感じの見慣れたダメ人間っぷり。ただし映像の方は例によって不気味な3DCGである。しずかはおなじみの顔半分黒目みたいなデザインで登場する。のび太はおばあちゃんがこしらえてくれたクマのぬいぐるみが出てきたことから、唯一自分をかわいがってくれたおばあちゃんに会いにいきたいとドラえもんをこきつかってタイムマシンに乗り、数年前のおばあちゃんに会いに行く。いきなり十歳になったのび太が来てもとりたてて驚きもしない祖母**（宮本信子）**は、

「のび太のお嫁さんの顔が見たいねえ」

と言いだす。「もちろんだよ！」となんのためらいもなくドラえもんの力を乱用するのび太、「タイムテレビ」で結婚式の様子を見ようとすると、そこに映るのはのび太（大人）があらわれず、ホテルの前で狼狽しているジャイアン（大人）やスネ夫（大人）たちの姿。これは一大事！とタイムマシンで未来へ行くドラえもんとのび太（子供）である。

それにしてもドラえもんの世界、おばあちゃんがいるのが完全な昭和の日本家屋。それから五年後くらいの現代がのび太の生きている時間を超越した世界で、そこから十五年後ののび太結婚式の時代は自動運転も実現したスーパーハイテクな未来社会。冷静に考えはじめると頭がおかしくなるが、平成三十年間がまるごと存在しないと思えばこんな具合にもなるんだろうか。

というわけで未来へ来たドラえもんとのび太（子供）、「透明マント」で身を隠して盗み聞きして事情を知り、式の開始時間が迫るにいたって、ドラえもんが「君がやるしかないよ」とのび太（子供）を体だけ大人にさせ、結婚式に送りこむ。そしてのび太（子供）はそのままチャペルで結婚の誓いをし、披露宴でケーキ入刀までやってしまうのだ。これ、いいの？ いや映画の中ではのび太（子供）も同一人物、本人だから問題ないというんだが、しかし意味もわかってない子供ののび太に勝手に誓われてしまうしずかの身にもなってみろ。前作から延々と同じことを言っているが、**のび太は徹頭徹尾自己中心的で、しずかの気持ちなんか一度も考えたことがない！** で、今回は披露宴の最中に、父母への挨拶をするところで、やっぱり大人のび太が必要だと披露宴会場を逃げだ

し（あとはジャイアンがリサイタルでつなぎ）、探してる人がどちらの方向にいるかわかる「たずね人ステッキ」で大人ののび太を探そうとするが、実は大人ののび太が二人が乗ってきたタイムマシンを奪って逃亡していたことが判明する。

ドラえもん、慌て騒ぎながらも「タマシイムマシン」を使って、タイムマシンを未来へ持ってこさせて現在へ戻ることに成功する。大人ののび太も現在に逃げてきていた。

大人ののび太曰く、

「しずかさんは僕が頼りないから、支えなきゃっていうんで結婚するっていうんだよ。ぼくにはしずかさんを幸せにする自信がない。もっといい相手と結婚したほうが彼女は幸せになれる」

そう思うと結婚に自信がなくなり、ちょっと考えるために時間が欲しかったんだと言う。まあ、この考えだけはのび太にしては珍しくまちがってない。ただ、それをしずかに問わず、愛想尽かしもせず、勝手に一人ぎめして逃げだすというのが最悪なのび太プレイである。あまりに子供っぽい行動を子供のび太にまであきれられた大人のび太、しまいに「入れかえロープ」を使って子供のび太と精神を入れ替え、ジャイアンたちと遊びすごす享楽ぶり。責任感のかけらもない。あげくに不良中学生に絡まれそうになり、スクーターを盗んで逃げだすが、ついにつかまり、通りがかったしずかも巻きこむ形になってボコボコにされてしまう。ドラえもんとのび太は、窮余の一策として「どこでもドア」で「大人のび太の精神が入った子供のび太のいる場所」まで移動する。これ驚いたんだけど「どこでもドア」ってそんな使い方できたの？　だったら「たずね人ステッキ」なんか要らなくない？　で、そこで子供しずかが自分を守ろうとしてボコられた子供のび太にすがりついて、

「のび太さんの馬鹿！　のび太さんは喧嘩なんかできなくても、そのままでいいんだから」

と泣くのを見て、ついに大人に戻って未来へ帰る自信がつく。

って「そのままの君が好きだよ」って昭和の少女漫画じゃないんだから！　**完全にしずかが駄目人間のび太のイネイブラーになってる共依存カップルなんで、実はしずかこそがのび太の潜在能力**

を抑圧している駄目女だったのかもしれない、という気さえしてくる。前作ではまだセワシに翻弄されるしずかの運命に泣けたんだが、ここまで来たらその涙も出てこないよ！

ともかくそういうわけで大人のび太がタイムマシンで未来に帰ってコンサートの途中から披露宴を引き継ぎ、その姿を「どこでもドア」を使ってドラえもんがこっそりおばあちゃんに披露宴を覗き見させてやってめでたしめでたし（泣きのシーンね！　ここ！）となるのだが、二人の結婚式にウェルカムボードを描かされていた[※3]クリスチーネ剛田ことジャイ子の気高さばかりが際立つ結末であった。実にもってジャイ子は性格もいいし才能もあるしいい女だなあ。のび太もセワシの口車になぞ乗らなければまた別の幸せがあったかもしれない。気になったのは「どこでもドア」が万能すぎることで、それならタイムマシンも「たずね人ステッキ」も必要なさすぎだろ！　あと大人のび太が「タイムテレビ」で見た結婚式一年後のしずかの姿の件が解決してないので、そこな！

※1　『STAND BY ME ドラえもん』
『皆殺し映画通信　天下御免』一五八ページ参照。

※2　『ドラゴンクエスト　ユア・ストーリー』
『皆殺し映画通信　御意見無用』一三九ページ参照。

※3　クリスチーネ剛田
ジャイアンの妹で、漫画家を目指すジャイ子のペンネーム。暴力的なジャイアンだが、この妹のことはとてもかわいがっている。いつもベレー帽をかぶり、スケッチブックを小脇に抱えているプロ意識の高い小学生。すでに小遣いをためて『虹のビオレッタ』という漫画を自費出版している。

二人のアラサー女性が四国八十八ヶ所巡礼の中で「自分の道」を見つけだす。
けれど、お遍路二人の「自分の道」ってなんなの？

『Country Dreamer　私の道、生きる！』

監督・原作＝浜野安宏　脚本・撮影＝ふるいちやすし　主題歌＝東亜樹
出演＝一双麻希、風間晋之介、増本尚、油井昌由樹、倉石功、Yae、廖苡喬

あの「GACKTがいる！」でおなじみGACKT系スピリチュアル映画『カーラヌカン』[※1]のライフスタイルプロデューサー浜野安宏監督、待望の新作である。本作はほぼ自主映画のようだが、「ヌーベルバーグに続くNEW BREEZE CINEMAとしてムーブメントを引き起こす！」となかなか意気軒昂。舞台を沖縄から四国へ移し、二人のアラサー女性が八十八ヶ所巡礼の中で「自分の道」を見つけだす。これ、なかなかおもしろい話にもなり得たんじゃないかと思うのである。八十八ヶ所巡礼をめぐる過程でいろんな人と出会ってスピリチュアルに道を見出すという——たとえて言えばブニュエルの『銀河』[※2]のような——話になってもよかったはずなんだが、全体にいきあたりばったりのロードムービー感が強く、よくわからない台湾人のヒロインの起用といい、浜野監督の作家性と言えばそれまでだが、もう少しストーリーをきっちり組み立てても罰は当たらないのでは。あと「同行二人」の意味をだねえ……。

　能登半島のどこかでひっそり農業をやっている舞子（**一双麻希**）だったが、ある日婚約者が畑を相場の五倍の値段で売っぱらい、スポーツカーを買って農業なんかやめだと言い放つ（どうやら原発立地のためらしいことが示唆される）。激怒した舞子は車を飛び降り、「この美しい海を見て！」

と絶叫する。「わたしはこの自然が好きなの！」するとどこからともなく聞こえてくる太鼓の音……にさそわれてそのまま日本海の荒波打ち付ける岩場にふらふらと入ってゆく舞子。いやそれは……と思っていたら足をすべらせて波にのまれて婚約者が差し伸べた手も振り払ってそのまま波の下に……完！

さすがにここで映画が終わったらまずい。舞子は僧形の男に救われ「同行二人、はるかな山に向かい、山に入りなさい」とのお告げを受ける。気がつくと彼女はなぜか豪華な旅館で世話されており、徐々に回復してゆく。

一方台湾の道教寺院である台北指南宮にはもうひとりの主人公麗麗《リーリー》（**廖苡喬**）がいる。大企業の社長である父は、道士からご託宣を得て、麗麗を跡継ぎにしようとする。だが麗麗はあまり嬉しそうではない。すべてが父の敷いたレールの上を歩くなんて……自分の足で歩きたい！　だが、父は「おまえに苦労ができるわけはない」と歯牙にもかけない。

ようやく回復した舞子、「山に入りなさい」のお告げを思いだし、「私、旅に出ます」。やるべきことを見つけるために「自分の足で歩く」のだ。というわけで北口本宮富士浅間神社にお参りする舞子。いきなりそこかよ！　で、境内ですれちがった女性に声をかけられ、（暗い気分なので）生返事をする。

「あのー、なんかわたし悪いことしました？」

「……いえ別に」

「よかったー。失礼したかと思って心配シチャイました！」

「あなた……まっすぐな人ね」

「よかったら、一緒に歩きませんか！」

もちろんその女性とは日本語が流暢な台湾人の麗麗。「自分の道を自分の足で歩く」ために富士山に来ていたのである。自分の道を歩くってそういうことだったの？　そう言われた舞子、

「同行二人……じゃあ、一緒に行きましょう」

いやそれは「同行二人」の意味わかってないだろ！（「同行二人」とは八十八ヶ所霊場のお遍路を歩くときはつねに弘法大師と二人連れであるという意味である）さすがに監督がそれを知らないとは思えないんだけど、少なくとも映画の中では一度も訂正されなかったな。というわけで気がつくと二人は徳島県の竺和山霊山寺、四国八十八ヶ所巡礼の第一番札所に来ているのだった……って**いきなり富士山から四国に来てんのかよ！　ここらへんがいきあたりばったりロードムービー**というところで、思いつきで行きたいと思ったところに順番に寄っていったようにしか見えない。とくに理由もなく四国巡礼をはじめて「自分の道を歩こう」と言ってる二人である。これ、舞子が麗麗を誘ったということなんだろうが、麗麗もどういうつもりでつきあってるのか。そもそも麗麗、婚約者に裏切られてすべてをなくした、何も持ってないと告白する舞子に「羨ましい」ともらして切れさせるデリカシーのなさを見せるほどで、まあ何も考えてないんだろうけど。

　そういうわけで二人が並んでお遍路を歩きはじめると、さまざまな人が声をかけてくる。うどんをおごってくれるうどんやのおかみ（麗麗は自分がこれまでいかに父親の財布で生活してきたかを思い知らされる）、乗せてあげようと声をかけてきた自動車遍路のカップル（子宝祈願のためにまわっているという夫婦愛に打たれてまた舞子が落ちこむ）、山頂で一人でブルースハープを吹いているブルースハープおじさん（舞子に「その悲しみは止めちゃいけない。吐きだすんだ」と教える）、路上ヨガ集団（一緒にヨガする）、**油井昌由樹**※3演じるフライフィッシングおじさん（山川草木悉有《さんせんそうもくしつう》仏性《ぶっしょう》と教えてくれる）などなど浜野ワールドの登場人物が次々にあらわれて二人を導いてくれるという流れ。ほぼ監督の知り合い総出演なのだろうけれど、バラエティもあるし、ワンシーンだけの出番なら目先が変わって、これはこれでありなのではないか。問題はここにいたるまでの流れが適当すぎることと、お遍路二人の「私の道」ってなんなのかという部分がつきつめられていないせいで、なんとなく歩いてたら道端にいろんな人がいた、という話にしかならないのである。

さて、四万十川でのんびりしていた二人、「なにやってんだ！」と川魚漁師の老人に怒られる。実は川は増水していて、二人は中洲に取り残されてしまったのだった（まったくそうは見えなかったが）。漁師の息子（**増本尚**）に救出された二人は、漁師の家で心づくしの歓待を受ける。翌日、「見せたいところがあるんだ」と漁師が連れて行ってくれたのが「四万十自然王国」。その女ボスとして登場するのは**Ｙａｅ**！　そう、加藤登紀子[※4]の娘の半農半歌手である（ちなみにＹａｅの父が創設した「鴨川自然王国」[※5]がモデルでロケ地）。舞子が元農民であることをひと目で見抜き、故郷を捨ててきたと告白すると「駄目よ、戦わなきゃ！」と鼓舞する闘士Ｙａｅ。

「自然に語りかけ、ただ、美しいものだけを作る……そんな闘い方もあるの」

資本主義社会を崩すための土台＝土づくりで戦うのだと説くＹａｅ。さすがは革命家の娘だ！　すっかり感化された舞子、もう一度、故郷の海に帰って大地を守る誰も傷つかない戦いをはじめよう、と決意する。麗麗は？　「どんな道だって、自分の足で歩けば自分の道だ」と言って、結局親のあとをついで台湾を台湾らしくするんだと言いだす……やっぱり金持ちのモラトラリアムお嬢様の自分探しの旅か！　わかってたよ！　そういうわけで二人とも「自分の道」を見つけた……のはいいけど、肝心なことを忘れたまま。徳島からはじめて四万十流域まで、順番通りにまわってたとしたら**霊場半分くらいしか訪れてないわけで、結願してないよ！**　舞子を海から救いあげた大師様の幻に応えたいなら、土作りもいいけど、まず最後まで歩くほうをね……。

※1　『カーラヌカン』
『皆殺し映画通信　お命戴きます』四六ページ参照。

※2　『銀河』
ルイス・ブニュエル監督／スペイン／一九六九年。ピエールとジャンという若者と初老の男性二人が連れだってサンティアゴ・デ・コンポステーラ巡礼の旅に出る。行く先々で、聖母マリアやサド侯爵、死の天使などさまざまなキリスト教にまつわる人々に会いながら聖地をめざす。二人の奇妙な巡礼を通して、キリスト教の異端性や宗教のラディカルさを描く傑作。

※3　油井昌由樹

一九四七年生まれ。自称「夕日評論家」。大学卒業後に世界一周をし、アウトドアライフの魅力にとりつかれる。帰国後にアウトドアグッズ輸入専門会社を始め、エディー・バウアーやL・L・ビーンなどのブランドを日本に紹介した。関連書籍の執筆なども行い、日本にアウトドアの魅力を知らしめ、ブームの火付け役となった。俳優としては、黒澤明映画などにも出演し、CMやナレーションなども務める。テレビ出演も多数で現在もマルチに活躍中。

※4　加藤登紀子

一九六五年生まれ。歌手、作曲家、作詞家、女優など多方面で活躍中。女優としては『居酒屋兆治』（一九八三）に高倉健の女房役として出演したのをはじめ、ジブリ『紅の豚』（一九九二）ではマダム・ジーナ役を好演するなどコンスタントに映画にも出演している。近年では『カーラヌカン』にも出演し、『ああ栄冠は君に輝く』（『皆殺し映画通信　お命戴きます』一四一ページ参照）では、歌唱を担当していた。

※5　鴨川自然王国

一九八一年、千葉県鴨川に、加藤登紀子と夫の藤本敏夫が設立した体験型農園施設。農薬や化学肥料を使わずに米や野菜を栽培している。会員制の多目的農園で、会員になるとさまざまなイベントや農業体験ができ、農作物のリターンなどがある。藤本が二〇〇二年に死去したあとも事業活動は継続されている。また加藤登紀子と娘Ｙａｅの生活拠点ともなっているそうである。

まさかの超展開で最後ゲラゲラ笑いっぱなし。
こんな映画作ってる、電通 is Overでみなさん Happy Christmas!

『サイレント・トーキョー』

監督＝波多野貴文　原作＝秦建日子　脚本＝山浦雅大　撮影＝山田康介　音楽＝大間々昂　エンディングソング＝AWich
出演＝佐藤浩市、石田ゆり子、西島秀俊、中村倫也、広瀬アリス、井之脇海、勝地涼、毎熊克哉、加弥乃、金井勇太、野間口徹、財前直見、鶴見辰吾

「聖夜に、絶望を」「TOKYO IS OVER」って新型コロナの予言かよ！　こう言われて見に行くマゾな人がどれだけいるかわからないのだが、見てみたらあっとびっくり、まさかの超展開で最後ゲラゲラ笑いっぱなしであった。いや本当。なんでこんなことになったのか、つらつら惟るに、どうも原因はクライマックスとして用意された渋谷スクランブル交差点での大爆破テロである。これもちろん足利[※1]に作られたオープンセットのスクランブル交差点で撮影されているわけだが、どうもここが使えるから爆破をクライマックスにしようというほうに目が向いて、そっちばっかり懸命になった結果、動機とか犯人とか謎とかそういうミステリーにとって大事だったはずのことがどうでもよくなってしまったんじゃないかという……いやそうとでも思わないとこれね……。

二〇二〇年十二月二十四日。トーキョー。12：00AM。正午。恵比寿の某ショッピングモールに爆弾をしかけた、という予告電話がテレビ局に入り、ニュースショーのディレクターはアルバイト（**井之脇海**）を連れてやってくる。「どうせいたずらだよ。なんならラーメン賭けるか？　ちなみにおれはいたずらだってほうな」「えーうっそー」とか言いながらちんたらやってきた二人組。と、

そこで二人に声をかけるのはクリスマスツリー前のベンチに座っている中年女性（**石田ゆり子**）。「ちょっと！　テレビ局の人ですよね。中継してるんですよね。ここに座ってください！　今すぐ！」

その迫力に負けてベンチに座ってしまったディレクター。

「あっじゃあ立たないでください。重さが三十キロ以下になったら爆発する仕掛けなんです」

えー！　石田ゆり子は「わたし爆弾魔に脅迫されてるんです！　こうしないと爆破するって！」とアルバイト青年にも自分の手首にかけられているのと同じ手錠型の爆弾をつけてしまい、そのまま二人で警備員に警告に行ってしまう。警備員相手にすったもんだしてるうちにベンチ前のゴミ箱が爆発！　というわけでパニック発生。警察から爆弾処理チームがやってくる。ベンチ下の爆弾を処理すべく、液体窒素で急速冷凍する処理班。

「凍らせれば爆発しませんから」

「ところが毎回そううまくいくわけではないんだな」

と言うのはその様子を近くで見ている怪しい男（**佐藤浩市**）。どこからどう見ても怪しい男なんだが、なぜこんな近くに入れるのか。てかこの爆弾処理、まわりに人がいるままやってるんだよ。どうなってるんだこの世界の警察は！（なお「人払いする範囲が異常に狭い問題」はこのあともたびたび繰り返される）。すると怪しい男の予告通り爆弾は爆発、だが音と光が出るだけのダミー爆弾だったので怪我人は出なかった（ディレクターはショックで入院）。主婦とアルバイトは犯人の命令にしたがってそのまま逃げる。

ほどなくYouTubeに次の爆破予告があがる。18：00に渋谷ハチ公前スクランブル交差点を爆破する。爆破をやめさせたかったら、首相は自分とのネット対話に応じろ。声明をアップロードしたのはアルバイト青年。もちろん犯人に脅されてやったのである。

「もうぼく犯人にされちゃいましたよね。顔も出てるし……」

「あなたは大丈夫よ」

と抱きしめる石田ゆり子。ここまできても石田ゆり子のことを盲目的に信じてどこまでもついてゆくアルバイトくんである。だが「日本を戦争のできる国にする！」がキャッチフレーズのタカ派首相**（鶴見辰吾）**は「テロリストといっさい交渉はしない！」と断言する。ここから細かく18：00に向けてカウントダウンしていくのだが、そのおかげで時間がやたらと長くなってしまう。さらに問題なのは別にこのカウントダウンが犯人をつかまえて爆弾を解除するサスペンスを引き伸ばすわけでもなんでもなく、ただハチ公前で右往左往する人々の人間模様を見せてるだけだということである。だったら引き伸ばしなんかしてないでさっさと爆発させろ！　警察も単にテープを貼って「はいらないでくださーい」とか言ってるだけ。それもそもそも17：30くらいまでは何もしないで、最後十分くらい人払いすればいいと考えてるという。どれだけ爆弾魔を信頼してるのか。

一応物語としては合コンで会った女の子を家に連れこむと電気卓上コンロで焼き鳥をふるまうのが趣味というクールなIT成金**（中村倫也）**が合コンで会った娘に「予約のとれないレストラン」での食事を誘われたにもかかわらず断って、にもかかわらず渋谷ハチ公前にあらわれたのを、合コン娘の親友**（広瀬アリス）**が見つけてあとを追いかけ、すると彼はそこで動画を撮影しているというとても怪しい展開で引っ張る。**予告時間が近づき、YouTuberをはじめ野次馬が集まって大いに盛り上がるハチ公前、みんなでカウントダウンしてついに18：00。やった爆弾が炸裂だー！ってておかしいだろ！**　大量の死傷者が出る大惨事をみんなが待ってるみたいな描写なんとかならなかったのか。手が飛び足が飛ぶ、ここだけ情け容赦ないスプラッター描写（十五歳以上鑑賞可）である。

一方、それまでハチ公前の野次馬整理とかしていた有能なやさぐれ刑事**（西島秀俊）**は東急東横店の屋上から（犯人に脅迫されて）ビデオを撮っていたアルバイト青年を逮捕する。この期に及んでも石田ゆり子のことを心配しているアルバイト青年。人がいいのをとおりこして××だろ！　一方合コン娘の親友はIT成金の自宅に押しかける。

「渋谷に行ってたのか。平和ボケが！」

「……あんただって行ってたじゃない！　見てたのよ！」

「……ぼくはハチ公から五十メートル以内には近づかなかった！」

と言いおいて見知らぬ人間をあげたまま勝手に家を出ていってしまうＩＴ野郎。なんでだよ！　なぜ五十メートル以内に行かなければ安全だと知っているのか!?と疑問を抱いた親友嬢は家探しをはじめ、ビデオや資料を手に入れて警察に向かう。

「わたし……犯人知ってます！」

やさぐれ刑事、さすがにアルバイト青年がつけられていた手錠爆弾がダミーとわかったので、石田ゆり子のアジトを調べる。するとそこには「浅草／恵比寿なんとかプレース／渋谷ハチ公前／東京タワー」と書いたメモがあるではないか。

「次の目標がわかった。東京タワーだ！」

というわけで親友嬢のタレコミにしたがってＩＴ成金をとっちめると、

「五十過ぎた母親（**財前直見**）にやっと彼氏ができて幸せになりそうなんだ。そんなときに別れた元旦那が爆弾魔だなんてわかったら困る！　犯人の名前を伏せてくれたら、どこへ行くか教える！」

何言ってるんだかわからないよ！　要するに怪しい男こと佐藤浩市は元自衛隊員で爆弾処理のプロ、ＩＴ成金はその息子だったのだ。ＩＴ成金の留守番電話に佐藤浩市から吹きこまれた情報から、ハチ公から五十メートル以内に近づかなければ安全と知り、そこで……何をしたかったのかわからないがとりあえず現場に行ってみたのだった。ってなんで佐藤浩市はわざわざそんな話を十年以上会ってない息子に伝えようとしたのか。安全情報？　そして警察は絶対にそんな取り引きには応じないよ。ＩＴ成金が何をしたかったのかわからないが、こいつがさっさと警察に届けとけば爆破は食い止められたかもしれないのである（ちなみに爆弾はハチ公近くのコインロッカーに仕掛けられていたらしい。そんな場所さえ調べなかったのか!?　この映画の警察の無能ぶりはもうレジェンド級だ）。

　というわけでやってきたのは東京タワーの見えるレストラン。そこでは佐藤浩市と石田ゆり子が向かい合って密談中だった。実はこのレストラン、一九九二年のクリスマスイブに、ＩＴ成金一家が食事をした思い出の店だったのだ。「レインボーブリッジを爆破できる」爆薬を手に「もう少し石田ゆり子と喋らせろ」と要求する佐藤浩市。石田ゆり子は妥協案として、「レインボーブリッジまでドライブしましょう。それを許してくれたら、佐藤浩市から東京タワーに仕掛けた爆弾の解除コードを教えるってことでどう？」

　というわけでまたしてもありえない取り引きに乗って、ＩＴ成金と二人で石田ゆり子と佐藤浩市の乗った車を追いかけるやさぐれ刑事、車の中で今更のように「いやこれは俺たちが思ってたのと真相は違うようだぞ」と言いだす。実は石田ゆり子の夫は元自衛隊員、カンボジアＰＫＯ[※2]に参加しており、佐藤浩市の直接の部下だった。だが現地での悲惨な経験から精神を病んで帰国して除隊、自殺してしまったのだ。夫（**毎熊克哉**）の思い出を語る石田ゆり子。ずっと苦しんでいた夫は、ある日晴れ晴れとした表情で言う。

「ぼくのすべきことがやっとわかったんだ……二人で学校を作ろう」

　というんでてっきりカンボジアだかに現地学校を作るのかと思ったら、

「ぼくが先生で、きみが生徒だ」

　目の前にずらずらと広げる爆弾と信管と腹々時計[※3]の数々。

　は？

「この世界に確かな正義はない。こうすれば、きみは理不尽な悪意から身を守ることができる！」といきなり爆弾教室を開陳、「だめだそんな手付きでは信管が爆発してしまうぞー！」とスパルタ特訓で爆弾魔養成にいそしむ毎熊くんなのであった。

「今思えばあの人はおかしくなってたのかもしれない……」とか言ってるゆり子だけど**そんなの誰が見たって最初から百パーセント毎熊くんパッパラパーだよ！**　いやー本当この種明かしには笑いし

かない。**今年ナンバーワンのスットコ演技賞を差し上げたい毎熊くんである。**

「総理は『日本を戦争のできる国にする』とか言うが、あの男は戦争のことなんか何も知らない。わたしは知っている。夫との爆弾教育の日々、あれはまさしく戦争だった！」

それも違うと思うよ！　だがなぜか上から目線で「戦争について教えてやろう」と思いこんだゆり子、「これが戦争だ」と渋谷を血の海に変える。いやー残念ながらその思い、誰にも何ひとつ伝わってないと思うなあ。まだまだたくさんある「なぜこの人がこんなことを知っているんだ!?」という疑問にはどれひとつ答えの出ぬまま、佐藤浩市がいったい何をしたかったのかはさらにわからないまま、ジョン・レノン[※4]の「ハッピー・クリスマス（戦争は終わった）」のカバーが流れだし、War is Over、Tokyo is Over。こんな映画作ってる電通is Overでみなさん

Happy Christmas!

※1　足利に作られたオープンセットのスクランブル交差点
リアルサイズで、渋谷のスクランブル交差点そっくりに作られたオープンセット。廃止された足利競馬場跡地にある。実際のスクランブル交差点でのロケを断念した中国映画制作のために、都内の美術会社が二〇一九年に建てた。年内に解体予定だったが、足利市と映像会社が協力して運営していくこととなった。一般公開も行われている。

※2　カンボジアPKO
一九九二年九月から、国際平和維持活動（PKO）のため、自衛隊員がカンボジアに派遣されたことを指す。陸上自衛隊が戦後初めて参加した平和維持活動となった。PKOに日本が参加するときには、最小限の武器携帯など厳しい条件があるため、派遣の是非についてはさまざまな論点から国内で大きな議論となった。

※3　腹腹時計
爆弾の製造法やゲリラ戦法などが書かれている都市ゲリラ教本。三菱重工爆破事件などの連続企業爆破事件を起こした東アジア反日武装戦線狼班が一九七四年に地下出版したもの。

※4　ジョン・レノンの「ハッピー・クリスマス（戦争は終わった）」
一九七一年に発表された、ジョン・レノンとオノ・ヨーコの楽曲。原題は『Happy Xmas (War Is Over)』。ベトナム戦争への反戦歌として作られ、広まった。曲を発表する二年前の一九六九年に、二人が世界中の都市に掲げた広告文「War is over! If you want it. Happy Christmas from John & Yoko.」が曲のもととなっている。その背景には、泥沼化したベトナム戦争と反戦運動の高まりがあった。なお、この一九六九年にニクソン大統領はベトナムからのアメリカ軍撤退を決定した。

「地域×食（+高校生）×映画」の必勝映画方程式に池田エライザを代入というまさかの裏技。なるほど、そこはかとなくただようBL臭は……

『夏、至るころ』

監督・原案＝池田エライザ　脚本＝下田悠子　監督補＝金田敬　撮影＝今井孝博　音楽＝西山宏幸　主題歌＝崎山蒼志
出演＝倉悠貴、石内呂依、さいとうなり、安部賢一、杉野希妃、高良健吾、リリー・フランキー、原日出子、後藤成貴

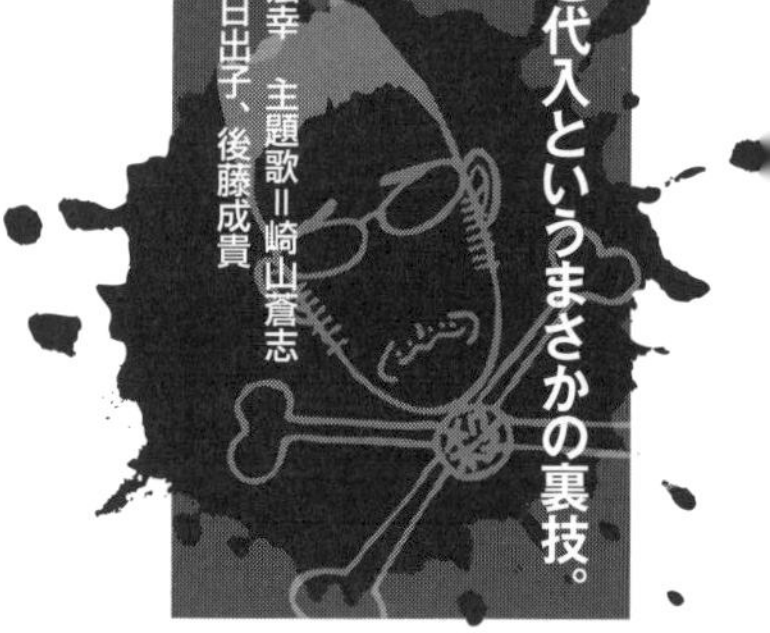

おひさしぶり！な映画24区作品、しかも〈ぼくらのレシピ図鑑〉シリーズである。ずいぶん間が空いてしまったのでお忘れの人もいるかもしれないが、二〇一七年の『36・8℃』[※1]にはじまるこのシリーズ、「地域×食（+高校生）×映画＝?」という必勝の映画方程式により、高校生を主役に地元の食材を盛りこんだ地方食映画を量産しようという目論見。その第二弾がようやく登場したのである。ところが今回この方程式に「セレブ」を代入するというまさかの裏技を敢行。監督になんと池田エライザを迎え、福岡県田川市を舞台に映画を作ってしまったのだ。ちなみに原案も池田エライザなので、**このそこはかとなくBL臭ただようストーリーも彼女のもの。なるほどそっちの方でいらっしゃいましたかね。**

演出の方は意外と堅実、というか俳優出身の映画監督にありがちな俳優の芝居をじっくり見せ、空気感を大事にするタイプの素直な映画。自然映画は必要以上に長くなり、俳優は間をたっぷりとってよく泣く。そこらへんも含めまずまず無難に監督業をこなしてみせたといえよう。

池田エライザの意志と美学が反映された映画になっているのは、何より舞台の田川市を完全に昭和レトロなすべてが茶錆びた町として統一して描いていることからも推察されるだろう。まあ単な

るクソリアリズムだった可能性もあるけど！　なんにせよ地域プロモーション映画としてこれを作られてしまった田川市の人々は内心複雑ではなかったのだろうかと邪推してしまう。あと、この映画で推されている地域の食が「パプリカのピクルス」[※2]だというのもなかなか複雑というか、さすがにもうちょっとなんかあっただろ、というか、セレブだからって規定演技の縛りをゆるくするのはいかがなものか、というか。まあ、総評としては『台風クラブ』[※3]にオマージュを捧げました！というところまで含めぴあフェスでかかりそうな青春映画、と申しましょうかね。

高校三年生の大沼翔（**倉悠貴**）と平川泰我（**石内呂依**）は親友同士。学校が終わるといつも二鶴食堂でうどんを食って一緒に帰る。毎日他愛ない会話に興じる二人は、祭りで叩く和太鼓の稽古に没頭していた。だが大学進学志望の泰我は勉強するために太鼓の稽古を抜けると言いだす。

「なんで大学に行くん？」

「安定のためかな」

「なんで安定したいん？　幸せってなに？」

といきなりお花畑に旅立ってしまう。以下、映画の中ではひたすら「幸福って何？」と考えつづける青臭すぎる翔くんだが、まあエライザさんの考える高校生ということで……お使いでペットショップに出かけた翔くん、そこでギターを抱えた不思議ちゃん（**さいとうなり**）に出会う。彼女は例によって挫折して東京から故郷へ戻ってきた地方映画にはよく出てくるタイプの人で……翌日、翔と泰我と再会した不思議ちゃんこと都、ギターを売っぱらいたいからリサイクルショップに連れていけという。残念ながらリサイクルショップが休みなので、都はギターを翔に押しつけ、今度は二人の高校へ行く！と引っ張りまわすのである。

夜、明かりが消えた無人の学校に侵入した三人、わくわくの大冒険。屋内プールへ来たところで、都は自分の過去を激白。歌うのが好きで無邪気に歌って歌手になった都だったが、周囲から「恋愛の歌を歌え」とかけられたプレッシャーから歌が苦痛になり、すべてを投げだして逃げてきたのだという。「恋愛なんかしたこともないのに」と言う都に、翔はギターを返して「歌って」とぶっきらぼうに要求する。プールサイドで一曲歌ったところで都はプールに飛びこみ、慌てて追いかけて翔も飛びこみ、泰我も引きこまれて三人プールでバチャバチャ……**まあ手垢のついた表現だけど、無邪気にやってる分には不快じゃない感じの名場面。**で、見回りに来た教師（**高良健吾**）からおこごとを頂戴した三人、翔はついでにアランの『幸福論』（岩波文庫）をもらって、さらに幸福について考えつづけるのである。

　で、ここらへんで翔と泰我がお互いのことを意識しすぎてお互い同士で「あいつには敵わない」と思いあっているということが問わず語りに語られる。泰我は「自由すぎる」翔にコンプレックスを抱いており、翔は計画性がある優等生の泰我に憧れている。おまえらつきあっちゃえよ、という話である。ところがそんな二人、お互いに勝手に悩んでるだけなのでそのまますれ違って、二人別々に二鶴食堂に飯を食いに行って……みたいな腐れラブコメ描写が延々と続く。

　そんなとき、翔は祖父（**リリー・フランキー**）から田川[※4]の二本煙突にまつわる伝説を聞く。田川のどこからでも見える炭鉱跡に立つ巨大煙突は、ある場所から見ると二本が重なって一本になる。それを見ると幸せになれるのだという。祖父は必死でその場所を探し、そこで祖母（**原日出子**）と出会ったのであった……というわけでその場所を探しはじめる翔だったが、これよく考えなくてもほぼ一発で方角はわかるし、しかも場所は特定できないんだけど、ともかくそこへ行くと……付き合っちゃえよおまえら！　大学へ行く泰我に対し、「俺は来年はここにいないかもしれないけど、でもおまえの隣りにいるから」と青い鳥はこんなところにいたんだねえ的言葉を贈る翔、高校を卒業後は就職もせず放浪の旅に出るべく田川を旅立つのだが、心はいつまでも泰我の隣りにいるのだった。なおすっかり忘れ去られた都は一人縁日で綿菓子を食べくるい、そこではリリー・フランキーと原日出子がラブラブデートしているのだった。

　ちなみに祭りでは当然最後にやっぱり思いなおした泰我が太鼓を叩くことになるのだが、これがひとつの太鼓を二人で左右から同時に叩くというコンビ芸で、これ練習の途中で「受験あるから」って片方だけ抜けられたら困るだろう！　いくらなんでももう少し責任感持とうぜ泰我！　で、彼がやめるんだったら当然代わりに稽古してた人間がいたはずで、その相手に対してもたいがい失礼すぎるだろうと思われるのだがそこらへんがまったく語られないのがなあ。最後は祭りで盛り上がり、という地方映画の基本を押さえたところまでは良かったが、太鼓の場面がまったく盛り上がっているように見えず、エキストラたち観客が棒立ちで鑑賞しているようにしか見えないのがたいへん残念でありました。

※1『36・8℃』
『皆殺し映画通信　骨までしゃぶれ』一八一ページ参照。

※2「パプリカのピクルス」
田川育ちのピクルスと、地元産のお酢をあわせて作られた田川の特産品のひとつ。ふるさと納税対象品。

※3『台風クラブ』
相米慎二監督／一九八五年。台風の到来とともに、青春の鬱屈した感情を爆発させていく中学三年生たちの心情や交流を鮮やかに描く。何度か服のままプールで泳ぐ場面があり、この映画にオマージュを捧げたとは、池田エライザ本人の弁。

※4　田川の二本煙突
筑豊の主要炭鉱であった三井田川鉱業所伊田坑に建てられた煙突。第一煙突、第二煙突とも、高さは45・45メートルで現存する明治期のものとしては国内で最大級。現在煙突は炭坑跡を整備した石炭記念公園のなかにあり、二〇一九年には並び立ってから一一一周年を迎え、恋愛の聖地としてのPRが行われた。

大泉洋の劉備玄徳を筆頭にオールスターキャストがほぼ突っ立ったままクソおもしろくもないギャグを言いあうだけの「新解釈」。これはもう無である。無としか言いようがない。

『新解釈・三國志』

監督・脚本＝福田雄一　撮影監督＝工藤哲也　音楽＝瀬川英史　主題歌＝福山雅治
出演＝大泉洋、賀来賢人、橋本環奈、山本美月、岡田健史、橋本さとし、高橋努、岩田剛典、渡辺直美、磯村勇斗、矢本悠馬、阿部進之介、半海一晃、ムロツヨシ、山田孝之、城田優、佐藤二朗、西田敏行、小栗旬、広瀬すず

映画界にとってもさんざんだった二〇二〇年を締めくくるのはやはりこれしかあるまい。福田雄一監督版『三國志』というだけでもうたいていの人には中身はわかってしまうはず。そう、そのとおりです。つまり**大泉洋**の劉備玄徳を筆頭にオールスターキャストが登場してほぼ突っ立ったままクソおもしろくもないギャグを言いあうだけの「新解釈」。これはもう無である。無としか言いようがない。何を目的にして、何を見せるでもなく、ただ時間が過ぎ去るのを待つだけの演芸を見せられる。これがテレビ的ということなのか？　福田雄一の映画は、メディアの持つ意味を考えさせるという点でも教育的だ。**しみじみ思ったのだが、テレビというのは無が許される世界なのだな。**別にディスっているわけではなく、何もないところを埋めるだけのメディアがテレビだということである。埋まっていさえすれば中身は無でもかまわない道理だ。

物語はざっくり三國志の見せ場だけをつないで赤壁の戦いまで。まあ三國志と言っても横山[※1]三国志読んだくらいなんじゃないの？というざっくり加減。いわゆる見せ場を拾っていき、合間はファミコン風ゲーム画面で移動。ストーリーの説明は全部解説者役の**西田敏行**がやってしまう安易な構成。で、場面変わると突っ立ったまま「ギャグ」を言う。[※2]「勇者ヨシヒコ」方式。いや見てないの

で知りませんが。で、そのギャグというのが現代風の突っこみと繰り返しだけで、たとえば「桃園の誓い」で、劉備が「同年同月同日に死せんことを願わん」という誓いを非現実的だからと言いたがらないとか、桃園じゃなくて桜の花を背負ってることに「あれなの？　桃の木ってあまりないから？」って突っこみをいれるとか。これがなんかおもしろいのかっていう。

「新解釈」の部分がなにかというと、たとえば劉備は本当は気弱で戦争嫌いなのに、酔っ払うと気が大きくなって豪傑ぶるとか、趙雲（**岩田剛典**）はイケメンのナルシストで、いちいちしゃべる前に間を取るとか（それを毎回いちいち劉備らが「鼻につくな〜」と突っこむとか）、諸葛孔明（**ムロツヨシ**）がもったいぶって出てこないかと思いきや、わりと軽薄に呼ばれなくても顔を出し、なぜかと思うと実は孔明自身は単なる口先だけの営業担当で、さまざまな策を考えているのは実は黄夫人（**橋本環奈**）のほうだった、とか。

なぜこんな「新解釈」になったかというと、西田敏行が「こんな感じだったたんじゃないかなー」と思ったからだという！　別に新史料の発掘とかそういうまっとうなことを福田雄一に期待しているわけじゃないけれど、それでもイラッときてしまうのはつまりそういうことで、最初から真面目にやる気なんかなくて、要するに客を舐めている「こんなもんでよかんべイズム」その発露こそが「こんな感じ」。それがおもしろければともかく一ミリもおもしろくないギャグが続くのだが、もちろん場内は満員で観客はみな満足しているのだった。

ちなみに剛勇無双の呂布（**城田優**）を董卓（**佐藤二朗**）から引き離すために女をあてがおうと考えるのは孔明で、その仕事はイケメンの趙雲にまかされる。例によって鼻につく感じでとびきりの女を選んでくると自信たっぷりな趙雲。「この子、ちょーヤバくないっすか？」と紹介するのは絶世の美女貂蟬（**渡辺直美**）。セクシーに腰をふって色気を強調するが……。

微妙な顔を見合わせる劉備と関羽（**橋本さとし**）。

「えー、本当にこの子でいいの？」

「いや、いやですねー。昔は美人の基準が違いましたから。これは時代考証的には美人ってことで！」

「えーほんとにー？」

いやね。**本当に「新解釈」って言いたいならこういうところこそを新解釈すべきなんであって、渡辺直美をブスネタでいじるとか百万年遅れてるんじゃないの？**　てか当のテレビでもとっくにそういうんじゃないことになってんじゃないですか？　これはさすがに頭をかかえざるを得ない。だいたい「時代考証的には」ってこいつらはいつの時代に生きてる何人なんだよ！　で、半信半疑で貂蟬を董卓のところに送りこむ劉備だったが、董卓と呂布は一目惚れして計略は大成功。貂蟬欲しさのあまり呂布は主人である董卓を殺してしまう。

貂蟬は呂布の前に立つと、「これがわたしの本当の姿と思ったか！」とバリバリと「渡辺直美」の皮を脱ぐ。と！　中から出てきたのは**広瀬すず！**（特別出演）ブスといじめられた彼女は美人の皮をかぶって男たちを翻弄、復讐をはたしたのであった。

「今度生まれ変わってくるときは、こんな私が美人と呼ばれる世の中に……」

と言って死んでゆく貂蟬。「広瀬すずを無駄遣いしてる」と言われたいだけにこういうことやってるんだけど、そういうことやる時点で「時代考証的に」とか言ってるつまらない言い訳が破綻してるんだよ。**なぜ堂々と渡辺直美をセクシーに撮り、美醜にまつわる固定概念を転覆しようとしないのか。**　だがもちろん福田雄一にそんな野心などあろうはずがない。

最後のクライマックスはもちろん「赤壁の戦い」。呉に乗りこんで呉蜀の同盟をまとめた孔明だったが、火攻めの計を提案するも周瑜（**賀来賢人**）から「失敗したら斬首！」と言い渡される。ところが劉備は「こんなの勝てるわけないじゃん！」と臆病風を吹かせ、孔明一人残して勝手に撤退してしまう。孔明は処刑寸前で絶体絶命……なんだけどそのときなぜか魏の船団に火があがり、一気に燃えあがる。劉備軍の攻撃だ。「敵を欺くにはまず味方から」とか言ってる孔明、実はすべてこれは孔明の企みであった。撤退する劉備軍にわざと牛の放牧されている場所を通るようにしむけ、牛を殺して宴会を開くように仕向ける。その際、さばいた脂はすべて川に流させると、それは下流に流れ着き、うまいこと魏の軍船にまとわりついて、ちょっと火をつけただけで一気に広がり、ついでに酒に酔って気が大きくなった劉備が「やっちまえー！」と曹操軍に攻め入って、孔明が「してやったり」とほくそえんでるというんだけど、そこで大事なのは作戦考えるだけでリスクは全部孔明に振ってる黄夫人がどう思ってるかじゃないのか！　ここでこそ二人の関係が描かれるはずじゃないのか！　だがもちろん黄夫人はまったく出てこないまますっかり忘れられており、福田雄一がそんなこと考えるはずもなくて、西田敏行は「これはひとつの説でして……史実にはさまざまな説があります。ぜひ、あなたの三國志を作ってくださいね」とかおためごかしの言い訳を言って終わるんだが、**まあ福田雄一の覚悟なんてその程度だよな！**

※1　横山三国志
漫画家横山光輝（一九三四〜二〇〇四）のライフワークとして描かれた六十巻の長編歴史漫画『三国志』のこと。執筆は一九七一年から一九八六年の十五年間にわたり、一九九一年には、本作品で第二十回日本漫画家協会賞優秀賞を受賞した。

※2　「勇者ヨシヒコ」
「勇者ヨシヒコ」はテレビ東京系で放映されてた深夜のテレビ番組。仏に復活させられた勇者ヨシヒコとその仲間の冒険を描く。RPGゲーム『ドラゴンクエスト』が設定の土台となっているが、「予算の少ない冒険活劇」という但し書きがつく。二〇一一年から二〇一六年にかけてシリーズが三本作られ、監督・脚本はすべて福田雄一が担当した。

幻すぎて存在自体が知られておらず、封印されたことすら誰も気づいていない。
そんな幻のマダムシンコの豹柄一代記、主演は堂々川上麻衣子である

『やまない雨はない』

監督・脚本＝北崎一教　原作＝マダム信子　撮影監督＝岡田賢三　音楽＝松本タカヒロ
出演＝川上麻衣子、永井大、清瀬ひかり、藤川心優、瀧澤しほ、小林さり、逢澤みちる、マダム信子、島津健太郎、ケチャップ河合

マダムシンコ[※1]は新大阪駅をはじめ、ターミナル駅やショッピングモールなどに入っている洋菓子チェーンとして関西地方では知らぬ人なき存在だ。そのオーナーである**マダム信子**はいつも豹柄ファッションでお店の広告塔として出張る典型的関西のおばさんとして店と並んで、いや店以上に有名である。少なくとも関西ローカルでは。

その彼女の伝記映画が作られたのは二〇一七年、マダムシンコの本拠地（本店もある）である大阪府箕面市の１０９シネマズ箕面で先行公開され、その後全国公開の予定であった。ところが待てど暮らせど一向に公開される予定がない。ＤＶＤ発売も延期され、そのまま幻の映画となってしまったのである。問題は、誰一人これが幻の映画であるということすら知らないということだ。幻すぎて存在自体が知られておらず、封印されたことすら誰も気づいていない。そんな幻の豹柄一代記、主演は堂々**川上麻衣子**である。

雨の中、マダムシンコの店舗にケーキを買いにきた少女。店を出るとものすごくわざとらしく芸術的な転び方をしてケーキを潰してしまう。店から飛びだしてきたマダム信子（川上麻衣子）は少女にケーキをもうひとつサービスしてあげる。と、見上げると、いつのまにか雨はあがっていた。

やまない雨はない！　なお、**この映画では登場人物の感情に合わせて雨がふり、そしてきれいにタイミングを見計らってやむシステムになっております。**

　時は流れて現在。テレビでマダム信子のライフストーリーが語られることになり、マダムは新人アナウンサー千夏（**小林さり**）からインタビューを受けてその半生を語る。昭和二十六年、島根県の寒村に生まれたマダム信子は、少女時代に大阪に引っ越す。だが、そこで待っていたのは苛烈なイジメであった。彼女は在日韓国人家庭の生まれだったのである。

「そのころの暮らしぶりは？」

「それは十二歳のわたしに聞いて！」

　と言うとそこに座っているのは信子十二歳（**藤川心優**）。思わず目を疑いスタッフのほうを見る千夏だが、スタッフは平然とカメラをまわしているのでそのまま質問をつづける。これ、どういう描写なのか本当に謎で、千夏にだけは本当に十二歳の少女が見えたのか、時空間が歪んだマダム信子空間に巻きこまれてしまったのか。ともかく以後、高校時代の信子（**滝澤しほ**）、二十代クラブホステスの信子（**清瀬ひかり**）と姿を変えながらマダムの人生が語られる。小学校時代は転校先で一張羅にゴミをかけられるなどの壮絶なイジメを受け、十六歳で恋仲になった相手と駆け落ちしようとすると、信子が在日であることを知った男が逃げてしまう。いやそれは十六歳の女の子と駆け落ちしようとする男にそもそも問題があるのではなかろうか。

　高校卒業後、若くして結婚するがすぐ離婚。水商売に入った信子は持ち前のやる気と美貌でたちまち頭角をあらわす。上昇志向の塊である信子は「ミナミのクラブでは物足りない」と北新地に乗りこみトップをめざす。二十代にして店を持つと、地廻りのヤクザからのショバ代要求も断固として拒否する。強気一辺倒で突っぱねると、気圧されたヤクザが「こいつにはでかいバックがついてるに違いない……」と勝手にビビって引っこんでしまうという謎エピソード。だが、信用していた使いっぱしりに裏切られ、勝手に合鍵を作られて店の売り上げを盗まれて以来、彼女は人を信じる心を失ったのである……。

そしてついに以後、バブル景気華やかな一九八九年に銀座に進出。信子が働くクラブのママ役でマダム信子本人が登場する！　やがて出資者を集めて店〈クラブ信子〉を出した信子（なんの確証もなしに「わたしは客と太いパイプがあるから失敗するわけがない」と断言して数千万円を集めてしまう豪腕ぶり！）、そこで運命の出会いがある。やがて夫となるコージくん（**永井大**）である。モデルを目指していたコージは、信子のクラブで黒服として働くうちに彼女と親しくなる。で、店を畳んで大阪に帰るとなると一緒についてくる。それ、ツバ……いや愛ですよ、愛。

以後、信子の商売遍歴が語られていくのだが、あまりにいきあたりばったりで脈絡がなさすぎる。まあ実話ベースだからしょうがないのかもしれないが。残念ながら水商売でなぜどのように成功したのかも、その後の商売でそのノウハウがどう生かされたのかもさっぱり語られない。なので紆余曲折の末に洋菓子屋にたどりつき、母が作ってくれたホットケーキの味を思い出してマダムブリュレ（カステラ生地にカラメルをかけたもの）を開発するというストーリーが、「たまたま」にしかならないのである。

唯一おもしろいのは全然畑違いだった洋菓子屋をはじめようとコージくんが言いだし、連れてきたパティシエ竹村（**ケチャップ河合**）がものすごく尊大で無礼な男で信子をはじめ周囲をバカにしまくり大トラブルに発展するところ。竹村、たまたまコージくんが知り合いになって「すごいパティシエなんだ」と吹聴するだけで、まったくその凄さが見えない（劇中ではまともにケーキひとつ作らない！）ので、ただの詐欺師なのではないかと疑われるレベル。これが事実ならコージくん、なにひとつ経営の役に立ってないばかりかむしろ足を引っ張ってるよ！　とうとう信子が怒りから開店目前でパティシエをクビにしてしまう。パティシエ無しでケーキをどうする？　そこで信子が！

「バウムクーヘンやったら、パティシエがいなくても作れるんちゃう？」

とバウムクーヘンを売りだして大ヒット……って違うだろ！　そこでマダムブリュレを開発するんと違うんかい！（だいたいバウムクーヘンって結構な機械で作るもんで、そんな思いつきで作れるわけではないと思うが）　嘘でもいいからこれをマダムブリュレ発明のきっかけにしてもらわないと、映画の意味がないのではないか……なお、長い長いインタビューが終わるとおみやげにマダムブリュレをもらった千夏が雨上がりの道でものすごくわざとらしくこけ、その嘘くさい転び方に、信子が「あなたはいつぞやわざとらしくこけていた小学生！」と気づいてめでたしめでたし。

※1　**マダムシンコ**
「自信を持って選び抜いた自然素材にトレンドと自由な発想をプラス。オリジナリティーあふれる色・味・香りを表現」したスイーツが自慢の洋菓子ブランド。『大阪のおみやげと言えばマダムシンコ！』が合い言葉。ショッキングピンクと豹柄で統一された店やパッケージが目をひく。今年二〇二一年に十五周年を迎えた。名物はマダムブリュレで、「年輪のないバウムーヘン」（！）のトップに、メープルシロップとカソナード（赤砂糖）をパリパリにキャラメリゼした一品。大阪の箕輪本店をはじめ大阪や関西各地に出店している。

映画館で見なければ意味がない映画というのはひどく反時代的な、ある意味社会の要請に真っ向から逆らう映画である

『すずしい木陰』

監督・脚本・編集＝守屋文雄
出演＝柳英里紗

今、コロナ禍の真っ最中、まさにロックダウン待ったなし、とうてい映画館になど人が行っている状況ではなく、新作が次々に公開延期になっている。そんな中、あえて劇場公開される映画がある。この映画を紹介するのはたいへん悩ましい。というのもこれは映画館で見ないと意味がない映画だからである。間違っても、今劇場へ行くことは推奨できない。でも「後からDVDで見てね」とも言いたくない。DVDでは真価を味わうことはできないだろう。ではこの状況下であえて行って、それで楽しめるかというともちろんそうとはかぎらない。どう考えても万人向きには程遠い映画なので、よくて口あんぐり、場合によっては見た人を激怒させることになるかもしれない。だが、これを見た人の中に、**ひょっとしたら、この映画が生涯の一本になる人がいるかもしれない。これはそんな映画である。**

　これは実験映画だ。アンディ・ウォーホル[※1]の『スリープ』の現代版と言ってもよかろう。ウォーホルのように、ただ一人の人物が寝ているだけの映画である。だが、ひたすらに退屈を待ちつづけるウォーホル映画と、『すずしい木陰』は大いに異なっている。『すずしい木陰』は木陰で眠る、ただそれだけのことが宇宙的なスペクタクルであると訴える映画なのだ。

『すずしい木陰』では、一人の女の子がハンモックで眠っている。別に華麗な音楽が流れてくるわけではなく、聞こえてくるのは虫や鳥の鳴き声だけだ。虫の声、鳥の声、遠くを走りゆく車のエンジン音、そしてどこからともなく流れだす鐘の音……ただ聞いているうちに、音は大きくなり小さくなり、それまで聞こえなかった音までが聞こえてくる。じっと見つめていればこれまで見えていなかったものが見えてくる。それは蚊取り線香の煙のたなびきかもしれない。あるいは風に吹かれる草の不規則な揺れかもしれず、蜘蛛の巣に反射する太陽の光かもしれない。否応なしに目を凝らしているうちに、世界の隅々にあって、これまで見えていなかったものが見えてくる。世界の隅にあるごく小さなものがいかに複雑で豊かな存在かを教えてくれるのだ。

※1　アンディ・ウォーホルの『スリープ』
一九六四年にアンディ・ウォーホルによって、十六ミリ、モノクロ、サイレントで撮られた実験映画。五時間二十一分にわたって、当時の恋人ジョン・ジョルノの寝姿が映しだされる。ウォーホルにとってはこれが初の映像作品であった。ジョン・ジョルノは一九三九年生まれの詩人、パフォーマンスアーティストで、二〇一九年に死去している。

皆殺し映画通信
ＬＩＶＥ収録
第一部

皆殺し映画２０２０総決算

収録:2021年1月16日　ROCK CAFE LOFT

皆殺し映画通信
2020まとめ
#皆殺し映画通信

二〇二〇年はどういう年だったか

本日は『皆殺し映画通信二〇二〇年まとめ』ということで、おつきあいいただきます。「皆殺し映画通信」自体は二〇一三年あたりからやっていまして、今年で八年目ということになります。毎年、前年のまとめということで、新年会を兼ねたイベントとして去年一年の映画をふりかえる会をやってます。こちらとしても復習になるし、ちょうどいいかなということでの映画新年会。今年は皆さんご存じのように、人が集まることはよろしくないということで、リモート開催ということになりました。一応東京と大阪ではやっていたんですけど、遠方の方からも見たい、という要望もいただいていたりするようなので、そういう方々に向けてはいい機会になったかもしれません。

●二〇二〇年を象徴する『サイレント・トーキョー』

二〇二〇年、去年がどういう年だったかというまとめですから、一番ふさわしいのは『サイレント・トーキョー・

『えんとつ町のプペル』

●西野亮廣
●なんでそんなに嫌われてるの？
●カルトの子
●アッキー
●クラウドファンディング
●『ナイトメアー・ビフォア・クリスマス』
●STUDIO 4℃
●「上を見てはいけない世界」
●「外の世界なんかない」
●「夢を語れば笑われる。実行すれば叩かれる」

トーキョー』じゃないでしょうか。これは本当に謎でして、誰が見にくると思ってこのビジュアルをつくったのか、本当にわからないんですけど、ある意味二〇二〇年にふさわしいというか、象徴する絵になってしまった。すべてが焼け野原になって何も残らない渋谷スクランブル交差点。そういうわけで、今年はパンデミックで大変なことになった一年を振り返る三時間半、おつきあいいただければと思います。

●『えんとつ町のプペル』はなぜ嫌われているのか問題

さて最初に話をしたいのが『えんとつ町のプペル』です。これ、たいへん盛り上がってるんですよね。ぼくも昨日映画館に見に行ったんですけど、驚いたことに「見に行った」と書いただけで八十五件のリツイートと二百四十一件のいいねがついている。見に行っただけでプチバズってる。こんなことないですよ。なんでそんなに嫌われてるんだろう。僕はテレビは全然見ないので、だからまったくこの人がどういう人か知らない、名前の読み方すらわからないんですけど、何やらものすごく嫌われてる人らしい。原作者で脚本の西野亮廣さん、キンコンの西野という人がすごく嫌われていて、炎上してるのは知ってますけど、炎上自体がよくわからない。前売り券と脚本をセットで一人三千円で売って、それを失業保険で八十セット買ったサロンの人間がいると。そんなのを売るほうが悪いっていうんだけど、まあ悪は悪なんだろうけど、それは買うほうも悪くないか？　まあ自己啓発系の悪というのは糾弾しにくい。あからさまに搾取されてても、搾取されてる側が満足してる場合、それは悪なのかというところがあるわけです。

気になるのはすごい嫌な人とばっかりつるんでるところですね。アッキーとも仲がいいんですよね。アッキーがこの映画見に行っていて、さすがだなアッキーと思いましたけど。アッキーとかホリエモンとか、ともかく友達になりたくない人ばかりと仲がいい。胡散くさい人とばかり仲が良くて、まあ本人も胡散くさい人なんだろう。でも胡散臭くてもおもしろい人もいるわけで。それでいろいろ考えてたんですけど、ひとつにはやっぱり、口先だけがうまくて、自分でも自分のやることを信じていない感じ。

ちょっと思ったのが、村上隆さんって人の感じに似てるかな、と。あの人もすごく嫌われてますけど、それも自分では何も作らなくて、全部他人に発注して作らせたものでお金を稼いで成り上がってると思われているから嫌われているわけですよね。ただ、村上隆さんというのは、実は予想以上に狂人だな、と思ったところがあって。村上隆って自分のアートを信じてるんですよね、本当に。

ぼくはてっきり、村上隆という人はすごいシニカルな人で、自分の作品というのは売るためだけの、要はアート界のゲームの材料として作っているものだと思っていたんで、『めめめのくらげ』という映画を見てびっくりしたんですね。村上隆はあの映画を本当に子供のためにつくっていたんですよ。あの映画を見て子供が感動すると思ってたとしたら、それはかなり世の中が見えていないか、気が狂ってるかどっちかでしょ。そういう意味で、意外とあの人はアーティストだったんだなあ、とそのとき思ったんです。

たぶん西野さんはほぼそういう思いはなくて、完全に金もうけのためだけにやってますよね。その意味では、村上隆のほうがまだ純粋かなという気がする。だから、村上隆は狂人ですけど、西野さんはサイコパスかなという、そういう違いですね。

そんなことを思いながら映画を見に行ったわけですけど、これはご存じのように原作は西野さんの絵本なんですけど、アート自体はもちろん西野さんが描いているわけじゃなくて、六七質さんという方が中心になって描いている。で、その絵を動かすのがスタジオ4℃、『鉄コン筋クリート』とかをつくったアニメスタジオですよね。だからアニメはけっこうちゃんとしているんです。これが難しいところなんですけど、ちゃんとしているけど別におもしろくはない。なぜかというと、中身が何もないから。絵本もそうなんですけど、基本的に中身は何もないからおもしろくもなんともない。ただクラフトマンシップはちゃんとしてるので、作品としてはそれなりに最後まで見られてしまう。見られはするけど別におもしろくもない。

お話はですね、煙突掃除をやっているルビッチという子が出てくるんですが、そもそもルビッチという名前を見ただけで映画マニア的にはイラッとするものがある。ふざけんなと思うんですけど、そこは置いといて、そいつとゴミ人間のプペルが出会うのがずっと煙に閉ざされて空が見えない町、えんとつ町というところ。これは実は人工的な町で、煙突からわざと煙をモクモク出して空を隠してるんです。

で、そこでルビッチの死んじゃったお父さんが、雲の上には本当は空があって星があるんだって、なぜか知らないけどずっと信じているわけです。お父さんはそんなもんあるわけないと言われつづけて死んじゃうんですけど、ルビッチは、ずっと上を見てはいけない、外の世界はないと言われている中で、ついに煙を晴らして星を見るという話なんです。話自体はただの寓話なんでディテールは何もないんですが、最後に、なにやら長々と、お父さんがつくっていたと称する紙芝居、十分間くらいの紙芝居の朗読みたいなのが続く。その中で、「夢を語れば笑われる。実行すれば叩かれる」っていうセリフがあって、これがたぶん西野さんのメッセージですよね。夢を追って、自分がお金をもうけよう、オレのためにおまえらみんな労働してくれ、って夢を語ると、みんなから寄ってたかって、「お前サイコパスだろう」って叩かれるという。で、信者というか、西野さんが正しいと思っている人にとっては、笑われることイコール夢を語ってることだってことになるわけ。それを伝えるための映画なんですね。だからぼくが受けるべきメッセージは何もない。基本的に話は何もないので、わりとつらい一時間四十分でしたね。本当にひどい映画だったら話すこともあるんですけど、あんまりない。無駄にアニメの出来だけはいいので、『ナイトメアー・ビフォア・クリスマス』をパクったりしてるのが、なんかちょっとイラッとくるという、まあそのくらいの映画です。

　それはそれとして、じゃあ去年はどういう年だったか……というとこれです！

二〇二〇年皆殺し映画界の動向

●『名探偵コナン　緋色の弾丸』は幻となった二〇二〇年が全部盛り！

『名探偵コナン　緋色の弾丸』。実は去年公開されるはずだった映画なんですよね。二〇二〇年の四月に公開予定だった。だから、そこにちょうどオリンピックが来るはずだったわけです。だからオリンピック、東京事変、リニアモーターカーと二〇二〇年のトピックをすべて盛りこんで、超盛り上がるはずだった『名探偵コナン　緋色の弾丸』という映画、もちろん去年完成してたんですけど、オリンピック中止ということで公開できなくて、一年遅れで今年、二〇二一年四月公開になりました。去年はこういう

2020年はどんな年だったのか

- ●コロナ！
- ●#BLM!
- ●トランプ暴動！
- ●秘宝休刊！復刊！
- ●アポカリプス！

年になるはずだったのに、オリンピックもリニアも東京事変もすべてコロナの藻屑と消えたということで、二〇二〇年を象徴する一本。じゃあどんな年だったのか。

ご覧のとおりです。ともかくろくでもないことしか起きない一年で、コロナがあり、アメリカではBLMでデモがあり、トランプ暴動。トランプ暴動はよく考えたら二〇二一年の出来事だったんですけど、去年の続きということでほぼつながってるんじゃないか。そしてさらに『映画秘宝』も休刊、そして復刊という、大変もう末世という感じで、二十年遅れで来た世紀末という感じでしたね、昨年は。当然のことながら映画界も大変だったわけです。皆殺し映画界ももちろんこれに負けず大変な一年でした。先ほどの、二〇二〇年のトピックが全部こちらに、皆殺し映画界にも反映されているわけです。ざっくりまとめました。

一つは2・5次元系映画。2・5次元系映画というのが、実は去年の一大トピックで、大きく盛り上がったジャンルだったんですけど、同時に、コロナ禍で一気に滅びるところまで行ってしまいました。次

皆殺し界においては

●2.5次元系映画

●幸福の科学×コロナ

●#さようなら平成

●地方映画2020

●福田雄一2020

が幸福の科学とコロナ。これもけっこうやばい。実は幸福の科学の人たちにとってはコロナは恵みのパンデミックだったという恐ろしいことがありまして。実際彼らはコロナはただの風邪だみたいなことを言っていたりするわけですけど、それはおかげで自分たちが得しているみたいなこともあるんじゃないかと思っています。さすが邪教ですね。それから三つ目が、#さようなら平成。これはご存じのとおり、平成という元号が二年前に終わったわけですけど、それが映画界に反映しているということです。

あと、同じく地方映画の二〇二〇年、去年がどうだったか。そして、福田雄一二〇二〇。これもご存じのとおり、僕の不倶戴天の敵としています、福田雄一という、本当に。皆さんは西野さんが嫌いかもしれない。僕は本当に福田雄一が嫌いで、西野さんのことはわりとどうでもいいんですけど、福田雄一は本当に許せないんです。これはもうずっと思ってるわけですが、なんとかしなければならない。去年も福田雄一はますますうざい一年だった。

ミス皆殺し2020

●池田エライザ
◎『夏、至るころ』
◎映画24区。
●武田梨奈
◎『いざなぎ暮れた。』
●桜田ひより
◎2020年の注目株
◎主役まではいかないがやたらアレな映画に呼ばれている。
◎『妖怪人間ベラ』- 牧野沙織役
◎『映像研には手を出すな!』- 百目鬼役
◎『鬼ガール!!』- 松丸星愛姫役
◎『おとなの事情 スマホをのぞいたら』
◎他に『東京喰種』、『男はつらいよ お帰り 寅さん』など。

二〇二〇年皆殺し映画の顔

●皆殺し女優は池田エライザさんに一票

ということでミス皆殺し。去年活躍した女性ですね。皆殺し映画界という謎の映画界において一番活躍した人は誰か?と毎年見ているんですけど、今年まず一番に挙げたいのは池田エライザさん。彼女は『夏、至るころ』という映画で監督デビューを果たしています。皆殺し女優から皆殺し監督への華麗な転身。これはリリー・フランキーも出ている立派な映画ですけど、れっきとした地方映画で、地方の食がテーマ。福岡県田川市を舞台にした食べ物映画です。ぼくはずっと以前からチェックしていた作品なんですけど、それがついに公開されました。『夏、至るころ』というタイトルなのに、冬に、十二月四日公開になってしまった、コロナでひどい目に遭った映画のひとつなんですけど。ともかく公開されました、ということで、彼女に一票。

あと、皆さんもお好きでしょうけど、武田梨奈さん。もちろん空手で有名なんですけど、なぜか彼女は地方映画のミューズとしてここ数年ずっと活躍し

男優は……

- 完全に毎熊（克哉）くん！
- 『AI崩壊』（2020年）
- 『いざなぎ暮れた。』（2020年）
- 『生きちゃった』（2020年）
- 『サイレント・トーキョー』（2020年）

ていらっしゃる。去年は『いざなぎ暮れた。』という、これは吉本のつくった地方映画のヒロインをやっていました。ただ、彼女もあんまり仕事がないみたいで、この間ネットで、毎日昼から酒ばっかり飲んでるというニュースを見て、ちょっといろいろ心配になりました。体力はあるので酒飲んでも大丈夫なんでしょうけど。

そんな感じで、どちらもいまいち決定打には至らない中で、今年の注目株として見ているのが桜田ひよりさん。彼女は主役まではいかないんですけど、やたらとアレな映画でナンバー2的な、ヒロインの次くらいの役をやってるんです。映画を見にいくたびに顔を見るのでほっといても名前を覚えてしまった。『妖怪人間ベラ』とか、『映像研には手を出すな！』とか、『鬼ガール!!』とか、どれも大体ひどい映画で、ヒロインをいじめる役ばっかり延々とやっている人なんです。今いちばんの注目株で、来年は彼女の年になるんじゃないかと期待しているところです。

●皆殺し男優はダントツで毎熊くん！

　そんな感じで、女性陣はいまいち決め手に欠けるんですが、男はこれしかない。毎熊克哉くんです。毎熊くん、もともとは演技派男優なんですけど、去年は出演作どれもとんでもなくて、『AI崩壊』『いざなぎ暮れた。』。『いざなぎ暮れた。』は先ほど言いましたけど武田梨奈さんとカップルで出てくる。あと『サイレント・トーキョー』。この毎熊くんが本当にすごい、ちょっと忘れられない名演でした。男優枠は完全に毎熊くん。毎熊くんは本来ちゃんとした演技もできる人なので、早くこの世界を脱してもらうことを祈るばかり。このままでいくと毎回ここに呼ばれることになってしまうので、気をつけてくださいね。

●映画方程式にのっとってつくられた『夏、至るころ』

　というわけで『夏、至るころ』。これは映画24区というところの映画なんです。映画24区は映画製作と地域発達と俳優のワークショップ、それを全部ひとつのところでやっているところなんです。その三つを組み合わせると、地方でワークショップをやって地方映画をつくるという商売が出来上がるわけですね。その商売の核になっているのが『ぼくらのレシピ図鑑』。ぼくは映画方程式と呼んでるんですけど、公式にしたがって映画をつくることでいくらでも映画が量産できる恐ろしいシステム、そのひとつです。ここでは地方で高校生が食に取り組むことをテーマにした映画、地域×食（＋高校生）という方程式にのっとって映画をつくっています。そこが、要するにその方程式に池田エライザというタレントを導入してみたら、これが見事に大当たり、というかヒットしたかどうかは知りませんが、映画24区的には話題になって大成功、じゃないですかね。たぶんこの映画単独でもうかるかどうかじゃなくて、池田エライザ初監督ということでテレビの露出とかガンガンにあったでしょうし、リリー・フランキーを呼ぶとかいうことも含めて、映画24区の商売的には大成功と言っていいんじゃないでしょうか。

　映画はちょっとBL風味なのがおもしろい。少年映画で、少年二人の友情の話なんです。そこはかと

『夏、至るころ』

●監映画24区の「ぼくらのレシピ図鑑」シリーズ第二弾

●第一弾は兵庫県加古川市を舞台にした『36.8℃』(2018年)

●映画24区の映画方程式
地域×食(＋高校生)×映画＝映画24区大儲け!

●原案/監督池田エライザ

●福岡県田川市を舞台

●2020年夏公開

ないBL風味が池田エライザの趣味なのかな、というところがおもしろくて、映画24区的にはもともとは女子高生を出すのを想定していたと思うんですけど、BL風味で映画がヒットしているのかどうか、気になるところではあります。

●吉本の地方映画興行戦略、『いざなぎ暮れた。』

もう一本、先ほど紹介した『いざなぎ暮れた。』。島根の田舎町に、ヤクザの下っ端をやってる毎熊くんと、恋人のキャバクラ嬢の武田梨奈が流れてくる。毎熊くんがわざわざ故郷に帰って、直接オレオレ詐欺をやろうとするわけです。

これはそもそも吉本興行の地方映画戦略というのがありまして、その一本です。先ほどのプペルの映画もそうですけど、吉本興業にはいろいろ映画絡みの怪しい利権の動きがありまして、そのひとつの柱が地方映画戦略です。要は吉本主導で地方の宣伝映画をつくるという企画で、どのくらいもうかっているのかいまいちはっきりしないんですけど、全体としてはたぶん損をしないような戦略になっている。

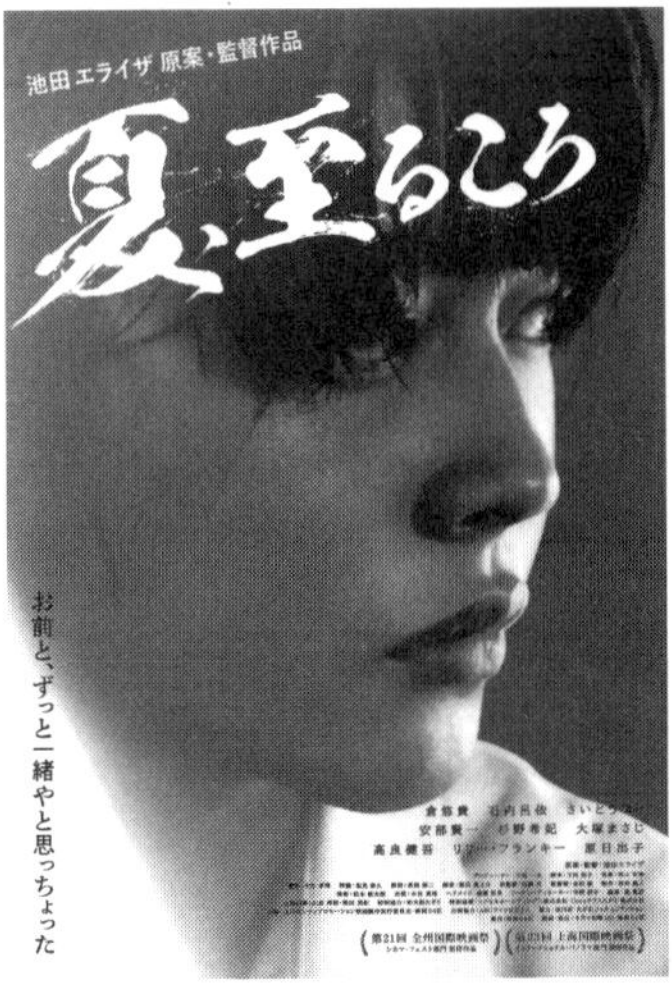

というのは、これに自分のところの芸人を出す。吉本には地域に住みます芸人という謎の存在がいまして、日本の各地に若手芸人が屯田兵みたいな感じで住みこんで、そこの地域発信に協力している。それと地方映画とが合体する。プラス、テレビディレクターに映画を撮らせるという、吉本のもうひとつの映画戦略があります。世の中、映画に過剰な思い入れを持っている人が多いですから、本編を撮らせてあげるよって、テレビディレクターに映画を撮らせてあげれば、彼がバラエティをつくるときに吉本のタレントを使ってくれるだろうという、そういう癒着の構造があるわけです。そのためだったら島根県でたいして儲からない映画をつくるくらいはそれほどの出費ではないわけですね。

しかも、この映画は、モナコ国際映画祭に出品されまして、最優秀主演男優賞と撮影賞を獲得している。最優秀主演男優賞はもちろん毎熊くんです。モナコ国際映画祭については、これまた毎回話してますが、もろもろとかくの多い映画祭。映画祭のホームページに行って見てもらうとわかりますけど、ラインナップと同時にスポンサーのページがあるんです。で、そのスポンサーが提供している映画が必ず賞を取っているという、そういう素晴らしい、とってもわかりやすい映画祭。そこで主演男優賞をもらっているくらい国際的にも評価された映画ということです。

お話はどういうのかというと、借金まみれのチンピラが実家相手にオレオレ詐欺をやって、自分のおばあちゃんの通帳を手に入れるんだけど、その通帳の暗証番号がわからない。三回のトライで暗証番号を見つけなきゃいけない。そこをサスペンスにしたいんですけどいまいち緊張感に欠ける話。一応乗っている車がダッジ・チャレンジャーで、『バニシング・ポイント』へのオマージュネタが最後に出てきたりします。そういうことされてもあまり感心はしないけどね、というところです。

邦画界のテーマは#さようなら平成

次は#さようなら平成。あまり注目はされませんでしたけど、実は去年の一大トピックでした。平成という元号が終わったのが一昨年、二〇一九年四月です。ちょうど三十年ということで、物語の時間軸としてはいい感じなんです。三十年、ドラマが大団円を迎えるぐらいまでの時間。ということで、おそらく平成終わり頃に企画された映画が、ちょうど昨年公開されるくらい。本当は二〇一九年中に公開されていたら良かったんでしょうけど、なかなかそうもいかなくて、ちょうど去年くらいが平成を振り返るのにぴったりな時間になったわけですね。ところが、意外とこの平成ブームが来なかった。というのはもちろんコロナで忙しくて、もうすっかりみんな平成のことなんか忘れていた。残念ながら、平成を振り返る余裕もないままだったなあ。

というわけで#ありがとう平成映画二本ですが、まずはみんなあまり見てない映画だと思うんですけど、『弥生、三月〜君を愛した30年』というもの。

●実験映画となってしまった『弥生、三月〜君を愛した30年』

これ、いろいろおもしろい話なんです。一九八六年に十六歳、高校一年で出会った二人の、それから三十年間のすれ違い人生を描いていく。その三十年

#さようなら平成

- 平成（1989年1月8日～2019年4月30日）
- ちょうど三十年なのでドラマの時間軸としてちょうどいい感じに。
- 平成終わりごろに企画されて完成するくらいの時間差。
- 意外とブームこなかった（コロナに忙しくてふりかえるどころじゃなかった。

を三月だけ、一年に一日ずつで描いていく。最初が一九八六年の三月一日のできごと。次の日は一九八七年の三月二日と、一日分ずつを語っていく。ただ、必ずしも平成元年から順番に進んでいくわけじゃなくて、一九八八年三月四日の次は一九九六年の三月五日に飛ぶ、みたいな感じで、年はけっこうバンバン飛んだり戻ったりしながら二人の人生の転変を見せてゆく。

問題はですねえ、それぞれのシーンが平成何年の出来事なのかは教えてくれないんです。物語が進んでいかないとわからないので、シーンが変わって日付が変わると、これは平成何年かと、画面のどこかに映っているカレンダーだかなんかをキョロキョロ探して、これは平成何年だからあの後の話なのね、てな感じで推測していかなきゃいけない。けっこう忙しいし、やたら数字ばっかり気になるので、昔のピーター・グリーナウェイの映画を思いだしました。『数に溺れて』という、一から百まで数が画面のどこかに出てくるんで、ストーリーそっちのけで数字だけ探してるという映画があったんですね。そんなちょっと実験的でおもしろい映画でした。

あともうひとつ問題なのは、当然平成で、三月で、舞台が宮城県なんです。となると、そう、東日本大震災というものがあるわけです。二〇一一年三月十一日。要するに震災がポイントになって二人の運命が変転するという話なわけです。当然こういう話ですから、いろいろすれ違いとかあるけど、最後には二人は結ばれる。でも、十六歳で出会うことにしたせいで、じゃあ結ばれるときは……三十年後だから五十近い。ということで、かなりすれ違いの時間が長い。あと、これ前半は成田凌が演じている男の子のほうが、いろいろあって人生に失敗して落ちこみ、それが震災前後に復活するんだけど今度は波瑠が演じているヒロインのほうが迷ってしまう、というわけでずっとどちらかは暗いんです。なので映画を見ているあいだひたすら陰々滅々とした話が続いていくことになってしまった。ぼくはおもしろい実験と思えて結構楽しんだんですけど、商業映画としてはいろいろ失敗している感じでした。

●平成元年生まれの運命の二人を描く『糸』

もう一本は皆さんご存じ、中島みゆきの名曲「糸」がテーマです。こちらは出会ってから三十年にしちゃうと結ばれるのが五十近くなっちゃうという問題を鑑みて、平成元年に生まれた二人の三十年間のストーリー。これくらいが常識的だと思いますね。小松菜奈と菅田将暉という今旬の二人なんですけど。これは残念ながら、どうしても平成の前半部分はわりと薄い感じになっちゃいますね。最初は子役がやってて、菅田将暉と小松菜奈になるのは高校生くらいからですから、そのときは平成は半分過ぎている。この映画がおもしろいのは、女のほうがやたらとアクティブで、菅田くんをほっぽらかしてシンガポールに行って、シンガポールで一人でどんどんのし上がっていくところ。小松菜奈のシンガポールどてらい女一代記になる。そこが物語を逸脱して転がっていく感じでおもしろかったですね。女のほうがアクティブで、男がただずっと北海道で待っている。男女の構図が見事に逆転しているのが今風だし、おもしろいんじゃないかと思いました。監督は瀬々敬久さん。瀬々さんなので真面目な映画です。小松菜奈だし、もうちょっとヒットしても良かったんじゃないかと思いますけどね。

大豊作だった二〇二〇年の2・5次元系映画

●2・5次元系映画はコロナ禍に見舞われて……

さて2・5次元系映画。ここらへんでそろそろまとめておいたほうがいいでしょう。2・5次元系映画とは何か。ウィキペディアによると、「ゲームや漫画やアニメなど、元々2次元で表現されていた作品を3次元の人間が舞台で演じているもの」が2・5次元舞台ですね。そうした2・5次元の舞台で人気になったイケメン俳優たちを投入した映画が大量につくられておりまして、そういうのを2・5次元系映画と呼んでいるわけです。いろいろ聞いてみたんですけど、やっぱり「テニミュ」と「とうらぶ」、『テニスの王子様』のミュージカルと『刀剣乱舞』

2.5次元系映画

●2.5次元とはなにか

●2.5次元とBL

●低予算、舞台挨拶中心の接触商売
◎それで本当に収支は合っていたのか？

●コロナ禍における2.5次元系映画の苦境

●全盛期から一気に壊滅!?

が二大巨頭で、そこに出ている人たちが2・5次元界でも格上なんだ、と。集客力もあるし、もっぱらそこらへんが中心となって、そこからいろいろヒエラルキーがあって、我々がよく知らない2・5次元舞台というのがたくさんあり、そこに出演している人たちが出ている映画が量産されている。なんでこんな映画がはやったのっていう話になるんですけど、ひとつにはBL的な部分。それぞれにファンのついている美少年俳優をいっぱい出して、BLっぽいところで盛り上がる。で、製作費を回収するための戦略として、低予算で映画をつくり、舞台挨拶とかチェキ商売、そういう接触商売によって回収するというビジネスモデルがあったわけです。それが本当に収支が合っていたのかというのはよくわからないんですが、まあひどく低予算な映画ばかりですから、儲からないとも言えないのではないか。とりあえず、あれだけ映画がつくられるくらいは普通に回っていたということですね。

ところが、それがこのコロナ禍で、一気にそういう集金手段が封じられてしまったわけです。この手の映画ってもともと一般客は相手にしてませんから、見に行くと、大体毎回、おそらくそういう俳優のファンなのだろうと思われる女性陣に囲まれてぼくが一人ぽつんと見ている、みたいな感じになる。客は全部で十人。狭い劇場で。そういうところで回っている感じなので、当然興行収入だけでペイするわけはない。どんなに低予算でも。となると、どうしてもツーショットチェキとか、そういう物販で商売するしかない。舞台挨拶でサイン入り色紙を売るとか、そういうことをやっていたわけですけど、それができなくなってしまった。実は2・5次元系映画自体はまさしく去年くらいが最盛期かという感じだったんですけど、一気に壊滅するんじゃないかという感じになってしまいました。

今回、ひとつずつ挙げていたらきりがないのでちょっとしか紹介しませんが、本当に去年は2・5次元系映画大豊作でした。この皆殺し映画通信は基本的にエクスプロイテーション映画の研究なんです。日本映画における今のエクスプロイテーションは何かということを延々追求してるんですけど、2・5次系元映画はまさに現代のエクスプロイテーションそのものですね。そのジャンルがまるごと、去年は大いに盛んだったところが、絶頂に至った瞬間にこのコロナ禍が来たので、一気に滅びるんじゃないかという感じです。

●安易な設定で炎上してしまった『バイバイ、ヴァンプ!』

まず、去年一番話題になった2・5次元系映画。『バイバイ、ヴァンプ!』は吸血鬼ものです。ルーマニアから謎の吸血鬼兄妹が茨城の田舎に転校してくる。この吸血鬼に襲われるとなぜか同性愛者になってしまう。男は男しか、女は女しか好きになれない同性愛吸血鬼になってしまうので、主人公は「ホモになってしまう」とか言って逃げまわる。同性愛を病気のように扱おうとするのは差別的ではないか、と炎上したわけです。

これに関してはつくってる側はおそらくそんなに深いことを考えてるわけじゃなく、2・5次元系の、僕はまったく知らないところの美少年たちのBL映画として企画されているわけですね。要は2・5次元の俳優が好きな女性とかはホモが好きで、美少年たちがワチャワチャするところを見たいんだろう、

だったら男の子がみんなホモになるという設定にすればいいんじゃないか、みたいな、ものすごく安易なアイデアでつくられたものですね。だから差別は差別だけど、同性愛差別以前にひどい女性蔑視でつくられているんですね。

それが茨城のどこだかの町の町おこし映画にもなっているという。2・5次元系映画とか町おこし映画とか、そういうのを結びつける仕事をしている怪しいプロデューサーみたいな人がつくった企画なわけです。映画の最後には町の名物の大花火大会みたいなのがクライマックスになって、そこで吸血鬼が暴れるとみんなホモになっちゃうぞ、大変だといって騒ぐ。これは残念ながらというか、当然のことにというか、ほとんど話題にならず消えました。

●岡野陽一主演の2・5次元系映画が四本も公開!

もう一本紹介します。『岡野教授の南極生物譚』という映画です。この中心人物は岡野陽一さんという人。ぼくはまったく知らないんでググった知識しかないんですが、「借金一千万円で有名なクズ芸人」だそうですね。で、さすがクズ芸人というべきかなんなのか、彼が主演して、まわりに2・5次元の男優たちを集める映画というのを連作して稼いでらっしゃるんですね。シリーズはこの前に『岡野教授の千年花草譚』というのがありまして、それは不老長寿をもたらすという千年花草、謎の巨大粘菌を探しにいく話なんです。二〇一八年にそういう映画がつくられて、去年公開されたその続編がこれ。ほとん

ど同じような設定で、今度は南極の謎の巨大昆虫というのがテーマになります。

で、話はこれでは終わらなくて、さらに同じような話として『縁側ラヴァーズ』という、縁側で2・5次元の男優がイチャイチャする映画を二本、『縁側ラヴァーズ2』までつくっている。だから、去年はその岡野陽一主演の2・5次元男優の映画が四本も公開された。キャストは微妙に変わっていくんですが、なぜか岡野陽一さんが主演であることだけは共通している。とくにイケメンでも大人気でもない人がなぜ主演なのかはよくわからないので、わからないということはたぶんこの人がやっているんですよね。岡野陽一さんが2・5次元男優を使う商売を考案して頑張ったわけですけど、それが去年のコロナ禍で破綻してしまった。映画を見てもらうとわかるんですけど、ものすごく安いんです。ピンク映画よりも安いくらいの映画で、数百万でつくっていると思うんですけど、たとえ数百万でも、さすがにもうこうなると回収できないんじゃないかと思われるんで、これから岡野さんがどうするのか、ちょっと気になっているところだったりします。

幸福の科学2020

- 『心霊喫茶「エクストラ」の秘密』
  - ◎まさかの五週連続興収No.1
  - ◎モナコ国際映画祭グランプリ
    - ○千眼美子が主演女優賞（演技人生ではじめての受賞！）
  - ◎撮影芦澤明子
- 『夜明けを信じて。』
  - ◎『さらば青春、されど青春。』のセルフリメイク
  - ◎ほぼ女性陣の配置やキャストは同じ。主役が大川宏洋からチェンジしただけ！

二〇二〇年の幸福の科学映画問題

●『心霊喫茶エクストラ』はまさかの五週連続興収一位！

そして幸福の科学二〇二〇。幸福の科学映画に関しては以前から追いかけてきてまして、これも浮き沈みいろいろなんですが、去年二〇二〇年はまさかのいい年になりました。コロナのせいで幸福の科学映画には僥倖が舞いこんだわけです。この『心霊喫茶「エクストラ」の秘密』ですが、なんと興収一位を記録することになりました。

さっきも紹介しましたモナコ国際映画祭のグランプリ作品です。五反田のほうに千眼美子さんがアルバイトしている喫茶店がありまして、そこを舞台にしたホラー映画。一応Jホラー風味なんです。五反田に怪しい喫茶店がありまして、そこへ行くと千眼さんが座っていらっしゃるんです。カウンターに子供がいて、入ってきた客を見ては、「あの人は水子の霊がついている」とか、全部霊視するんです。すると千眼さんが相談に乗ってくれて、そのとおりの

霊を祓ってくれるという、そういう恐ろしい喫茶店の話です。悪霊は出てきますけど全部千眼さんが祓ってしまうのであまり怖くならない。

これがまさかの五週連続興収ナンバー1を記録してしまいました。五月十五日、コロナで緊急事態宣言の真っ最中に公開されたんです。ちょうど東京大阪など大都市の映画館は閉まってました。地方の劇場には開いているところもあったんだけど、そういう状況ですから、まともな映画はみんな公開延期になってしまった。ヒットするわけないんだから。ですけど、幸福の科学はかまわず公開したわけですね。劇場との契約とかもあったのかもしれません。他に上映している映画がなくて、あとは旧作しかないという状況だったので、まさかの興収ナンバー1を取ってしまった。数字はともかくとして、五週連続興収一位という記録だけは燦然と残ったという、コロナ禍で唯一得をした映画がこれなんですね。

さらにこれがモナコ国際映画祭グランプリ。モナコ・エンジェル・ムービー・アワードというものです。今年二月に開催されて、ホームページを見てもらうと、ちゃんと幸福の科学がスポンサーとして紹介されているのがわかると思いますけど、これが見事グランプリを獲得しました。千眼美子さんも主演女優賞を取った。彼女はすごくこれを喜んでいて、なぜかというと、はじめて演技が評価されたからだったんだそうで。思わず清水富美加さんの映画人生というものについて考えてしまったんですけど、まあともかく賞をもらえたということで良かったです。

さらに撮影が芦澤明子さん。彼女は黒沢清との名コンビで知られているベテランで、日本でたぶん今実力的にはナンバー1といってもいいくらいの名カメラマンです。これは製作を請け負ったのがジャンゴフィルムという日活系の制作会社なんです。日活撮影所がつくった制作会社なので、たまたま空いていた芦澤さんやベテランスタッフが呼ばれたんだと思うんですが、いいのかこれ、と思いましたね。ちょっと抜きを見てください。撮影が結構頑張ってるというか、けっこう暗くして、Jホラー風味の撮影をやってる。真っ暗な中で、千眼美子さんの顔だけ浮かび上がらせるとか。他にもベテランスタッフが参加していて、幸福の科学映画にしてはちょっと驚くくらい、と言っていいのかわかりませんが、出来は悪くないです。ただ幸福の科学映画の最大の問題は、どんな恐ろしいことがあって、どんな努力をして修行を積んでも、最後には神に祈って助けてもらうしかないという。最終的にはエル・カンターレに祈って助けてもらうしかない、というところで非常に平坦な物語になってしまうんですね。宗教映画にはつきものの問題ではありますが。

●『夜明けを信じて。』は二年前のセルフリメイク映画

幸福の科学映画、実は去年はもう一本（本当はさらにもう一本）ありました。それがこの『夜明けを信じて。』という、二年ほど前にあった映画のセルフリメイクです。これは、『さらば青春、されど青春。』という、大川総裁の自伝的ストーリー、幸福の科学を立ち上げるまでの話なんですけど、まったく同じ話を二度つくったんです。なんでわざわざリメイクしたのかってことなんですけど、『さらば青春、されど青春。』の主役を演じたのが大川宏洋、幸福の科学から破門された息子だったんですね。彼が父親ともめて破門されたので、たぶんそれを鑑みて、大川宏

洋を幸福の科学映画から放逐するために、歴史を修正して塗り替えるために、『夜明けを信じて。』をつくったということかな。これも映画としてはとくにおもしろいわけじゃない。というか、正直な話、大川宏洋がやってた頃のほうがおもしろかったんですよ。やっぱり彼は父親の言ってることを相対化する視点があったんでしょうね。それがこのストーリーを平坦じゃなくしてたんでしょう。今は、父親に従順な長女がほぼ映画の指揮を執っているので、大変教条的で、その意味では全然おもしろくないです。

唯一おもしろいのは主題歌。大川総裁が作詞作曲している曲が本当にすごいんです。残念ながらお聞かせすることはできません。ライブイベントだったら聞いていただけたんですけど、リモートだとネット配信ということになるのでいろいろ問題が。さいわいSpotifyなんかにも入っていますから、Spotifyで「大川隆法」で検索して、ぜひサントラを聞いてみてください。普通に無料で聞けます。ただひとつだけ問題があって、あんまり聞いているとSpotifyのリコメンドが汚染されて、幸福の科学音楽ばかりが勧められるようになるという、ちょっと恐ろしい副作用があります。

そして二〇二〇年の地方映画は……

●電通という巨大プレーヤーもからむ『鬼ガール!!』

次は地方映画の二〇二〇年。吉本や電通という、いわゆる映画界における巨大プレーヤーが、地方映画の世界にも参入してきた、というのが、一昨年くらいからのひとつのエポックだったわけです。去年もこのトレンドは続いています。吉本の『いざなぎ暮れた。』は先ほど紹介しました。電通は『鬼ガール!!』という映画がありまして、これは正確には電通ではないんですけど、電通製作の『恋のしずく』という地方日本酒映画がありまして、そのスタッフだった人が、自分の故郷に帰って、大阪の河内地方、河内長野市や千早赤阪村あたりを舞台にしてつくった映画です。

監督は瀧川元気。『恋のしずく』のプロデューサーだった人です。『恋のしずく』を監督した瀬木直貴さんという人がいまして、この人は地域映画のプロで、

地方映画2020

●電通『鬼ガール!!』

●吉本『いざなぎ暮れた。』

●アイドルコラボ
　◎『おかざき恋愛四鏡』
　◎『つむぐ／未来の唄』

●藤橋誠と群馬まち映画

●『彼女は夢で踊る』

いろいろな地域を流れ歩いてはその地域の映画を撮る人なんですね。瀧川さんはその人のスタッフとして、地域映画づくりには親しんでいました。吉村洋文大阪府知事が特別出演しているのが売りですかね。

●アイドルと地域映画

アイドルと地域映画という組み合わせがひとつあります。微妙なアイドルを使って撮るアイドル・エクスプロイテーションと、地方映画というのも結びつきやすいわけです。そこで生まれたのがアイドルコラボの地方映画です。もともと地方アイドルというかローカルアイドルみたいなものがいますから、そういう存在ともアイドルコラボはたいへん相性がいい。で、低予算で自主映画作家とか使ってよくわからない短編映画がつくられてしまう。『おかざき恋愛四鏡』というのは、ぼくはまったく知りませんが、トウキョウアイドルフェスティバルなるものの主催者が岡崎市とのコラボでつくった短編映画の四本立て。『つむぐ／未来の唄』は、仮面女子という地下アイドルみたいなのがいまして、それと鯖江市、眼鏡の鯖江市とのコラボ作品。仮面女子で眼鏡って

どうするんだよと思ったら、別に仮面をかぶって出てくるわけじゃないんですね。名前が仮面女子というだけで。そしてさらにいうと、映画の中には別に眼鏡は出てこないので、じゃあこのコラボ自体なんだったのか、って強く思いました。

●まち映画の巨匠藤橋誠と群馬まち映画

もうひとつ、大きくトピックとして挙げておきたいのが藤橋誠と群馬まち映画です。この藤橋誠という人は、二〇〇二年から――二十一世紀に入ってからずっとということですが――群馬市内の市町村を舞台に映画をつくりつづけてるんです。次ページに地図がありますが、群馬県内の各市町村それぞれを舞台にした映画、この町の映画はこれ、この町はこれというふうに、市町村ごとに映画をつくっているんです。現在なんと二十八本もつくられているという。ここまでつくられているにもかかわらず、おそらくほとんど知られていないですね。なぜかというと群馬から外に出てこないから。群馬県大会ではすごく有名な人なんですが、全国レベルでは誰も知らない。それは白新高校みたいなものか、って言

藤橋誠と群馬まち映画

- 2002年から群馬市内の市町村を舞台に映画をつくりつづけている。
- What's「まち映画」？
- 藤橋誠監督1975年埼玉県生まれ。郡馬まち映画を中心に作品多数。地方映画界の「まだ見ぬ強豪」
- 第29作『おかめきけ群馬発！〜上毛かるた奮闘記〜』2021年公開予定

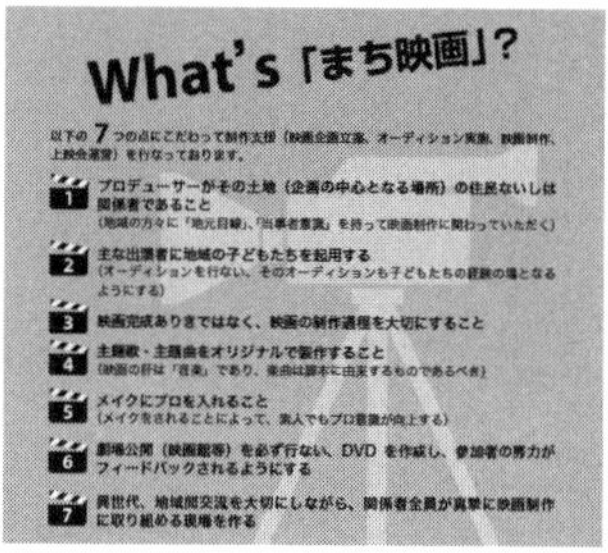

ってたんですが、『ドカベン』読んでない人にはわからないですね。白新高校というのは水島新司の『ドカベン』世界でたぶんナンバー1か2の投手を擁する強豪校なんですけど、県予選でかならず明訓高校に負けてしまうので神奈川県大会の決勝戦から上には出られないんです。たぶん『ドカベン』世界では二番目くらいに強い高校なんですけど、明訓高校がいるので絶対に神奈川県から外に出られない。そんな感じのまだ見ぬ強豪だったんです。

藤橋誠さんは一九七五年埼玉県生まれ。「まち映画」って何かということなんですが、「What's まち映画？」という、まち映画のつくり方があります。プロデューサーがその土地の住民ないしは関係者であること。主な出演者に地域の子供たちを起用する。映画完成ありきではなく、映画の制作過程を大切にする。主題歌・主題曲をオリジナルで制作する。メイクにプロを入れる。なぜかメイクにだけはこだわるんですね。劇場公開を必ずおこない、DVDを作成し、参加者の努力がフィードバックされる。異世代、地域間交流を大切にする。いちばん大事なのは最初の二つ、プロデューサーをその土地の関係者にすること、

群馬まち映画の軌跡

地域の子供たちを起用すること、これですね。

この後お見せする藤岡まち映画だと、藤岡市のJC、青年会議所長がプロデュースしてるんです。青年会議所とかを巻きこむことによって、地域の小さな商店とか企業を巻きこむ体制ができるわけです。有形無形の支援を受けるためにいちばん手っ取り早くて確実な手段。そういう人たちを中に入れちゃえば、途中でバックレられることもないですから。もうひとつは子役を使うこと。子役を使うと親がついてくる。うまくいけば祖父母とか、近所の人とかも呼んでくれる。というわけで一気に客が増えるわけです。そういうのをうまくシステム化していますね。

●いきなり生CMがはじまる藤岡まち映画『コウとチョウゴロウの夏』

藤岡まち映画『コウとチョウゴロウの夏〜高山社小さな記憶の物語』は群馬県藤岡市についての映画です。藤岡市の三大偉人という人がいるんですね。高山長五郎という養蚕の偉人。それから堀越二郎。ゼロ戦の設計者として有名な人で、宮崎駿が『風立ちぬ』で映画にした人。もうひとりは関孝和、和算の大成者です。その藤岡三大偉人の事績を子供たちが調べるかたちで藤岡市を紹介していく映画なんです。なんですけど、映画を見ていて、ぼくが驚愕した部分があります。藤岡市のことを知りましょう、と、子供を連れて町の探求に出かけるわけです。ほとんどEテレみたいなノリで。ここから、ヒロインの女の子が友達と一緒に藤岡市を回るんですけど、行った先でいきなり店の紹介をはじめる。いきなり映画の中で生CMがはじまるんです。ゴルフ場のクラブハウスレストランとか、JAとか。これはちょっとさすがに映画としては新しい。ちょっとすごいものを見せられたなあ、という感動がありました。本当に映画を見ている最中、ドラマとまったく関係なく、いきなり生CMがはじまるんです。いくら出してもらってこのCMをつくったのかわかりませんが。そういうすごい映画なんです。

群馬まち映画、さすがにまだ見ぬ強豪というだけはあったかな。こういう映画をもう二十本以上つくっているんですが、実は最新作がありまして、第二十九作が『おかめきけ 群馬発!~上毛かるた奮闘記~』。上毛かるたというのは群馬県人は誰でも知っている、トラウマともなっているくらい有名な、群馬県の名物を読みこんだかるたなんです。その映画化ということで、これは群馬県民にとっては魂の一本になるんじゃないかということで、大いに注目しています。

●広島映画の巨匠時川英之の『彼女は夢で踊る』

地方映画、最後におすすめ作品ということで去年の精華を紹介します。何かというと、時川英之さんという、もっぱら広島を舞台にして地域映画を撮っている人、広島映画の巨匠の作品です。主題歌はレディオヘッド、けっこう張りこんできましたね。舞台は広島第一劇場というストリップ劇場。このストリップ劇場は、何年も前からもうすぐ閉まる、老朽化が進んでいて客も入らないからもう閉まる閉まるといって、何度も閉めているんですけど、閉めるたんびに復活するというのを繰り返している劇場だったんです。それがとうとう今度こそ本当に閉まるよということで、そこを舞台にして映画をつくりました。劇場が閉まる最後の一日の出来事を加藤雅也の

主演でやる。映画の最後には、この劇場はとうとう閉まりましたってテロップが出るんですけど、実はまだやってるんです。このコロナ禍にあって、今にも潰れそうな中で実はしっかり営業中で、この映画自体が一番の閉める閉める詐欺になってしまったという。加藤雅也がなかなかよくてですね、目がストリップよりもおっさんのほうに向いている。おっさん愛に満ちていて、もうちょっとストリップの良さを訴えてくれても良かったんじゃないかという気がするくらいでした。

忘れてはならない福田雄一映画の数々……！

●思いつきで映画をつくるのが最大の問題

そして昨年の映画で忘れてはならないのが福田雄一。去年は福田雄一の映画が三本もありました。『ヲタクに恋は難しい』と、『今日から俺は!! 劇場版』、これは実写のやつですね。それと十二月に公開された『新解釈三國志』。あと、ここには入れていませんが、『聖☆おにいさん』という、ブッダと

福田雄一2020

- 『ヲタクに恋は難しい』
- 『今日から俺は!!劇場版』
- 『新解釈三國志』
- さらに『聖☆おにいさん』もある。

イエスが現代日本で暮らす漫画の実写版もあって、これも劇場でやっていたはず。これはさすがに見ていないんですが。

三本の中でどれが一番うざいかというと圧倒的に『ヲタクに恋は難しい』ですね。これ驚いたことに本当に『ラ・ラ・ランド』オマージュのミュージカルなんですね。歌って踊るわけなんですが、ヒロインの高畑充希、彼女は元々ミュージカルの人ですから、まあ歌えます。でもそれ以外の人は別に、山崎賢人とか歌えるわけじゃないし、さらに言えば踊りのほうがぜんぜん。高畑充希も別に踊れる人じゃないですよね。なのでミュージカルである意味がまったくわからない。踊れない人が歩きながら歌うという。なぜそんなことをしなきゃいけないのか。

加えてオタクに対する差別というか蔑視、見下しが非常に強くて、もう見てイライラしかしない。『ラ・ラ・ランド』やってみたらおもしろいんじゃない？と思いついたんだけど、その思いつきをそれ以上のものにする努力は何一つないまま映画をつくってしまった。思いつきだけで映画をつくってしまうところに福田雄一の最大の問題があるんだと思い

ます。でも、これも最悪ではなくて、もっとひどいのがある。
　つまりですね、『モンティ・パイソンのスパマロット』舞台の日本版があるんですが、その台本翻訳と演出が福田雄一なんです。本当にこれは許されない。世の中、やっていいこととといけないことがあるだろ！と強く思いましたね。だから、これだけは退治しなきゃならないとの思いをあらたにしました。

二〇二〇年の謎映画

●出演者が全員VTuber『白爪草』

　では去年の謎映画ということで紹介していきます。まず最初はこれ、『白爪草』です。出演者全員VTuberという映画です。VTuberっていうのは要するにデジタルのアバターですね。もともと動くものじゃないし、表情は全然変わらない。というか口がパクパクして手をふりまわすだけなんですね。ゆらゆら動いてるだけなんです。しかも一人二役なので――一人二役という言葉の意味がよくわからないんですけど、要するに、同じ顔で同じ声の人が二

人出てきてしゃべってるだけなんですよ。姉妹として。この映画における監督って何をしてる人なの？　演技ってなんなの？　何がどこまでが演技なのかとか、さっぱりわからなくて。地獄のような映画でした。去年で一番、自分は何をしているんだろうという実存的不安に駆られた映画。誰がこれを見て、誰がおもしろがっているのか本当にわからない。でもけっこう客は来ているんですよね。恐ろしいことでした。このVTuberのファンという人がいるようなんですね。恐ろしいですよ、これ、本当に。みんなも見てほしい。いや嘘です。見ないでいいです。

●『リトル・サブカル・ウォーズ』はそもそもサブカルなのか!?

これはヴィレッジヴァンガードというおもろい本屋を舞台にしたサブカル映画です。なぜか知らないんだけど、世の中でサブカルが弾圧されてすべてなくなって、ヴィレヴァンも普通の本屋になってしまう。だからサブカルを取り戻すために戦うぞ、という話なんです。で、いろいろ言いたいことがあるんですけど、サブカル談義をはじめるとアレなんですが、そもそもこれサブカルなの？というのがある。予告にも出てくるんですが、これ『スター・ウォーズ』じゃないのかっていう。『スター・ウォーズ』みたいなメジャーなものがサブカルなんですか？そこがそもそもの疑問なわけです。

ネタになってるのが『スター・ウォーズ』とか『ターミネーター』とか大メジャーで、それがサブカルかと。そもそもヴィレヴァンごときでね……いや、ごときとか言っちゃいましたけど、ヴィレヴァンごときでサブカルとか言われても困る。映画の中でサブカルが焚書されて、『ねじ式』のコミックを燃やすみたいなことになるんですけど、それヴィレヴァンに言われてもさ。青林工藝舎が言うんだったらそれは言う権利あると思うけど、おまえんとこなんか所詮ただの本屋じゃないか。取次通して入れてんじゃゃん。そのレベルで大上段から振りかぶってくるところが鬱陶しいわけです。サブカルが弾圧されても別に誰も困らないし、そもそも弾圧されて、それで困る人はヴィレヴァン行かねえだろうってことですね。だから、本当に弾圧されて戦うっていうんだったら、それはもうみんなヘルメットかぶって模索舎にこもって、火炎瓶投げるわけじゃないですか。本気で、本当の戦う人はそこにいるんですよ。だからこんなのは所詮子供の遊びなんで、ぼくみたいなジジイがムキになって言うことじゃないんですけど、まあちょっとイラッときたということだけ言っておきたい。

●サイコパスな役を演じる松たか子の『ラストレター』

もう一本、これはやばい映画です。『ラストレター』は松たか子が自分の姉のふりをして福山雅治に手紙を書く話。すごいんですけど、この映画に出てくる人たちは、誰一人、他人の名前をかたって手紙を書くことにいっさいためらいがない。松たか子は死んだ姉の代わりをするんですけど、その姪である広瀬すず、母親を亡くした姪っ子なんですけど、彼女も平気で母親の名前をかたって手紙を書くんですよ。モラルどうなってるんだこの世界。あと話題だったのは庵野秀明監督が出演してること。庵野さんが怒ると声が裏返る。たぶんアニメとかのリテイク指示も、ああやって声裏返った感じでやってるのか

な、って思いました。ただ一番面白いのは、実はそのどれでもなくて、この人ですね。トヨエツ。トヨエツさんが素晴らしいんです。

　要するに、松たか子の姉さんの高校時代、広瀬すずが二役でやってるわけですが、彼女が神木隆之介くん（福山の高校時代役）とつきあってたんだけど、その後に、映画で描かれてない部分で、大学生のときだかに彼女がトヨエツにこまされてボロボロになっちゃう。トヨエツのせいでボロボロになっちゃって、のちに死んじゃうという過去があるわけです。その悪い男として出てくるんだけど、本当に映画の中で一人だけ見るからに暴力性むんむんで、見るからに雄って感じで出てくる。いきなり岩井俊二の映画とは思えない感じで、そこだけ違う映画になっちゃう。「おまえは彼女の人生に何ひとつ傷跡を残せなかったんだよ！」って福山を罵倒するんだけど、実に素晴らしい。一人だけGペンで描かれたようなタッチなんですね。トヨエツはどの映画出てもあんな感じ。

　でも、そもそもこの映画出てくる人みんな頭おかしくて、嘘をつくことになんのためらいもない。とくに松たか子がすごくて、サイコパスとしか思えない。だって、松たか子が自分の死んじゃった姉のふりをする理由、何一つないんですよ。姉の死を同級生に伝えようとして同窓会に行くのに、「お姉さんでしょう?」と言われただけで、すっかり姉のふりをしてスピーチして手紙まで書いて。そもそもおかしいんですよこの人。すっごく頭のおかしい映画です。

●誰が聖夜に絶望したいと思うのか!?『サイレント・トーキョー』

もう一本、年末の目玉がこれです。残念ながら見ている人があんまりいないんですけど、よくこんな映画つくったな。そもそもこの映画がヒットすると思ってつくっていたことがすごいですよね。だって、「聖夜に絶望を」って言われて、みんなそんな絶望したくてクリスマス映画見にいく?(笑) これ、警察がものすごく馬鹿なのでわかりにくいんですけど、要は石田ゆり子が狂った爆弾魔だという話です。彼女がまったく理由もなく爆弾を仕掛けて無差別大量殺人を試みる。ところがその元凶がいてですね、それが毎熊くん。毎熊克哉くんが石田ゆり子の元旦那で、石田ゆり子に爆弾のつくり方を教えこむんです。なんでそんなことを思いついたのかよくわからないんですけど、爆弾教育をやって爆弾エリートを育てようとするんです。本当の戦争を教える、みたいなことを言いだして、爆弾魔のスパルタ特訓をはじめるんです。この毎熊くんの狂った演技がおかしくてしょうがない。結局、石田ゆり子が本当の戦争を教えてやるんだとか言いだして、爆弾テロをはじめるんですけど、それ、別に戦争じゃなくてただのテロじゃん。根本的におかしいんですよね。なんでこんな話考えたのか、本当に去年最大の謎でした。

●誰も知らず見ていない幻の謎映画『やまない雨はない』

これはたぶん誰も知らない映画です。マダム・シンコというのは関西地方の有名人。ヒョウ柄で有名なマダム・シンコという人がやっている洋菓子店があるんです。駅のお土産屋とかに入ってるチェーン店ですね。そこのマダムがいつもヒョウ柄を着て顔出しする関西のおばちゃん的な人で、あっちではそれなりに有名なんですけど。その人の自伝的映画で

す。本人も出ています。まあ成功した実業家の一代記ということで、その会社とかがお金出してつくる映画と思われるんですが。これは二年いや三年前に公開予定でした。この人の本拠地が大阪の箕面市なんです。一号店も箕面にある。なのでその箕面のイオンシネマで先行公開されたわけです。で、そのときは残念ながら見られなくて、その後、全国公開の予定だったわけです。それが公開されないままで、どうなってるのかなと思ってたら、二年くらいしてDVD化と言われて、じゃあDVDで見ようと思ってたら、それが発売中止になってしまった。で、そのままいまだに幻なんです。何があったのかはまったくわからない。これを製作しているのがアイエス・フィールドという会社。キャバクラ映画とか水商売映画とか、そういうのばっかつくってる曰くつきの会社なんですよ。なんかどこかでもめたんだろうと思うんですけど封印されちゃったんですね。で、どうしたもんだろうと。二年くらい前にこの映画の存在を知ってからずっと見たいと思っていたんですけど、去年、ようやく見ることができました。

　映画にはいくつか謎があって、主演は川上麻衣子なんですが、彼女にアナウンサーがインタビューしていくんです。インタビューに応じて生涯を語っていくんですけど、そこで「その頃の話はね、十二歳の私に聞いてもらえる？」と言うと、そこに、彼女ではなく十二歳の彼女役の俳優が座ってる。インタビュアーの女性アナウンサーがぎょっとして、スタッフのほうを向いて、「え、大丈夫なの、これ？」みたいな顔をするわけ。でも、まわりは誰もまったく反応しない。そこに十二歳の少女が見えているのはアナウンサーだけのようで、他の人はみんな普通にそのまま話は進んでいる。その描写がまったく意味がわからなくて。彼女が見間違いをしたのか、そこに変な空間があるのか。十二歳の役者に変わってそのまま喋りつづけるだけなら、よくある描写なんですよね。なんでわざわざそこで二度見して、「え?」とかやるのか。そこが一番謎でしたね。

最終的にはその十二歳のときのマダム・シンコと二十歳のホステス嬢だったマダム・シンコと菓子屋のマダム・シンコと三人そろってテーブルを囲んでホットケーキを食べるシーンとかがある。脳内会議なのかなんなのかよくわからない謎のシーン。でも、そういう謎シーンのせいで封印されたわけじゃないと思うんですよね。なぜか封印されてしまった幻の映画です。幻の映画ではあるんだけど、別に誰も求めていないという。ぼく以外誰も求めてないので。うちによくある、珍しいけど価値はないものですね。個人的には去年最大の事件でした。皆殺し映画通信的事件の第一位。しかもこれ見れたといって、誰にもこの話できない。誰にもわかってもらえないわけです。そしてこの話されて、じゃあ見ようたってなってもまったく見られない、そういうなんの役にも立たない映画です。

皆殺し映画通信
ＬＩＶＥ収録
第二部

皆殺し映画放談
２０２０

収録:2021年2月4日 新宿

柳下毅一郎×古澤健
（映画評論家）（映画監督）

2021年1月16日、ROCK CAFE LOFTにおいて、本書に収録の予定で岩田和明（『映画秘宝』前編集長）、古澤健（映画監督）の3名で2020年の映画界トピックについての座談を配信したが、それを収録することはせず、岩田和明とも了解のもと、古澤健とあらたに対談を起こすことにした。対談中には、一部、1月の座談会での発言も再録されている。

『たわわなときめき』© OP PICTURES

古澤監督と語る映画の現場二〇二〇年

●ずっとやりたかったピンク映画

柳下　古澤さんには以前、シリーズ二冊目のときに対談でご出演いただきました。あのときはメジャー映画監督に映画界の状況を聞くかたちだったので、今回は古澤監督ご自身の映画の話のほうをさせていただければ。

古澤　でもそこはちょっとでいいですよ。それより日本映画の現場に携わる人間として、評論家とガチで意見交換ができればなと思うんですけどね。

柳下　去年のベストとして『ブックスマート　卒業前夜のパーティデビュー』と『花と沼』をいただいてます。それぞれについて、古澤さんの映画とのからみで語っていただければと思います。とりあえず、古澤監督の作品からなんですが、去年はピンク映画が二本『たわわなときめき』『キラー・テナント』ですね。

古澤　そうですね。撮影はテレビドラマを一本やりましたけど。

柳下　『たわわなときめき』は一昨年の『たわわな気持ち』の続編になりますね。なぜピンク映画をやろうということになったんですか？

古澤　『たわわな気持ち』の企画自体をやりたいというよりは、ピンク映画というジャンル自体をやりたいと思っていて。それは昔から。ぼくは最初の脚本が、瀬々（敬久）さんの『超極道』という、哀川翔さん主演のVシネだったんです。それで商業作品に脚本家デビュー。僕が監督デビューした『ロスト★マイウェイ』という映画のチーフ助監督を紹介してくれたのも瀬々さんで、坂本礼監督なんです。坂本礼監督は同い年で。なんだかんだ、国映の人たちとお付き合いをするようになったんです。その後、別なルートでもつながって、身の回りにはピンク映画をやっている人が多くて、やりたいやりたいと言っていたんです。でも、みんなに、いや、お前はそっち側の人間だからこっち来るなと言われていたんです。それでもピンク映画をやりたかったのは、自分が監督デビューしたときに、自分の上の世代の黒沢さんとか三池さんとかがVシネをやってたみたいな、プログラムピクチャー的な場所というのがなかった。僕の場合、『ロスト★マイウェイ』という、ほぼインディーズのユーロスペース制作の映画でデビューしたけど、その後すぐメジャーデビューをしちゃったんです。

柳下　わりとトントン拍子な感じで。

古澤　だから、プログラムピクチャーで鍛えられるみたいなことに対する幻想というか、自分もそういう場にいたいなという引け目があったんです。そういう意味でいうと、その後テレビドラマをたまたまやるようになって、そこで初めて連続で演出をしつづけるという、他のディレクターと交代交代とはいえ、全十話とか十二話を数カ月のうちに何本もやらなきゃいけないわけじゃないですか。最初に僕がやったドラマは一回一回読み切りみたいな感じのものだったので、そういう意味では、五十分の中編映画を毎週のようにつくるみたいな。そのことが自分にとってすごい大きかったんです。

　いくつか番組をやったんですけど、どこでも「古澤さんのやりたいようにやってください」と言われて。「一本目でこういうことをやったので、次でこういうことをやってもいいですか？」「ああ、いいですよ。この間けっこう評判良かったから、やりたいようにやってください」とか。キャスティングとかに関しても非常にフレキシブルな感じがあって。自由にやらせてもらえるからこそ、じゃあ自由にやっていることに甘えずに、やりたいことをやって、かつ数字も取れるような作品を目指そうみたいなモチベーションにもつながっていくというか。

柳下　けっこうポジティブな感じな。

古澤　そうですね。いくつかテレビドラマをやった後に、久々にやった劇場映画が『ReLIFE　リライフ』だったんです。『ReLIFE　リライフ』も数字的にはそれほどいかなかったんです、自分としてはかなり満足というか、その前の数年間、テレビドラマをやったことで得た、例えば俳優とかスタッフの距離感もそうだし、いろいろなことを含めて、思うようにできたなというのがあったんです。

●プログラムピクチャーへの倒錯した憧れと現状

柳下　どこかでプログラムピクチャーの職人監督みたいなものを目指したいという思いがあったわけですか？

古澤　そこが、そうですよね。歪んでるんですよ。

柳下　蓮實門下の人たちもそんな感じの歪みみたいなものありますよね。作家的な存在でありながら職人として評価されたいみたいな。それこそ黒沢さんとかもそうですよね、作家的な部分を言われてもあまり喜ばないで、職人的な演出の技術を評価されるほうが嬉しいような。

古澤　そういう倒錯はありますね。だから、大きな声では言えないですけど、やっぱり僕がずっと組んでいるスタッフとかは、ニヤニヤしながら、「黒沢さんが辿らなかったもう一つのオルタナティブな方向にいきましょうよ」といったりする。「いいんですよ、古澤さんの名前で売れなくても、たぶん僕らが八十歳くらいになったら国立映画アーカイブで特集をやってくれますよ」という。そういう倒錯はありますね。

柳下　ただプログラムピクチャーに対する憧れ自体は見る側にもありますよね。映画とは映画館で上映されるべきものだ、みたいなイデオロギーがある。きれいにリストアされたＤＶＤを見て、国立映画アーカイブで過去の映画を見るみたいなのは、言ってみれば死んだ映画を解剖研究しているようなものだという考えからどうしても抜けられない。それ自体も、実は倒錯であって、そのイデオロギーのせいで生きている映画を求めて変な映画を見に行ったりすることにもなるんですけど。

古澤　そうそう。だからたぶんつくるほうも見るほうも、ここのテーブルにいるのは倒錯した二人だとは思うんですけど。本当にプログラムピクチャーはもはやないと思うんです。

柳下　正直な話、ピンク映画ももうプログラムピクチャーじゃないですよね。

古澤　そうですね。現実的にはそうなんですけど、ただ、ちょっとテレビドラマをやっていたときの感覚に似てはいるなと思うんです。というのは、今ピンク映画を実質つくっているのって、OP　PICTURESだけじゃないですか。OPの場合は一年間で番組全体の予算があって、社内で今年は何本つくるというふうに宣言をして、一本当たりは二四〇万円、二五〇万円ぐらいで、何本かつくると決まっていて。だから、一本が失敗したからといって、興行全体、その流れが破綻することはない。で、一方東宝とか松竹とかメジャーが配給する作品は一本一本作品ごとに資金調達する。だから失敗が許されないし、コケたらいろんな意味で次がない。実験できないですよね。結局現場の人間としては博打にすごい近い感じがあるわけです。だから、すごいある種忖度の嵐がある。とはいえ、その中をかいくぐってやりたいようにやっている人たちはたくさんいるので、そこがまだまだ僕は力不足だなと思いつつ。

柳下　企画さえ通っちゃえば、完成するまでは自由だと？

古澤　そうですね。そのへんに関していうと、ピンク映画はまだプログラムピクチャーなのかなと思いつつ、ただ、やっぱり歴史的なかつてのプログラムピクチャーはやっぱり番組全体を、プロデューサーの色というのがきちんとあったわけじゃないですか。撮影所のカラーだったり。そういう意味でいうと、ある幻想のプログラムピクチャーしかないというか、現実にはもうないのかなと。

柳下　そうですね。今のピンク映画がどう採算を取っているかというのは怪しい話で、よくわからないんですけど、たとえビデオだとか衛星放送とかに売るのまで含めてリクープということでやっているんだとしても、要は映画館で上映して、映画館に来るお客で成立するという形の映画ではもはやなくて、ある意味映画館で見せなくてもいいような映画になっちゃっているじゃないですか。だから、その意味でもうプログラムピクチャーとして、実際つくるほうも、昔の国映のピンク映画みたいな感じで、要はピンク映画館でかけるためにつくっているんじゃない、一種個人のアート映画をつくって、自分で満足するための映画をつくっているという傾向があって。逆にいうと、エロも、監督がやっぱりエロをちゃんと追求しなきゃ駄目だと思っているからエロシーンが入っているだけで、そうじゃなかったら本当に、じゃあヌード入ってればいいんですよね、みたいな奴が。

古澤　そうですね（笑）。そういう作品ももちろんあると思うので、そこらへん、難しいなと。ただ、さっきの自分の話に戻すと、やっぱり企画を立てて撮影して、発表するまでのタイムラグがものすごい短期間で進んで、かつ商業映画であるということの縛りというか、やっぱり自主映画じゃなくて商業映画ではあるので、セックスシーンに関しても、基本的には男性向けのジャンルではあるし、そこで目的としては、AVではないけども、扇情的なカットというか、効果を狙うんだと、そういうことはどこかで縛りとしてはありつつ、自分がやりたいことをどう成立させるかという、そこのせめぎ合いが自分としてはやりたいというか、それができる場所がたまたま今は、僕の場合はピンクだったなという感じ。

●ディシプリンとの相克の中でこそ表現が生まれる

柳下　それは実際、もちろんお金の問題はあるから一概には言えないとは思うんですけど、例えば青空映画をつくっていたときと、予算規模、ギャラも全然当然比較にならないわけですけど、ピンク映画に挑戦するということだけじゃなくて、映画の中身に関してもかなり自負はあったということですか？手応えがあった？

古澤　でもそういうふうには話しながら、誤解のないように言っておくと、じゃあ例えばTBSと組んでやった『今日、恋をはじめます』とか『青夏　きみに恋した30日』とかっていうのが、自分で不満足であるかというとそうではなくて。一つ一つの現場の工夫に関しては自負があります。例えば橋の上から飛びこむというシーンとかに関して、やっぱりきちんと合成じゃなく本当の渓流で泳ぐんだとか、そういうことに関してきちんと最初の脚本の段階でこれをやりますからねと、きちんと言質をとっておいて進めていって、かつ撮り方に関しても、制作部とかアクション部とかも含めて、きちんとネゴシエイトしてやるとか。そこで撮れたものに関しては、自分はこれが映画だと信じるものをやるということをやるんですけど、でも結局さっき言ったように、例えば『青夏』でいうと、企画のスタートから一年、二年くらいはかかるんです。今進めているやつも、もう二、三年、脚本が仕上がってから時間が経っていて。監督の立場でいうと、スタッフはいろいろな監督とかプロデューサーと組んで現場に行けるんですけど、監督ってそうそう現場に出られない。そこも含めて、ピンクをやったり、自主映画やったりするんですよね。自主映画に関しては、でもやっぱりそうじゃない、どこかディシプリンがある商業映画という枠というのは必要というか、そことの相克の中でこそ表現って生まれるんじゃないかなというのがあるのでピンクを選ぶんだみたいなところはあります。

●初のピンク映画『たわわな気持ち』から城定秀夫監督『花と沼』へ

柳下　実際『たわわな気持ち』が、そういう形で、ある程度、ある意味思い入れありで撮られたわけじゃないですか。じゃあ現場自体は、別に自分のこれまでの現場と変わらなかったっていうこと？　単に主演の女の子が脱ぐか脱がないかとか、そういうレベルの話だけで。

古澤　そうですね。だから、毎回監督として、他の監督もそうだと思うんですけど、やっぱり現場のチャンスがあると、ここで今回自分はどういう映画的なチャレンジをするんだろうというのがあって。『たわわな気持ち』でいうと、見ればわかるとおり、ずっと前に「青春H」というシリーズで、『making of LOVE』ってやっていましたけど、あれと同じように自分で主演をするということって、何があるかというと、単純に本番中自分の芝居を見れないというか、そこである種スタッフとか他の人に託してしまうというか。それは演出しないということじゃなくて、そういう形での演出ということにチャレンジしようとか、あるいは『たわわな気持ち』でいうと、ひどい男がいるわけじゃないですか、主人公の。これを誰をキャスティングしたら一番ひどく見えるかといったら、こいつ、監督が自分で脚本書いて、

自分が主演女優のおっぱいを揉んでいたら、それ職権乱用じゃないか、公私混同じゃないかというのがパッと浮かぶじゃないですか。そういう観客からの見え方も利用しようとか。なんかそういうような、この現場だからこそチャレンジできることをやろうみたいな。

柳下　同時に、そう言いつつも、やっぱりそれ好きでやってるよねという部分も当然ある。

古澤　だから、城定さんが本当本質を見抜いていましたけど、見かけはフェミニズム映画だけどまったくそんなことはないという（笑）。本当にまさにそのとおりだなという。で、城定さん、そのときにすごい僕のお芝居を褒めてくださったんです。一回お会いしたときに、「キャスティングしていいですか？」「いつでも呼んでください」ってやりとりがあったんです。この間聞いたら、実は、『花と沼』を僕主演でつくろうと考えたけど、麻木さんが出たがってたから麻木さん主演にしたんだよねって。

柳下　（笑）。それはすごい。古澤さんのキモハラ課長、見たかったですね。城定秀夫監督、去年は実は三本ありました。『性の劇薬』と、キラキラ青春映

画の『アルプススタンドのはしの方』。世間的にはたぶん『アルプススタンドのはしの方』が一番評価は高かったと思うんですけど、ぼくも去年の三本の城定作品中では圧倒的に『花と沼』でした。七海なながが演じているOLが変態で、キモいおっさんが好き。好きというか、性的にキモいおっさんに興奮する人なんです。上司にキモい課長がいて、本当にキモいので、キモくって発情するんだけど、でも本人はキモいから嫌い。そういうちょっと複雑な関係性の映画です。

古澤　これは本当素晴らしい映画でしたね。きちんと現実に対して応答もありつつ、映画のフィクションとしても、ある種純粋というか。現実のいろいろな価値観のアップデートとかに気遣いしすぎた結果、それしかない映画ってあるじゃないですか。例えばセクハラとか、そういうワードに対して反応してやると、今日ずっと柳下さんが紹介したような感じの地方映画に近いと思うんですけど、今旬の特産品これですよ、というプレゼンでしかなくなってしまって、フィクションとしての強度がまったくない映画ってあるじゃないですか。城定さんはこんだけ、YouTuberとか、旬のネタをぶちこみながらも、ものすごいオーソドックスなフィクションを、きちんと王道作品をつくっているというところに、ものすごい、まあ嫉妬ですよね。なかなかやっぱり現役の日本の映画の作品に対して嫉妬することってなかなかないというか。まあ、嫉妬はするんですけど、城定作品には嫉妬じゃないな、リスペクトというのか。例えば城定さんの、『犯す女 愚者の群れ』。あれとか、本当に僕ポレポレで見たときにびっくりして、リアルタイムで黒沢さんのVシネを見たときの感動に近いというか。やばいものを目撃してしまったという感じが、今城定さんの作品って本当にそういう感じがあって。素直にベストに挙げたい。

柳下　それこそ一言で説明できる話であるにもかかわらず、まさかそっちに転がってくの？みたいな話ですしね。

古澤　ちなみにぼくがキモハラ課長だったら壊滅的だったと思うので、本当に良かったなって。

柳下　それはちょっと見たかったですね。『たわわな気持ち』は自作自演でセクハラ親父役を本当に楽しそうに演じてらっしゃいました。

古澤　恐縮です。見ている人が、このキャラクターで、キャスティングでイラッとするの誰だろうと思ったら、僕が出るのが一番イラッとするよなと。こいつ監督権限でこんなことやりやがってと思うじゃないですか。

柳下　そうそう。楽しそうなんですよね。そこがイラッとくる（笑）。結局ポルノというのは、男性の欲望を投影したフィクション、いわば絵空事ですよね。たとえ男がひどい目に遭う話でも、それもやっぱりそこに出てくるのは都合のいい女だし、都合のいいセックスですよね。ただ、『たわわな気持ち』は男にとって都合のいいフィクションの中で動かされる女性にとっての主体性はどこにあるのかという話を追求しているわけで、今年公開の続編『たわわなときめき』もまさに女性がやってることが男の影響だ、男のせいだと言われてしまうというのがひとつのテーマですね。

●すべてがエンタメになるエクスプロイテーション

古澤　身もふたもない言い方をすると、やっぱり商業映画って、そのときの流行り廃りを消費するものというか、エクスプロイテーションだと思うんです。だから、そういうのでいうと、今やっぱりフェミニズムというのは一つの大きな流れとしてあって、そこは商業監督としては、押さえなくちゃと思うんです。プラス、そこと一番合わないようなものをかけ合わせたら、それってすごい刺激的だよねとか、そういうのがすごいあるなとは思うんです。

柳下　でも古澤さんは基本的に強い女性というか、主体的な女性のほうが好きというのはあるんじゃないですか？

古澤　それはあります。

柳下　別にポルノだけじゃなくて、一般映画でもそれは同じですよね。たとえポルノという形でも、女性が一種エンパワーメントする映画になっていれば、という。

古澤　そこは結果としてなってるかどうかわからないですけど、自分で分析すると、そこってずるい贖罪意識がある気がします。僕、子供のときにテレビで見た映画で、今でも好きなもので、カナダ映画の『ウィークエンド』というリベンジポルノものがあるんです。昔は素直に好きで、最近改めて何か参考にならないかなと思ってまた見直してみて、うーんと思ったのが、リベンジポルノって、要はひどい目に遭った女性が男性に復讐するという構造があるじゃないですか。でもそれをつくっているのって男性で、しかもそれを消費して楽しむのって男性なんです。だから、自分たちのどこか根深いミソジニーにちょっと向き合っているふりをして、映画を見てスッキリして、「いやあ、俺もああいうこと悪いと思ってるんだよ」というサプリメント的なジャンルだなと改めて思うと、僕のやっていることももしかしたらそういうものでしかないんじゃないかという疑いがあるんですよ。やっぱり自分のミソジニーを表に出すのってすごいきついことというか、本当に向き合うのがきついからこそ、こういう形で。

柳下　一種のエンターテインメントにしてしまう。

古澤　したりとか、女性をエンパワーメントするんだというふうに自分を言い聞かせているところはあるけど、本当にそういうものになっているのかどうかとか、そういうのは日々やっぱり悩みつつというのはありますね。だからその果てに、結局、俺何も考えていないという感じで、自分が出て、おっぱいを揉むという所業に出るという、ひどい話だということなんですけどね。

柳下　いや、良かったです（笑）。メタ構造にして自分がおしおきを受けるというところまで素晴らしい。城定さんに見いだされたというのがさらに（笑）。

『キラー・テナント』© OP PICTURES

●大蔵賞は怪談映画『キラー・テナント』に！

柳下　で、古澤さんの昨年の映画がもう一本あります。『キラー・テナント』。

古澤　そうですね。ピンク映画。R18版タイトルは『怪談回春荘　こんな私に入居して』です。これは石川雄也さん主演で、ついにやったという。

柳下　あの新宿で無駄に飲んでいた時間が、ここに結実したということですね。

古澤　そうですね。無駄ではなかったという。自分としてはお気に入りの一本になった。上野オークラで見たお客さんが怒ってたらしいので、それは怒るなという。

柳下　『キラー・テナント』は夏の怪談映画ということでオファーがあったんですか？

古澤　元々は一昨年も「怪談映画をやりませんか？」と言われたんです。OPの人も、僕がホラー映画もやっていたということは知っていたので。ただ、そのときは僕自身は何も企画を思いつかなかったので、そのときはやらずに、二年目のときに僕のほうから言ったんです。地方ロケをしたいと思っていて、そうすると一本ずつやるよりは二本まとめてやったほうが現場的には助かるので。一本は通常のやつ、一本は怪談ものということで企画を出したら、2本ともたまたま向こうが内容を気に入ってくれたという感じです。大蔵映画のほうも、制作を担当する部署の人たちがいるんですけど、今若手の人たちがわりとチャレンジングな企画をやりたがるというか。そのうちの一人が元々ビデオマーケットで働いていたという経歴の持ち主で。

柳下 いろいろ話が早い。

古澤 そうなんです（笑）。だから『キラー・テナント』も最初企画書とか台本を見せたら、上のほうは、「なんだこれは。さっぱりわからん」と言ったけど、その人は、「すごいこれわかります。これやりましょう」と「ヨーロッパの雰囲気でいきましょう」みたいな、そんな感じでノリノリで通った企画だったんです。だけど撮りながらも、お客さんが怪談だと思って見たら、すごい戸惑うなと思ってたんですけど、大蔵って面白いところで、中で匿名投票みたいなのがあるんです。プロデューサーとか肩書関係なく、いろいろな部署の人が試写で見て、匿名で投票するんです。それで高得点が出ると大蔵賞、金一封がもらえるというのがあって。僕はどっちかといったら真面目にピンクをやった『たわわなときめき』のほうかなと思ったら、そっちはよくわからんって逆に言われて、『キラー・テナント』のほうはものすごい高得点で、大蔵賞をもらえたんです。だから、大蔵が何を求めているのかが僕もよくわからない（笑）。

柳下 大蔵が思っている怪談というのがなんなのかよくわからない。もちろん今時大蔵怪談じゃないと思うんですけど、じゃあどこまでが、何が怪談だと思っているかというのはけっこう悩ましいところで、Jホラーみたいなものも怪談枠に入ってますよね。

古澤 大蔵って年二回特別な興行があって、それが怪談と痴漢ものなんです。今痴漢ものをやっているのかどうか。

柳下 正月の痴漢電車ですよね。今年はなかったんじゃないかな。

古澤 大蔵の中では、怪談と痴漢とゲイもの。薔薇族ものというのかな。この三つの企画に関しては、予算は上乗せされるんです。というのもあって、僕

『キラー・テナント』© OP PICTURES

としては、それは現場的には助かるので、二本のうち一本は怪談ものにしよう、みたいな計算はあって出した企画でした。

●石川雄也さんは長回し向きの俳優

柳下　(石川)雄也さん主演で、ひたすらブツブツつぶやいて内面に入っていく。映画を見ていると、話がどこに行くかわからなくなるみたいな危うさがあります。

古澤　そうですね。出発はやっぱりアパートで撮影できるし、ポランスキーの『テナント』みたいな、不思議な感触の映画をつくりたいな、というのはありました。

柳下　雄也さんも自分大好きな人だから、自分の話を延々とする、ちょっと鬱陶しいような感じが(笑)。

古澤　実は最初から台本は、ほぼあて書きだったんです。渡したらすぐ連絡があって、「これさっぱりわからないぞ。どういうふうに演じたらいいのかな」みたいなことを言っていたので、「あんまり考えなくていいんじゃないですか」と言ったら、現場に来たらノリノリで。だから、言っていることの六、七割は台本どおりなんですけど、あとは現場で、放っておくとどんどん勝手にしゃべってくれて、ぼやいてくれるので、長回ししやすいなという。

柳下　長回し向きの俳優。

古澤　ええ。面白いですよね。衣装とかも、ネクタイをこうやって、「大家のところに行くときとかはピシッとやるんですよ」とかっていうのを衣装合わせのときに言って、僕はただ「はあ」と言って。すごいノリノリでしたね。初日の朝一からすごいノリノリで。

柳下　主役向きの人だよね。

古澤　そうですね。撮影中、本当に興奮して言っていたのが「いや、久々にずっとカメラの前に立ってる」と言って、「昔は死ぬときとか、ちゃんと死体とかつくってくれたのに、最近おざなりで、もうカメラオフになったら死んだことになっちゃってて、そんなんばっかりだよ。久々にずっとお芝居できてうれしいな」って。すごい良かったですね。あとは、僕はようやく雄也さんの使い方がわかったというか、続けていきたいなって思いましたね。昔、何度かちょい役では出てもらって、「雄也さん、余計なことやらなくていいから黙って立ってればいいよ」と言うのに、本番になると急にしゃべりだして、『making of LOVE』のときも、無口でかっこいい兄貴分として出てもらったのに、主演の女の子に、「君天使の羽が生えてるね」とか、急にアドリブで言うんです。「いやいや、それ言うとナンパしてるただのおっさんに見えるからやめましょう」と言っても、「そうかなあ、ふるにゃん（古澤）のセンス古いんじゃないかな」とか言って、必死に止めるのばっかしで。主演に迎えればバッチリなんだなというのは今回本当に思いました。

柳下　本人がいい気分になってしゃべっているんだけど、それがどうしようもなく空っぽで、どんどんそのせいで窮地に追いこまれていくのに、自分がそうなってることすらわかってない感じですよね。見ていると、誰が主人公でどうなるのってまったくわからなくなってくる感じがすごく面白かったですね。

古澤　そうですね。誰もあの人に感情移入しないし、同情もしないから、変な人をじーっと見ているというか、そんな感じだろうなって。七十分という枠って、そういう意味で映画の語り口としてはある種の自由さがあるというか。九十分以上になってくると、ある種しっかりした構造が必要だったり。

柳下　今ハリウッド的なドラマツルギーというのは、九十分という時間によって決まっているところがある。四十五分のところで物語の転換点、ブレークポイントがあって云々というシド・フィールドの脚本術みたいな。九十分の時間になると、どうしてもそういう構造にせざるを得ない。七十分くらいだと、あまりそういうことを考えずに、フラっといけちゃうという。

古澤　そうなんです。なんか色々やってきて、そろそろ飽きたなと思う頃、「あ、でもそろそろもう五十分過ぎてるから、よし、終わりに向かって走るぞ」みたいな、そういういい加減さがピンクって面白いなというのはあるんです。

●コロナ禍でのピンク映画撮影

柳下　コロナ禍でのピンク映画撮影というのはいかがでしたか。

古澤　たまたまこれが三月に撮影したんですけど、直後に緊急事態宣言になったので、そういう意味では、ちょうどコロナが騒ぎになりはじめて、どうしようか、このまま行くか、みたいな感じの中でやったんです。これの後にテレビドラマを八月に一本撮ったんですけど、そっちは大変でしたね。

柳下　リハーサルまでは完全にマスクして、ソーシャルディスタンス取ってリハーサルやって、本番だけマスクはずして……みたいな。

古澤　そうですね。今は座組によっていろいろ対策やっていると思うんですけど、僕がやったドラマの現場では普段と違って衛生担当班という部署が新しくできて、マスクとかフェイスガードの管理、それから現場の消毒をやったりとかしてました。去年の夏は本当にあの暑さだったので、俳優部はやっぱり熱中症になったりとか、別のところでけっこう大変な目に遭ったりもしました。

柳下　コロナがあるからといって、映画のかたちというか、撮影上でも脚本をつくる上でも変わる部分って、今のところは別に特にない？

古澤　なかったですね。僕のほうが逆に過剰に反応してしまって、例えば元々あるシーンの中で、いたずらというか、嫌がらせでつばを飲ませてやるみたいな描写があるんですよ。結局は撮ったんですけども、やっぱり台本をつくったのはコロナ禍の前だったので、視聴者がこのシーンを見てどう感じるんだろうというのは、以前の状況だったら単に笑えたシーンが、今は、これってもうギャグにならないんじゃないのという。

柳下　笑えないよね、みたいな。

古澤　ええ。そういうところですごい僕はヒヤヒヤというか、以前通用したギャグがギャグじゃなくなっちゃうんじゃないかというところとかは気にしたんですけど、結局プロデューサーも脚本家も、「え、そう？」という感じだったので、そのへんの温度差というか、難しいなと思いましたね。あとはやっぱり最初は一過性のものだとみんな思ってた節があるけど、そろそろみんなフィクションを書くときに、この世界観はコロナがない世界観でいいんだよねということをみんなすごい気にしていると思います。

柳下　たとえばコロナで映画そのもののかたちが変わる、みたいなことはあるんですかね。それこそラブストーリーでも、二人が寄り添うところを撮るならどこまで寄るのかとか、そういうことを考えて撮るようになっちゃうのかな。

古澤　そうですね。やっぱり緊急事態宣言明けくらいで、僕らもドラマのほうをスタートさせて、まわりの組どうしてるのかな？とかあったので、いろいろ聞いてまわったんですけど、ピンクまわりとかはもう気にしないでやるというか、元々がゲリラ的な人たちなので、まあ、ある程度の消毒とかマスクとかはやるにしても、とくに内容に関しては気にしなくなってなってますけど、元々濡れ場とかが少ない一般映画とかは、これからますますそのへんに対して奥手になるんじゃないかなとか、感触はありますけどね。

柳下　ピンクだとやらないわけにいかないから、そこは覚悟を決めて、この三日間だけはやっちゃうぞみたいな。

●マスクがない世界観はもう成立しない

古澤　ええ。あと、ＡＶとかの人の話も聞いてみても、消毒とかはちゃんとやったうえでやるという、再開しているというふうには聞いています。一般のテレビドラマとか、メジャーな映画とかは、けっこう人目につくところでも撮影とかするので、そのへんの振る舞いが一般の人から見られるというところも含めて、そっちのほうがこれからいろいろ影響というか、内容面とか、スタッフの動きとかに関して、けっこう厳しくなるのかなという感じはしますけどね。あとは、十二月に自主映画をやったんですけど、低予算の映画は今後困るだろうなと思いました。ゲリラで人の多い場所で撮影したときに、人避けができないとなると、背景の人たちがマスクをしてるのに、登場人物だけがしてないというのは、ちょっと世界観としてもう成立しないから、とか。十二月に撮ったときにはもうマスクありきの世界観でやって、絵としてそれを外す瞬間というのを、一つの映画的なクライマックスにしようとか、そういうのはありましたけど。ただ、それは自主映画だからそういう判断はできるけど、テレビとか映画だと、いや、その演出は難しいよとプロデューサーに言われるだろうから。

柳下　そこはもう全部つくるしかないという方向ですよね。それこそ足利の渋谷スクランブル交差点みたいなところで。

古澤　あれを使えるくらいの予算があれば全然いいんですけど、日本映画って基本貧乏で、どこを金削るかというと、やっぱりボランティアのエキストラに頼ることがすごい多くて。この間夏にやったテレビドラマに関しても、元々呼べないと。それでも学園ものだから他の生徒いるだろうってなったんで、僕は、代替案として、じゃあ全部スチール写真のボードにしようといって、それを立たせて、あと呼べるエキストラは呼んだんです。ただ、今までのエキストラに関していうと、タイトルとかを伏せたうえで古澤組が募集してますよみたいな、一般の人来てください、みたいだったのが、コロナ対策で、身元がある程度追跡できないと、その後何か起きたときまずいよねということで、結局プロダクションに所属している人に限定するというふうになったんです。たぶん脚本づくりの段階で、これモブシーンになりそうだからやめようっていうようなことが今後はあるんじゃないですかね。実際にそのドラマのときはありましたね。

柳下　どうするかですよね。実際日本でも、アメリ力でも同じだと思うんですけど、コロナのおかげで余計なお金が明らかにかかって、リクープが当然難しくなっているということですから、そこで、今はまだ過渡期だけど、もう一年これが続くということになると、だいぶやっぱり変わりますよね、つくり方自体が。

古澤監督二〇二〇年のベスト映画

●劇場に七回！『ブックスマート』

柳下　じゃあ古澤さんのベスト作品としていただきました。『ブックスマート　卒業前夜のパーティーデビュー』。

古澤　劇場で七回見に行きました。武蔵野館で六回、下高井戸で一回見ました。

柳下　そんなに好きでした？

古澤　好きでしたね。やっぱり元々学園ものが好きというのがあって。

柳下　これはガリ勉の女の子二人組が、卒業式前夜になって、自分たち、高校時代に何も面白いことやってないよねって思い立って、卒業前のパーティーだけはバッチリ決めてやる！と盛り上がるというお話。

古澤　それだけなんですよね。下手したら駄目な映画の要素として挙げられるなと思うのが、悪人が一人も出てこないんです。結局最終的にクラスメートで敵対視してた連中も、実は隠し持ってた鬱屈とかいろいろあって、最後みんないい高校時代だったねって終わるといういい話なので。その話だけ聞いたら、ええ、それは駄目だろう、と思ったりもするんですけど。僕自身は、善人だけでこういう映画つくれるんだというところもすばらしいし。この手のジャンル、アメリカ映画は連綿とありますよね。その中で、僕自身がリアルタイムで見て影響を受けたのは、ドリュー・バリモア主演兼製作総指揮の『25年目のキス』という映画だったんです。大抵この手の映画って、この映画もそうなんですけど、クライマックスで演説があって、そこで和解があったりもするんですけども、そのフォーマットにのっとりながら、ちゃんとアップグレードし続けてるというか。日本映画に関してはここにたどり着くのにあと十年、二十年かかるだろうなという感じはあったので、そこを含めて、僕としては、去年はこれとあと『フォード vs フェラーリ』が自分の中でベスト2かなという感じがしましたね。

柳下　『ブックスマート』は、『映画秘宝』でも年間ベスト一〇に入ってたのもあって見たんですけど。基本的にこの人たちって恵まれた高校生の話じゃないですか。なので、さすがに女子高生のやってることには傍観者感が強くていまいち乗れなかったんですけどね。唯一、ドラマを見てて、あの二人が行くピザ屋の配達のおじさんがいるじゃないですか。「お前たち、こんなことしてたら殺されちゃうぞ」って説教する。「夜道に気をつけろよ」って。俺、この駄目なのに説教するおっさんがたぶん一番近い感じだよなと思ってたら、あいつ殺人鬼じゃん、実は（笑）。自分はどこにいるんだと思ったら殺人鬼だったたっていう、やっぱりそうだって（笑）。

●現実とリンクする映画づくり

古澤　たぶん世間的にも評価は高い映画だと思うんですけど、個人的には、やっぱり自分がやってることに引きつけてというか。

柳下　これも恋愛映画なんだけど、別に恋愛至上主義的な話じゃないですよね。いわゆる青空映画っていうものの問題として、映画のあいだずっとあの人たち恋愛のことしか考えてない、誰と誰がくっつくかしか考えてないですよね。そういう世界観に対して、この映画の彼女たちももちろん恋愛脳なんだけど、それと同時にちゃんと大学行って、自己実現するというのもつねに考えてる。それが当たり前になってるということですね。

古澤　そうですね。あとやっぱり自分としては、少女漫画を原作にしたキラキラ映画をやってて、すごい不満なのは、僕自身が男性ですけど、その男性目線で見ても、そこに出てくる男性像とか、女性像。たとえば壁ドンとか、僕は自分の映画では——ああ、一回やったか——でもああいうのはひでえなと。できるだけやらないようにしてるし。男女の関係が一種のDV的なものだとか、モラハラ男を更生させようとする話だったり、なぜかそっちのほうに偏ってる少女漫画とかが多くて、そういうところをどうなのかってけっこう打ち合わせとかで話はするんですよ。でも結局、プロデューサーも脚本家も、まあそれは個人的にはそう思うけど、これ売れてるんだからいいんじゃないというところで、結局そこに関して批評的な視点がないというか。

柳下　そういう部分がちゃんとアップデートされている。

古澤　そういう意味では、ちゃんと現実とリンクしている感じがうらやましいなというか、ジャンル映画であっても映画の世界の、フィクションの世界で完結しているんじゃなくて、きちんと現実世界との応答があるところがアメリカの映画づくりではあるんだなというのが、個人的にはやっぱりすごいうらやましいな、と感じます。

これ、何回か見てて、ちょっと不思議だなって思ったんですけど、さっきも柳下さんがおっしゃったように、大概の映画ってミッドポイントがあって、「あ、今ミッドポイントだな」とか。ビデオで見ていると大体飽きて止めるのが三十分くらいと六十分くらいなんですけど、転換点があるから止めやすいんです。『ブックスマート』に関しては、団子状にエピソードがつながっているというのもあるんですけど、ずっと同じテンションが続いているという感じが、ちょっと僕としては新しい語り口に感じたのかな。アメリカ映画って、インディーズ系のやつでも、「ああ、この人きっと映画学科とか卒業して、ちゃんと真面目にシナリオを勉強しているんだな」という感じの決まった構成になってることが多い中で、あの映画って、監督デビュー作でということもあるのかもしれないけど、なんか不思議な映画だなという感じが僕はしたんです。

柳下　女優ですよね、元々。

古澤　監督がですね。

柳下　だからたぶん映画のつくり方うんぬんとは別に、こういうのでやりたいんですといっておし通せる力はあったのかもしれないですね。

古澤　あとはやっぱり俳優出身の監督の強みというか、俳優たちを輝かせる現場の盛り上げ方があるんだなという感じがしました。だから、台本上、シナリオ構造上は特に何も起きてなくても、何か起きている感じが常にするというか。

柳下　アッパーな感じがね。あれはたぶん女優だからでしょうね。それこそ古澤さんが高校生の俳優を盛り上げようとしても、なかなかそうは（笑）。あの映画の中だと、担任のイケてる先生、実はそうじゃないわけですけど、生徒から人気があるイケてる先生が出てきますよね。たぶんあんな感じで、若い子たちをキャッキャ盛り上げるみたいなノリだったんじゃないか。

古澤　あの映画はいろいろなところに見るべきポイントがあって、あの先生が一番かわいそうな感じがするというか。失われた青春を取り戻すために、高校生のパーティーに潜りこんじゃうという、あの痛さとか。結局あれやっちゃってるんですよね。やっちゃってて、いちいち気にして「二十歳超えてるよね?」って確認して、やっちゃったら、翌日見たら、うーん、いまいちだった、みたいな、痛々しいなという。

柳下　いろいろつらいポイントがある（笑）。

映画は文化庁では得体のしれないものらしい

●新人育成をやるべきは映画業界

古澤　長々とピンク映画というか、ある種プログラムピクチャー的なものに対するこだわりみたいなのを話してきましたけど、でも、やっぱりさっきも言ったように、本当の意味でのプログラムピクチャーって今ないとは思うので、そこらへんがどうなんですかね。

柳下　一時期それこそ井口（昇）くんとかがやっていたような、深夜の連続ドラマみたいなやつとかは、ちょっとプログラムピクチャーっぽい形で回っていたなとは思うんですけどね。じゃあ今ネトフリのドラマであるのかというと、ちょっとそれもないし。

古澤　以前に東宝のプロデューサーに聞いたことがあるんです。例えば昔のプログラムピクチャーみたく、新人に安く撮らせて、大きいので回収する、そういう仕組みとかを東宝でやるつもりはないのかといったら、即答で「ない」と。東宝はあくまでも、当たった人、実績のある人を抜擢してきて撮らせるというのはあるけども、自分のところは育てるところじゃないという話をしていて。去年、一昨年と、ndjcという文化庁の新人育成のやつに僕もちょっと関わったときに、文化庁の担当者も同じこと言ってましたね。本来は業界がやらなきゃいけないことを、例えば三十五ミリのフィルムで若手に経験を積ませることとか、そもそも若手を発掘することをやらなきゃいけないのに、なんでこれを文化庁が支援しなきゃいけないのかと。なんで文化庁の担当者がそれを言うかというと、やりたくないんじゃなくて、文化庁の中で映画ってものすごい下の地位らしいんです。つまり、文化庁の中では、例えば絵画とか美術とか、そっちのほうは予算を獲得しやすいというか、認められているから。

柳下　美術とか、それこそクラシックの。

古澤　要は映画ってすごい得体のしれないジャンルというか。

柳下　芸術かどうかもわからないということですよね。

●キャノンフィルムズがハリウッドの覇者になった時代

古澤　そうです。芸術かどうかもわからないし、かつ、支援して、そこで育った監督が、「でも、こいつら商業映画監督になるんだろう。芸術家じゃねえだろう」というようなことを文化庁の中で上に言われるから、必死に、その映画の担当者は、「いや、違う。映画は文化だ」というふうに言うんだけど、でも言いつつ、予算を獲得するけど、やっぱり、本当はこれは東宝とか松竹がやるべき仕事なんじゃないかなと思ったりもすると。お役人も大変だなとは思いましたけどね。だから、柳下さんが探っているのも、けっこうみんな誤解するけど、あえて変な映画を探しに行くというよりは、映画を商売道具としてなんかやろうとしている人たちというのが、元々、興行師たちが右往左往しているのが映画業界でそれってなんなんだっていうことですよね。それがたまたまワーナーとか、フォックスとか、でかくなって、認められたらいつの間にか偉そうな顔をしているというだけのことですよね。この間たまたまAmazonプライムでキャノンフィルムズのドキュメンタリー『キャノンフィルムズ爆走風雲録』を見ましたけど、あれなんかまさにそうですよね。本当胡散くさいおっさん二人が、「映画大好き」と言って、下品な映画をいっぱい撮って、一瞬だけハリウッドの覇者になるという。あれを見た後にすごい頭を抱えたのは、そうか、じゃあ二十年後とかにはもしかしたら福田雄一の映画の影響で映画を撮りはじめたすごいやつが出てくるのかなとか（笑）。

柳下　あり得るだけに恐ろしい（笑）。

古澤　僕もキャノンの映画を見て育ったので、あれを見るとすごい多幸感あるんです。でも、あれを現在軸に全て移行して、登場人物を現在の人に置くと頭を抱えるというか、「ええ？　駄目だろう、それは」という。

柳下　福田雄一かどうかはともかくとして。あそこでは当然セクハラもパワハラもやりまくりなわけじゃないですか。ただそこの痛快さってあるんですよね。当然良くないというか、なにひとつ正しいところはないんだけど、あの無茶苦茶な横紙破りを見ているとやっぱりちょっと痛快な部分はあるよなあ、というのは否めない気がして。

古澤　やっぱりリアルピカレスクものというか。僕らはそれ、今はけっこう真面目に価値観を更新しなきゃいけないと言いつつも、この数日の、森喜朗さんの発言とかに関しても、やっぱりエンターテインメントとして見ちゃっている部分ってすごいあるじゃないですか。ろくでもないおっさんが権力を持ってやっているという。あそこには痛快さはないけど、やっぱり勝新がやった『不知火検校』じゃないけど、悪の限りを尽くして頂点まで上り詰めて。でもああいうのが最後転落するから、またカタルシスがあるというのもあるんですけど。だから、メナヘム・ゴーランとかを見ていると本当に駄目だなと思いつつ、最後、あの二人が「おじさん」「甥っ子」みたいな感じで抱きしめ合ったりしているのを見ると、なんかいい話を見たような気になって、ひどい話だなと。

柳下　あの周りで踏みつけにされた人たちが、どんだけいるのかという。

古澤　あの映画で、一応つくっているほうも、そこは気にしたのかなと思うのは、一瞬奥さんとか息子とかがちらっと出てきて、「あの頃には家庭はなかった」みたいなことを言ったりするじゃないですか。あそこがもうちょっと多かったりすると、ただ単に痛快なだけなドキュメンタリーじゃなく、もうちょっと高尚なドキュメンタリーにもなったのかなとは思いますよね。

柳下　ゴダールの話を聞きたいですよね。ゴダールは絶対面白がって撮ったんでしょうから。キング・

ブラザーズのBフィルムってこんな感じだよねという、たぶんそのノリでしょ。

古澤　そうですよね。ゴダール、インタビューしに行く度胸が欲しいですね。

柳下　「なんで『リア王』を撮ったんですか」っていう（笑）。「モリー・リングウォルドどうでした？」って（笑）。

なんであんな変な地方映画とかを追いかけているんだというのは、もちろん見たことがない映画を見たいというのはあるんですけど、やっぱり同時にそれと、いつも僕が毎回あれを書くときに気にしてるこれ本当に儲かってるのかという。儲かってなかったらこんな映画をつくるわけないだろうというのが前提にあるんですけど、儲かっているということがまさに生きているということじゃないですか。儲かってもいない映画を、もちろんそれは儲かる映画がすべてだと思っているわけじゃなくて、スタン・ブラッケージとか大好きですから、現実的に絶対儲からないだろうみたいなやつがあって（笑）。でもそれは素晴らしいよねというのはもちろんわかるし。そういうものの美というものは追求したいとは思いますけど、同時に、儲かっているか儲かっていないか、観客がいて、この映画に観客がいる、あるいはつくり手のシステムがあってできてしまうということに関してはものすごい興味がありますね。だから、ピンク映画を見に行ってしまうのも、これ儲かってないんじゃないのと。これが儲かっていないとして、つくり続けられるのはなぜなのか、みたいなことは考えてしまうからですよね。それとほぼ同工異曲のお話で、地方映画の話とピンク映画とかもあるんじゃないかという。

●映画と助成金とお金を出させるノウハウと

古澤　そうですね。さっきの文化庁の人に聞いた話になるんですけど、海外の映画祭に参加するときの渡航費とかを援助する枠があったんですけど、それが最近すごい厳しくなったんです。たまたま鈴木卓爾監督で僕がプロデュースした『ゾンからのメッセージ』というのが、ドイツの、今ちょっと忘れしたんですけど、映画祭に呼ばれたので。

柳下　ニッポン・コネクションじゃなくて？

古澤　ニッポン・コネクションか。行こうかとなったんだけど、その前の年までは渡航費とかが、助成金が出るやつがあったんですけど、それがすごい厳しくなって、結局出なかったんです。その後に僕はndjcに関わったので、「あれ、どうなんですか?」と聞いたら、海外の映画祭に行くからといってそれで申請する人がたくさんいて、精査してみたら、なんか例えばロサンゼルスの映画ファンの家でビデオで上映するみたいな。それはやっているほうも映画祭って称しているらしいんです。でも、やっていることは、ただ誰かの家に行って、映画をみんなで見て、ワーワー騒いで遊んでおしまい、みたいな。そういうのを見つけるのがうまい人というのがいるらしいんです。そういう助成金だけで食っているような輩がとにかく集まってくるから、もう文化庁としても、こんなのに金払ってられないってなって、ぎゅっと締めたらしいんですけど。だから、地方映画とかも、いると思うんです。

柳下　時々地方映画職人と言っている、いろいろな地方を流れ歩いて、その先で映画をつくっている人、みたいなのがいますから。ああいう人はそういう行政のシステムをくすぐって、ここここを引っ張るとお金が出るみたいな、そういう動かし方を知っているんだと思うんですけど。

古澤　僕はそういう意味でいうと、現場の人間だから、配給とかそこまであまり考えなくていいのかなとたまに思うんですけど、やっぱりちょっと気になるので、たまにそういうワークショップとか参加するんです。先日も、自主映画作家のための配給講座みたいなやつがあったので、それに参加したんです。

柳下　それはどこが？　文化庁がやっているんですか？

古澤　それは映画美学校が開催したやつで、ユーロスペースの北条さんとか、ポレポレの大槻さんとか、あと地方のいろいろな映画館の人とかが、配給とか宣伝のことを教えてくれる。例えば普通は配給会社が間に入ったりするけど、映画作家自身が持ちこんで上映するようなこともあるよ。じゃあ具体的にそれってどういうことなの、みたいなことを。そこでちょっと、とある地方の映画館の方に、受講生から質問があって、「小屋としての計算式というか、これだけの期間の興行で、1席当たり単価はこれくらい。そうすると映画館としては黒になるから経営が成り立つ。だからそこは目指してほしい」みたいな話をした後に、「そういう当たるのばっかりじゃないですよね」と言ったら、「ええ、そうなんですよ。だから、僕、実は実家が何々をやってるので、そっちの金をつぎこんでるんですよ」という。

柳下　身もふたもない（笑）。

古澤　だからやっぱり、それは映画館の話ですけど、地方の小金持ちの工務店とか、そういう人たちが、映画好きの社長とか会長が、若いやつで映画撮りたいというやつがいるから出すか、みたいな。そういう小金持ちを見つけるのが得意な人が地方とかで映画を撮り続けているのかなとか。

柳下　そういう人たちがどうやってお金を出させるかという術を、ノウハウを身につけているという。

古澤　そうですね。そのへんを吉本とかは意識的に。

柳下　吉本はそれをいわばシステム化しようとしているんだと思いますよね。

古澤　そうですね。だから、そこもさっきから言っているプログラムピクチャー的なものと全然違うというか。プログラムピクチャーはあくまでも点じゃなくて、線として、儲かる作品と儲からない作品が交互にトントンに持っていくようなシステムじゃないですか。でもシステムとしてはもはやないというか、点として、ちょっとお金を持っている人たちがいて、それをただ詐欺師たちが勧誘しているみたいな、そんなような構図なのかなと。実際のところはわからないですけど、想像しちゃいますよね。

柳下　普通に考えるし、そんなの長くは続かないだろうと思ってしまう。所詮、サメが餌場を食い散らかしているようなもので、一度食われちゃったら終わりですから。と思うんですけど、これが意外と長く続くというのがあって。それが思っているよりも漁場が深いのかもしれないですね。

映画の生命は幻想の力

●「やっぱり監督は女優と寝るんですか？」

古澤 柳下さんとか僕が歪んだ映画ファン的な感覚で、プログラムピクチャーに幻想を抱くのと同じように、一般の人が抱く映画への幻想って強いんだなと思います。話はちょっとずれるんですけど、現場的なことで荒らすというので言うと、僕が二十年くらい前に現場に入ったときに、先輩の助監督とか制作部が言っていたのは、地方のいろいろなところは石原プロが荒らしたから撮影ができなくなっているというのがあって。だけど、結局僕がこうやってこの業界に二十年くらいいたら、例えば北九州とかは「うちは爆破できますよ」みたいなことを言うじゃないですか。「昔の『西部警察』みたいなことをうちでやりませんか」みたいなことを、行政がやっているフィルムコミッションとかが自らそれを言いだすというのは、そういう現場で嫌な思い出とかを抱えた担当者がいなくなると、若い連中は映画の幻想にそそのかされて。

柳下 「昔はこんなことができて良かったですね」みたいな。

古澤 そういう意味だと、現場的にはうまく回るのかなという気がするんです。

柳下 十年、それが石原プロとなるとさすがに五十年前という話ですけど。五十年もいかないか。

古澤 八〇年代とかですもんね、『西部警察』とかは。

柳下 映画界に入った頃というのはもっと前ですよね。二十年前くらいの話ですよね。

古澤 九〇年代後半とかだと、やっぱりそういう撮影とかはお断りとか、撮影というのはなんかすごい迷惑をかける行為なんでしょうというような感覚がいろいろな各地にあって、制作部とかは、「いや、違います。うちの監督は非常に礼儀正しい人で」ということを必死にアピールしてやったりとか。

柳下 今見て、「すげえ、むちゃくちゃやってるな」

とか、やっぱり当時もむちゃくちゃだったという。「昔はよくできてるね」って毎回見るたびにみんな言っていますけど、今というか、当時もやはりこれはちょっとみたいに。

古澤 都市伝説的に言われますけど、放送を見て、警察の担当者が「おい、お前のところ何かやっただろう」って言われるという。現場の先輩に聞いたのは、例えば首都高でカーチェイスをするために、劇用車があったら、その後ろに二台トラックがついて、カメラが回ると減速して、二車線を封鎖してしまって、カーチェイスができるスペースを作る。当然その後に渋滞をつくっちゃう。で、放送したあとに、「そういえばこの間の渋滞はお前のとこだろう」ということを警察から言われて、「いやあ、どうですかね」とか、下っ端の人が警察に行ってこっぴどく叱られておしまいとか。僕自身、そこまでじゃないですけど、エキストラを集めるために、観光バスを十台、新宿のスバルビルの前につけさせて、地方にエキストラをピストンで運ぶ担当者だったときがあったんです。本当に肩書としてはそれの担当で責任者だったんで、本来はあそこにバスを停めちゃいけなかったので、警察に呼ばれたんです。そしたら、僕元々童顔で、かつ二十代後半だったので、警察も「どうせ身代わりで来たんだろう。わかったわかった。気を付けろよ」と言って追い返されたんですけど。そういうふうにしてかつては違法行為とかも乗り切っていたんだなという感じはすごいします。

柳下 逆にいうと、食い荒らされても二十年経ったらみんな忘れているという。漁場を変えて十年、二十年ぐるぐる回っていると、日本中回っていると、もとに来たときにはいい思い出になっているという。

古澤 そうそう。被害を受けたほうもよくあるじゃないですか。「ひどい目に遭ったよ」というのも、思い出話になると「すごいですね」って武勇伝っぽくなって。同じことが結局パワハラとかセクハラでも起きている。この間もたまたま僕は郡山に祖母がいて、去年亡くなったので、その遺産の整理とかがあって、行ったんです。祖母が持っているアパートを解体しなきゃいけないので、解体業者の人と打ち合わせをして、名刺交換をしたんです。そしたら、打ち合わせが終わった後に名刺をまじまじと見て、「映画監督ですか。こんな芸術をやっていらっしゃる方と知り合うなんて初めてですよ」と言われて、僕もやっぱり社交辞令的に「いやいや、芸術なんてとんでもないですよ。きれいな女優さんとかと会えて、それくらいが楽しみですね」みたいなことを言ったら「やっぱり監督は女優と寝るんですか？」って（笑）。

柳下　『トラック野郎』の菅原文太のセリフみたいな（笑）。

古澤　身もふたもないというか（笑）。やっぱりそういうふうに思われる業界なんだなというのはすごく感じましたね。セクハラもパワハラも「武勇伝」としてスルーしてしまう。だから、結局幻想の力が大きいというのが映画が生きながらえる力なのかなという気はすごいするんです。

柳下　そうですね。本当にいいことなのかどうかわからないですけど、逆に言えばそういう幻想がなくなったら映画なんか誰もたぶん見なくなっちゃうかもしれない、滅びるかもしれないというのはありますよね。それなら滅びていいいんだよということなのかもしれないんですけど。

古澤　僕がちょうど意識的な映画ファンになった九〇年代とか、当時の「カイエ・デュ・シネマ・ジャポン」とか、ああいうところでシネマが死んだとか言っていたけど、相変わらず生き延びてるなという感じはするんですよね。もちろんかつていわれた大文字のシネマというのと僕らが言っているのは違うとしても、でもやっぱり映画という幻想自体がずっと生き延びていて、なんかみんながそれを、誰に頼まれているわけでもないのに保存しようとしているというか。それはつくり手だけじゃなくて、映画ファンとか、それから、映画を普段見ない人も、映画というものに対する幻想をずっと持ち続けて、その周りで人がずっと生き続けている感じというのがあるかなと。

柳下　幻想としての映画は、むしろ実物が死んだ後のほうが強固になっているんじゃないかというくらいですよね。それはいろいろな意味で思います。

古澤　すみません（笑）。ただの映画ファン的な発言ですね。

●コロナ禍での日本映画の希望とは

柳下　去年はコロナが来て、みんな手探りというか、

『たわわなときめき』© OP PICTURES

どうするという感じだったと思うんです。ただ、一冬越して、終わってはいないですけど。ようやく感じがつかめてきて、たぶん完全にワクチンとかが回って元通りに、いやまあ昔みたいな形で映画づくりができるようになるとして、それは数年後じゃないですか。どうやら今年くらいから徐々にみんな手探りでやる感じになってきたと思うんです。それは映画だけじゃなくて、いろいろなことがそうだと思うんですけど。映画界的にはそろそろなんでしょうか。今年は実は去年から持ち越しの映画が結構あるんですよね。でも、だからといってつくらないわけにもいかない。今年の後半から来年にかけての映画はそろそろ動き出さないと間に合わないだろうから。

古澤　周りを見渡す限りは、去年の秋くらい、夏くらいからかな。恐る恐る通常運転をしているというか、各現場ごとに感染対策をしつつやっていて。あまり止まっている印象はないんです。僕の周りを見る限りは、演劇の人たちがとにかく壊滅的でどうしようもないけども、映像業界に関しては、ちょっと大変だけどやっていくという感じなのかな。映画館は去年最低益というか、減収だったけど。映画館で上映することはできないけど、映像コンテンツ自体は需要が高まっているというのもあるから、感触としては、あまり変わらないのかな。

柳下　幸か不幸かわからないですけど、日本ではハリウッドみたいに何千億円使った大アクションみたいなものがない分、そのままテレビに回してもいけるんじゃないかというのはありますね。「映像コンテンツ」ということなら。それこそ福田雄一の映画にいつも悪口を言ってる、テレビを映画館に持ってくるんじゃねえといつも文句を言っているわけですけど、逆に言うと、福田雄一だったら映画として撮ってテレビに出してもそのまま通用しちゃうわけですよね。だから、実は日本映画に関しては、テレビと映画との違いがない分、つくるのは平気だったりするのかも。

古澤　そこでもしかしたらバレちゃうかもしれないですよね。「あれ、なんか本編とかあいつら偉そうに言ってたけど、テレビじゃねえか」というのがバレちゃうというか。元々日本の場合は制作委員会の一番大口がテレビ局だったりするものが多かったりするし、お客さんがどう見るかというのを置いておくと、けっこうスムーズに、放送のほうに持っていっちゃおうかというのが起こるのかなと。でもそれはあくまでも憶測ですね。

柳下　そういうことが起こりかねない。さっきの話に戻りますが、ミニシアターが大変なのはもちろんですけど、逆に言うと地方のミニシアターが良かったときなんて一度もないわけなんだから。みんな好きでやっているだけじゃないですか。一番問題なのは繁華街につくっちゃったシネコンとかですよね。池袋のでかいシネコンとか、一度も満員になったことがない、みたいなのが。かといっていまさら閉めるわけにもいかない、何かしら上映しなきゃいけない。そうなると映画界の希望はあれしか――ＥＸＩＬＥ　ＴＲＩＢＥしかないんじゃないですか。スクリーンで見る価値があるものというのは（笑）。

◉登壇者プロフィール

古澤健（ふるさわ・たけし）

一九七二年東京出身。映画監督、脚本家。高校時代から八ミリ映画を撮りはじめ、『home sweet movie』が九七年度ぴあフィルムフェスティバルにて入選。映画美学校に進んだ九八年の作品『怯える』はクレルモンフェラン短編映画祭に招待される。瀬々敬久監督『超極道』（二〇〇二）で脚本家としてデビュー。『ドッペルゲンガー』（二〇〇二）などの脚本も担当したのち、『ロスト☆マイウェイ』（二〇〇四）で劇場長編映画の監督へ。監督作品には、『making of LOVE』（二〇一〇）、『今日、恋をはじめます』（二〇一二）、『ルームメイト』（二〇一三）、『ReLIFE リライフ』（二〇一七）、『青夏 きみに恋した30日』（二〇一八）、『たわわな気持ち』（二〇一九）、『キラー・テナント』（二〇二〇）など。テレビドラマの演出にも意欲的で、『37℃の涙』（二〇一五）、『朝が来る』（二〇一六）、『メガバンク最終決戦』（二〇一六）などがあり、『お茶にごす。』がAmazonプライムで配信されている。鈴木卓爾監督『ゾンからのメッセージ』（二〇一八）では、脚本とプロデューサーを務めている。

皆殺し映画通信
LIVE収録
第三部

皆殺し映画放談
柳下毅一郎の2020年ベスト10映画発表！

収録：2021年1月16日　ROCK CAFE LOFT

2020ベスト

- ●10『ドミノ-復讐の咆哮-』(2019 ブライアン・デ=パルマ)
- ● 9『海辺の映画館―キネマの玉手箱』(2020 大林宣彦)
- ● 8『ロングデイズ・ジャーニー この夜の涯てへ』(2018 ビー・ガン)
- ● 7『スパイの妻 劇場版』(2020 黒沢清)
- ● 6『すずしい木陰』(2020 守屋文雄)
- ● 5『シカゴ7裁判』(2020 アーロン・ソーキン)
- ● 4『花と沼』(2020 城定秀夫)
- ● 3『ミッドナイト・ゴスペル』(2020 ペンデルトン・ウォード、ダンカン・トラッセル)
- ● 2『銀河自転車の夜2019 最終章』(2019-20 平野勝之)
- ● 1『キャッツ』(2019 トム・フーパー)

柳下毅一郎二〇二〇年のベスト一〇

●一〇位はデ・パルマから

柳下 ダメ映画のあとは去年のベスト。ぼくの個人的ベスト一〇です。二〇二〇年のベスト。ぼくの個人的ベスト一〇ということです。

第一〇位は『ドミノ‐復讐の咆哮‐』。ブライアン・デ・パルマ監督の新作です。デ・パルマがデンマークだかノルウェーだか、北欧のあそこらへんで撮った映画なんですよね。北欧でイスラムの自爆テロ犯と戦うという話なんだけど、もちろんデ・パルマにとっては、そんなイスラムのどうとか、移民のどうとかいう社会問題はどうでもいい。そういうことはまったく何の興味もなくて、ただ単にカンヌ映画祭を自爆テロで爆破したいという、その欲望だけ。あと、最後にテロ犯が自爆ドローンを送りこんで、それを止めようとするアクションがあるんだけど、そこがもう本当に純粋なデ・パルマ的快感に満ちた場面で悶絶する。死の機械が動きだしてもう誰にも止められないうえに、しかもドローンにカメラがついてるからドローンの主観カットまである。本当に

よかったなこれ。みんな見てないと思うんですけど、ぜひ見てください。

で、第九位『海辺の映画館―キネマの玉手箱』。ご存じ大林宣彦監督の遺作ですね。これはもう狂った映画です。何をやっているんだかよくわからない。途中で、本当に見ている最中、自分が何を見てるのかわからなくなって呆然とする瞬間がある、とてつもない映画だと思いましたね。大林さんは自分でも最後の映画と思っていたんでしょう。でもよくこれ撮れたという。まあ、死ぬ直前の人が遺作と思い定めてつくる映画ではあるんですけど、同時に死ぬ直前の人とは思えないエネルギーに満ちている、本当にすごい映画でした。

次、八位『ロングデイズ・ジャーニー この世の涯てへ』。これはたぶん嫌いな人も多いと思うし、たぶんシネフィルのあいだではあまり評価されてないと思うんですけど。この映画、完全にタルコフスキーなんですね。ビー・ガンという監督ですけど、タルコフスキー・オマージュで、駄目男が終わってしまった過去をひたすら悔やみ続けるみたいな映画。そういう話はぼくは大好物でして。後ろ向きの人が

昔の別れた女のことを思ってずっとうじうじしてる系映画。それこそ昔のデ・パルマとかもそうでしたけど。そういう駄目男のうじうじ懐古映画として、これはちょっと良かったです。映画の最後にはCGでつないだインチキワンシーンワンショットの長い3Dシーンがあって、そこが売りになってたりもするんですけど、その部分は頑張ってるってだけで、まあどうでもいい。駄目男がえんえんと無間地獄みたいに昔のことをさまよっている部分が、ぼくはすごい良かったってことですね。そして第七位。これはどうでした?

古澤 うーん、師匠の作品なのであれですけど、僕は駄目でしたね。

柳下 あ、そうなんだ。どこらへんが?

古澤 いろいろあるんですけど、決定的に駄目だったのが、山中貞雄の映画を途中やるじゃないですか。あのタイトルのところで映倫マークが出たんです。当然今あるプリントを使っているのはしょうがないにしても、せめてそこはCGで消してほしかった。プロデューサーが知り合いだったのですぐ電話しちゃいました。

柳下　なるほど。ぼくは黒沢さんは一昨年の作品が駄目だったというのもあったんですが、今回はかなりよかったです。一種プログラムピクチャー的というか、俳優陣にも全員いちばん得意なものをやらせて、きっちり決まってる感じでつくられている。そのはまり方とかも含めて良かったかなと思ってます。やっぱりお見事ですって、終わった後みんな言う感じでしたね。

●六位は九十分ワンカット映画『すずしい木陰』

柳下　そして第六位が『すずしい木陰』。

古澤　これは僕もベストに。

柳下　これは守屋文雄さんの『まんが島』以来の監督作品ですね。脚本家で監督。『まんが島』もその年のベスト一〇に入れたんですけど、今回のほうが実験性もやってることもいろいろとレベルが高いと思いました。これは本当にすごくて、柳英里紗さんが、ハンモックに寝てるのを撮ってるだけの映画ですね。

古澤　これ、パンフレットを読んだら、テイク重ねてるんですよね。二テイクやってるのかな。

柳下　そうそう。何テイクか撮ってますね。二日間で。光の加減も偶然だって言ってて、それは絶対うそだろうと思うんだけど（笑）。

古澤　僕、たまたまタイミングで、コロナ禍で、緊急事態宣言の後に最初に見た映画がこれだったというのもあるので、そういう意味ではいいタイミングで見たんですけども。とにかく、すごくシンプルで削ぎ落としてると思うんですけど、映画の画面というのが実は複雑で、ものすごくいろいろなものが映りこんでて、いろいろなものが聞こえるんだということを改めて知らしめた映画だなという感じがして。本当にまったく飽きさせない、すごい映画だなという感じはしましたね。

柳下　何も起こってないようでものすごいことが起こってるという、細かいことがいっぱい起こってるというのを、要は九十分間ワンカットで画面も動かないから、否応なしに細部に目が行かされちゃうんですよね。その細部を見ていると、世界ではいろいろなことが起こっているのがだんだんわかってくる。世界ってすごいな、という映画です。

●五位はスピルバーグ撮影なら一位にした『シカゴ7裁判』

柳下　そして第五位『シカゴ7裁判』。NETFLIX作品。アーロン・ソーキン監督。これも脚本家の映画ですね。これは五位ですけど、ここから上は大体同じくらいの感じで、どれが一位でもいいやということですね。これは本当はスピルバーグが撮るはずだったんですよね。スピルバーグが降りて、アーロン・ソーキンが自分で監督したんですけど、スピルバーグが撮ってたら間違いなく一位だったと思います。それは残念。でもソーキンもいいです。これは脚本の力ですけど、たいへん素晴らしい映画だと思いました。

最初はたらたらしててどうなることかと思うんですけど、裁判が始まってからは抜群に面白い。裁判が起伏に富んだドラマになっているわけですね。あとトム・ヘイデンが駄目。トム・ヘイデンが本当に駄目男なんですよね。もちろんこれ自体はアビー・ホフマンの視点で描かれているからそうなってるんですけど、たぶんトム・ヘイデンはあんなやつだよねというみんな思ってた感じがよく出てる。トム・ヘイデンと言えばイケメンで、ジェーン・フォンダともつきあって、当時の左翼のヒーローなんですけど、ああいういけ好かないやつなんじゃないか、って誰もが思う感じが出てました。そこもとても良かったですね。ぼくは『スティーブ・ジョブズ』もベスト一〇に入れたし、ソーキンの脚本は大好きなんです。膨大な情報をドラマに落としこむ手際が見事ですね。そして第四位は城定秀夫監督で『花と沼』。これはさきほど話したとおりですね。

●三位はネオヒッピー悟りアニメ『ミッドナイト・ゴスペル』

柳下　次は三位『ミッドナイト・ゴスペル』。これもNETFLIXですね。ブログでちょこっと書いたんですが、ネオヒッピーの悟りアニメーションとでも言えばいいのかな。要は悟りに近づくためのさまざまな修行、瞑想やらヨガやらそういう話を延々とアニメで語っていくものです。一話一時間で八エピソードのアニメーションで、現代の霊性というものを探っていく。魔術師とかそういうゲストを迎えて、延々と輪廻転生の話、輪廻することで魂を浄化する話とか、瞑想法とか、そういう話を語っていく。これは今のアメリカでいかにサイケデリックが一般的なものになっているかを証明していると思うんです。『すずしい木陰』だって、アメリカに持っていけば、たぶんサイケデリック映画の傑作と言われるでしょうけど、『ミッドナイト・ゴスペル』も、完全にキメて見るものとしてつくられている。キメて見ているから、みんな世界の仕組みを発見したり、解脱とはなんなのかとかいうことをつい考えてしまう。それを今いちばんいい形でやっているアニメです。

『銀河自転車の夜2019 最終章』（平野勝之監督）

●二位は八ミリで自撮り！『銀河自転車の夜2019　最終章』

柳下　そして二位。平野勝之さんの『銀河自転車の夜2019 最終章』。平野本人は最後の八ミリと言っています。サイレントで六〇分。今どき八ミリ。これがどういうことかと言いますと、平野が八ミリマニアの若い女の子と出会ったわけです。で、その子と一緒に八ミリ映画を撮ってたんですけど振られてしまう。二人で八ミリの交換日記映画をつくるつもりだった。でも別れちゃったので、その交換日記映画に使うはずだった八ミリフィルムが十本だか残ってしまった。それで、この十本のフィルムを使って、その恋愛のケリをつけるための映画をつくろうと考えて、カメラを持って北海道へ行くわけです。例によって、チャリで北海道。この人は女に振られると北に行く。行った先で旅日記的な八ミリを撮る。これがまたいいんですよ。それがむちゃくちゃうまくて、しかも自撮りとかしてるんだよね。八ミリで自転車乗りながら自撮りってすごくない？

古澤　すごいですよね。

柳下　八ミリですから、基本ファインダーをのぞかないと何が映ってるかわかりませんですからね。ノーファインダーで自撮り。ほぼヤマカンだけで撮る、みたいなかなり高度なことをやってるんですけど、実のところはひたすら振られた女に未練たらたらなだけ。それでフィルム一〇本分の旅日記をつくります。それが二〇一九年に『銀河自転車の夜2019』という映画になって公開したわけです。クラウドファンディングで資金を募ってつくったので、クラウドファンディング向けの上映会をやった。やったのはいいんだけど、実はこれでは完成してない気がするって平野が言いだして、そこから追加撮影をしようとなる。ところがそこからがやってはいけないことしかやらない。見る側にとっては恐怖なんですよ。だって、そこまでの映画はけっこういいにまとまってて、いいなというところから、ジョーズが迫ってくる感じ。テレテレテレと、やってはいけないことがどんどん迫ってくるサスペンスになって、盛り上がってくるんですよ。改めて平野さんはすごいなと思いました。

●一位は人類には早すぎた映画『キャッツ』！

柳下　そして、ついに第一位。タラタタラダーン。『キャッツ』。冗談だと思われるかもしれませんけど、これは本気です。というのはこんな映画見たことがないから。『映画秘宝』に一年前に書いたレビューで「人類にはまだ『キャッツ』は早すぎるかもしれない」と言ったんです。これは人類の未来かもしれない。ある種のよくわからない価値観の提示ではあるので、見るとただ気持ち悪いとしか思わないんだけど、それは、我々が未知の価値観にさらされた瞬間の戸惑いであって、ひょっとしたらこれは未来かもしれない。人類と『キャッツ』との出会いは未知との遭遇、新しい出会いなんです。だからこれはベスト一にするか、ワースト一にするかしかない。ということで、しょうがないから一位にしました。
　みんな困ってるんですよね。『キャッツ』を楽しみにしてた子が一言も感想を言わなかった、みたいな（笑）。そういう映画なんで、忘れないでおこうと思いました。これ、なんかやたらとエロいんですよね。くねくねしてて、でもエロいくせに性器がない。去勢されてて、つるんとしてる。それがまた気持ち悪いんです。謎の猫人間たちが、やたらとうるうるした目でこっちを見てくる。何媚びてんだ、こいつら。なんなんだろう？　すごい気持ち悪いんですよ。でも予告編を見ているともう一回くらい見てもいいかなという気がふわっとしちゃう。そういう罠ですかね。『キャッツ』って誰だって曲を知ってる、それこそ定番中の定番ですよ。ロイド・ウェバーの中でもいちばん有名くらいなやつでしょう。ヒットは間違いなしの企画だった。それがなんでこんなことになっちゃったのか。これはすごいことですよ。ある意味、歴史が変わった。映画の歴史が変わった一年でした。

　では、そろそろお時間ですので『キャッツ』の予告編を流しながらお別れです。

　また一年、今年もよろしくお願いします。

皆殺し映画リスト 50音順

柳下毅一郎（やなした・きいちろう）

1963年大阪府生まれ。雑誌編集者を経て英米文学翻訳家・映画評論家。

著書に『新世紀読書大全』(洋泉社)、『興行師たちの映画史』(青土社)、『皆殺し映画通信』シリーズ（カンゼン）など。監訳書に〈J・G・バラード短編全集〉（東京創元社）など、訳書にアラン・ムーア、J・H・ウィリアムズIII『プロメテア』（小学館集英社プロダクション）、R・A・ラファティ『第四の館』（国書刊行会）などがある。

柳下毅一郎の皆殺し映画通信

http://www.targma.jp/yanashita/
有料WEBマガジンとして、2012年12月1日よりスタート。日本映画を中心として、最新映画評が読める！ 柳下毅一郎の出没情報もあり。

本書はWEBマガジン「皆殺し映画通信」をまとめ、
加筆修正したものです。

ブックデザイン…………山田英春
カバーイラスト…………金子ナンペイ
ロゴイラスト…………三留まゆみ
DTP…………ライブ
企画協力……清義明（オンザコーナー）
編集協力……奈良夏子、向島千絵
編集……幣旗愛子

JASRAC出2102442-101

あなたの知らない映画の世界
皆殺し映画通信 地獄へ行くぞ！

発行日　2021年4月20日　初版

著者…………**柳下毅一郎**
発行人………**坪井義哉**
発行所………**株式会社カンゼン**

〒101-0021　東京都千代田区外神田2-7-1 開花ビル
TEL 03（5295）7723　FAX 03（5295）7725
http://www.kanzen.jp/
郵便振替　00150-7-130339

印刷・製本…**株式会社シナノ**

 ISBN 978-4-86255-586-1　Printed in Japan
定価はカバーに表示してあります。
本書に関するご意見、ご感想に関しましては、
kanso@kanzen.jp までEメールにてお寄せ下さい。お待ちしております。

い映画の世界を案内します

皆殺し《みなごろし》映画《えいが》通信《つうしん》 お命頂戴きます

奇妙奇天烈摩訶不思議！

日本映画のミステリーゾーンを探れ!!


〈レビュー収録作品〉

『今夜、ロマンス劇場で』『さらば青春、されど青春。』『となりの怪物くん』『50回目のファーストキス』『BLEACH』『未来のミライ』『旅猫リポート』『億男』など　**1870円**（税込）

皆殺し《みなごろし》映画《えいが》通信《つうしん》 骨までしゃぶれ

ありあまる映画愛が、
忿怒となって迸る!!

〈レビュー収録作品〉

『本能寺ホテル』『たたら侍』『銀魂』『君の膵臓をたべたい』『奥田民生になりたいボーイと出会う男すべて狂わせるガール』『亜人』『ナミヤ雑貨店の奇蹟』など　**1870円**（税込）

皆殺し《みなごろし》映画《えいが》通信《つうしん》 地獄旅

この映画作った奴
いますぐ切腹しろ!!

〈レビュー収録作品〉

『エヴェレスト 神々の山嶺』『僕だけがいない街』『テラフォーマーズ』『世界から猫が消えたなら』『HiGH&LOW THE MOVIE』『ボクの妻と結婚してください。』など　**1870円**（税込）